増補改訂版

協和会

戦時下朝鮮人統制組

樋口雄一 著

社会評論社

初版まえがき

「協和会」といっても多くの日本人からは忘れられている。

協和会は戦時下に二百数十万に達した在日朝鮮人を抑圧・統制した組織である。この組織の任務は戦時下の在日朝鮮人に対する治安対策と朝鮮人の日本人化、すなわち皇民化をはかることにあった。それは日本国内における戦時体制の確立と深刻な労働力不足からくる朝鮮人労働者動員の必要からもたらされたものであった。

このため、すべての在日朝鮮人から朝鮮人名をとりあげ、朝鮮語を禁止し、神社参拝や国防献金、徴用などを〝日本人〟として実行することをせまったのである。

それは抑圧国国内、すなわち日本国内であったために徹底して実施された。

その実行組織となったのが協和会で、協和会の組織的な中核となったのは特別高等警察であった。すべての在日朝鮮人は全国各警察署管内ごとに組織され、警察署長を会長に、特高課内鮮係を幹事とする協和会支会に組み込まれたのである。在日朝鮮人は戦時ファシズム体制下にあって強力な抑圧・統制組織のもとで生活することになったのである。

本書の目的はこうした協和会の実態の解明と皇民化政策を基軸とした在日朝鮮人抑圧・統制の歴史的な展開過程を明らかにすることにある。それは同時に日本のファシズム形成過程における日本国内での植民地労働者に対する支配構造を明らかにすることでもある。また、他民族を全くの日本人にするというきわめて〝日本的〟な展開をしたところに協和会の特徴があるが、それは近代日本のアジア侵略のイデオロギーと深く結びついているのである。

中央協和会の設立は一九三九年であるが、在日朝鮮人対策の具体的施策は、すでに関東大震災における在日朝鮮人虐殺をきっかけにはじまり、日中戦争の拡大にともなうファシズム体制への志向の強化と並行するかたちで朝鮮人統制の組織化が進行する。この経過を第一章の協和会前史から第三章（本増補版では第五章）の地方協和会設立までに素描し、第四章（同第六章）の中央協和会の設立では協和会のもつ目的や論理を明らかにするようにつとめた。協和会の骨格となった警察組織との関連についての位置づけを試みたのが第五章（同第七章）で、皇民化政策の具体的実施状況を第六章（同第八章）でとりあげた。この皇民化に対する朝鮮人側の抵抗を第七章（同第九章）でふれ、そうした抵抗を背景にした協和会の解体経過を第八章（同第一〇章）にまとめた。

また、こうした協和会にかかわった日本人、特に警察官でない民間人二人をとりあげて在日朝鮮人との関係を問いなおす小論二つを補章とし、この時期に生れた「半島人」という言葉と、朝鮮人の日本渡航に含まれる問題をつけ加えた。

この日本人には忘れられた存在である協和会の歴史と抑圧・統制の実態を明らかにすることは、とりもなおさず、日本の朝鮮民族、朝鮮人に対する抑圧、加害史を明らかにすることでもあり、日本人が取組まねばならない課題の一つであるといえよう。

なお、在日朝鮮人は圧制下にもかかわらず、生活上の困難さをかかえながらも朝鮮人としての伝統と文化を守り、抵抗をしたことは本書でもふれたとおりであるが、その子供たちに加えられた協和会の施策である皇民化教育の影響は現在の在日朝鮮人社会に深く残っており、こうした意味ではその傷あとはいまだに解決していないといえよう。

日本人の課題として引きつけてみると、協和会を通じておこなった抑圧の歴史を忘れていること自体が現在の在日朝鮮人に対する差別・抑圧の継続の放置につらなっている問題として位置づけられよう。こうした意味からいえば、協和会という亡霊は形をかえて現代に生きており、協和会の歴史的展開過程を検証することによって新たな異質な文化を認められる在日朝鮮人とのかかわりや、朝鮮との関係を問いなおす参考になれば幸いである。

一九八六年七月

増補版刊行にあたって

今もって「協和会」といっても知らない人が大半である。協和会は韓国併合後に日本に渡航してきた朝鮮人を取り締まり、統制するために日本政府が作った組織で、前史を除けば全国組織は一九三九年から一九四五年八月の敗戦まで存在したにすぎない組織であった。しかし、この組織の源流は日本の植民地支配にあり、朝鮮から朝鮮人が日本に来たその日から朝鮮人を管理、統制していた警察組織によって開始され、その後も維持されていた。警察＝日本政府が直接、組織していたのが協和会なのである。その証拠に近代の警察を除いて、市町村には在日朝鮮人に関する人口・職業などの公文書資料は存在しないのである。

協和会は朝鮮人を日本人としながら、日本に渡航してきた朝鮮人を全く別扱いとして、警察管理下においたのである。日本人との分断支配であった。この結果、日本人の在日朝鮮人認識は警察発表を鵜呑みにするようになっていた。日本人の在日朝鮮人観・朝鮮観に大きな影響を与えた組織である。

在日朝鮮人に対する抑圧と差別が現在に至るまで継続しているのはこうした要因によるものである。

私は協和会の存在が植民地支配・在日朝鮮人問題を考える際に避けて通ることのできない課題であると思う。特に朝鮮人に対するヘイトスピーチ、各地の強制動員碑、関東大震災慰霊碑に対する差別などが現在の日本社会の中で繰り返されているのは、協和会でおこなわれた朝鮮人抑圧の歴史に学ばず、差別を忘却しているからである。隠されてきた在日朝鮮人に対する差別と抑圧の歴史を日本人が改めて確認することが必要であると思われる。本書の再刊を考えたのはこのためである。また、日本国内での在日朝鮮人徴兵、戦時下の皇民化・神社参拝、強制動員体制を支えていたのは協和会である。

本書の単行本としての刊行は一九八六年であり、その後韓国で翻訳書が刊行されたが、他の研究者の単行書が刊行されることもなく三〇年余が経過した。また、初版については前から絶版になり、この間、いくつかの問い合わせがあり、十分でなかった点について書き加える形で本書を刊行することにしたのである。

前著で十分でなかった朝鮮人の自主的な団体の結成と権力による統制・解散処置、敗戦前後の興生会解散に至る経緯を増補した。本書の第二章（『海峡』二四号、二〇一一年）、第三章（『海峡』二二号、二〇〇七年）、第一一章（『海峡』二三号、二〇〇九年）である。さらに、第七章の4節として「協和会が動員した在日朝鮮人短期労働動員」（および補論）を新稿として追補したほか、初版の校正と増訂をおこなった。

二〇二三年三月

〔増補改訂版〕

協和会

戦時下朝鮮人統制組織の研究

目次

第一章　協和会前史
設立の動機

1　内鮮協和会の設立動機と事業

一九一〇年、日本が韓国を併合するまでは日本に在留する朝鮮人は一〇〇〇人をこえることはなかった。韓国併合の翌年、一九一一年でもわずかに二五二七人にすぎなかった。しかし、関東大震災がおきた一九二三年九月一日にもっとも近い同月末には九万二〇三五人となり、翌年六月末の統計では一〇万人をこえている。(1)この在日朝鮮人の急激な増加は主に二つの要因によってもたらされていた。一つは日本の植民地支配、収奪の強化、なかでも土地収奪によって朝鮮農民が土地を離れざるを得なくなり日本への渡航が増加したのである。一方、日本国内の要因として低賃金労働者に対する日本国内資本の要求があり、朝鮮人を導入したためである。特に第一次大戦下の好況期の低賃金労働者に対する要求は強く、紡績、石炭、鉄道工事などさまざまな分野で導入が試みられた。これら資本側の要求に対して、朝鮮総督府は積極的に許可を与えた。一九一七年一〜六月までに総督府が与えた労働者募集許可人員は一万六〇九〇人に達し、実際に渡航したのは三三六五人にもなっている(2)。

こうして増加した在日朝鮮人に対する処遇については日本政府の統一した形での政策は存在しなかったが、いくつかの対応施策が実施されていた。

それは韓国併合にともない通達された「朝鮮人戸口職業別人員表ノ件」「朝鮮人名簿調製ノ件」といった処置や、「要視察朝鮮人視察内規」等の朝鮮人管理体制であり、内務省警保局を中心に機能していた(3)。

また、政府が直接的に朝鮮人管理をおこなおうとした場合もあるが、朝鮮人に労働者統制をおこなわせようとした。それは一九二一年、内務官僚であり、かつ朝鮮総督府で朝鮮支配の実務にたずさわった丸山鶴吉、赤池濃などの指示で、朴春琴ら在日朝鮮人によって相愛会が結成され、同化を目標とした活動を展開していたことにも示される。しかし、相愛会の活動は表面的には朝鮮人によって作られた組織であり、その広がりも一部府県に支部が作られていたにすぎない。いずれも政府による統一した具体的在日朝鮮人政策とはいいがたいものであった。

この朝鮮人の量的増大、無施策状況のなかで関東大震災がおきた。

周知のように一九二三年関東大震災下に数千人の朝鮮人が流言、権力側の流した警告を動機に虐殺された。この虐殺という事実に対し、日本政府、朝鮮総督府はそれが世界各国に知られ、国際的非難をあびることをおそれたが、なによりもその事実が朝鮮民衆に知られることを警戒した。すでに朝鮮人民衆の抵抗の強さは三・一独立運動で実感していたことであったし、さらに虐殺事実が民衆に知られれば安定するかにみえた朝鮮支配の基盤をつきくずす要因となるものであった。

このため日本政府は在日朝鮮人虐殺を陰蔽し、在日朝鮮人に対する何らかの対応策をせまられることになったのである。

それは、時の朝鮮総督、斎藤実によって強力におしすすめられる。

斎藤実は震災直後、東京での対策協議のあと、朝鮮への帰途、最も朝鮮人の多い大阪府に立ち寄り、具体策を指示する。この間の事情を、斎藤実の指示にもとづいて朝鮮人対策組織を作った柳原吉兵衛は次のように回想している。

「大正十二年九月下旬と申せば、あの怖るべき関東大震災の直後で、焦土の余燼に全国の人々が戦《おのの》いて居る最中でありました。時の朝鮮総督斎藤閣下が御帰任の途次、大阪にお立寄りになって、私に『大阪ホテルに来れ』と云う電報がありました。私は取るものも取りあえずその時の府知事土岐嘉平氏と申合せてホテルに馳せつけますと、お話は内鮮問題でありました。特に『鮮人の保護問題』に対してはその将来性について深甚な御考慮の趣きが拝察されたのであります。（中略）そこで有志は府当局と忌憚なく御相談をいたしました末、何をおいても彼等の保護救済の事業を実施する段取りになったのであります。勿論これは国家的事業には相違ありませんが、それでは急場の間に合わない、さらばと申して個人的の微力では怎《ど》うにもならぬことがらでもありますから、大方の有識者と談《かた》い府当局の御指金で内鮮協和会という今も依然として斯界に有力な官民合同の社会事業団体が創立されたのであります(4)」。

こうした経過をたどって官民合同の大阪府内鮮協和会が一九二四年五月五日、保護救済を目的に設立された。大阪府につづいて一九二五年二月には神奈川県内鮮協会、同年一〇月に兵庫県内鮮協会が設立された。

神奈川県内鮮協会の場合、これらの組織は震災後の「暴徒におそわれた朝鮮人を自身の生命の危険をかえりみず救助した」という美談集の発行とともに朝鮮人虐殺の事実をおおいかくす上で大きな役割をはたしたが、この官側の意図にいわゆる民間有力者が少なからず協力しているが、それは次のような民間有力者側の要求があったことによる。

第一に在日朝鮮人すべてに対する賃金、住宅差別等に示されるように朝鮮人は厳しい生活条件の中で生活を維持しなければならなかった。このため在日朝鮮人は諸差別、特に住宅差別と闘わねばならず、住宅問題をめぐる日本人家主＝民間有力者との闘いが少なくなかった(5)。

同時に賃金差別や労働条件をめぐる朝鮮人労働者の闘いも大きくなり、それらは社会問題、あるいは治安対策として見すごせない課題となっていたのである。したがって第二に民間有力者・資本家層は朝鮮人労働者を低賃金労働の構造の中におしこめ、かつこれら朝鮮人に対する指導統制の必要を認めていたものと思われる。

特に神奈川県の場合、震災の復旧工事、京浜工業地帯の造成のため、朝鮮人が大量に動員され、震災による殺害が大量にあったにもかかわらず居住者は急速に増大したことからも何らかの対応をせまられた。

以上のような、在地の民間有力者側からの要求、第二にあげた資本家からの要請という民間有力者内部の要因によって、官側が意図した朝鮮人殺害事実陰蔽とむすびつき、官民合同によって内鮮協和会は組織された。したがって、内鮮協和会は、それら民間有力者・企業家のかかえている在日朝鮮人をめぐる問題を解決するような方向で、組織運営されていく。

協和会活動の中で最も重要な役割をはたした大阪府内鮮協和会における場合でも、その意図を設立趣旨・規約の中に次のように表現しているのである。

「内鮮協和会設立の趣旨

近時我が大阪府下に於ては朝鮮人の在住するもの遽かに激増し、其数今や五万人に上る状況であるがこの遠来せるわが同胞の生活実情を見るに言語・風俗・習慣・教育等が内地とはいちじるしく異なるにより其の多くは容易に内地の事情に適応し難く、その求職及び居住の如きは甚しく困難と不便を感じておる。かくしてこれ等のわが同胞は物質的にも精神的にも生活上の幸福を享受する能わざる悲惨な境遇にあるのである。

この現状に鑑みて我等はここに各方面委員の賛同を得て内鮮協和会を創立して、その事業としては差当り最も必要と認める朝鮮人の共同宿泊所・職業紹介所・夜学校・診療所等の機関を設けて親愛すべき同胞の福利を増進し、以て内鮮融和の実を挙げむとするのである」(6)。

この趣旨は規約の中でもくりかえされ、その第一条に「本会ハ内鮮協和会ト称シ大阪府下ニ在住スル朝鮮人ヲ扶掖善導シ生活ノ安定ト品性ノ向上ヲ図リ内鮮融和ノ実ヲ挙グルヲ以テ目的トス」として、第二条以下に「職業紹介・人事相談・実費宿泊設備・救療ノ途ヲ講ズ、教育施設ヲ為ス、慰安娯楽、講話会懇談会等ヲ催スコト」等を目的事業としてあげている。

以上の目的にそってどのように事業活動が具体化したのであろうか。以下に『大阪府内鮮協和会概要』によってその事業の一端を紹介してみる。

まず、目的にあげられている職業紹介所は、宿泊所が診療所と併設される形で東淀川区豊崎、東成区中道、浪速区木津に設立されている。この他に、泉尾には宿泊所のみが設置されている。これらの施設には職員として一八名が勤務している。このうち八名は朝鮮人であり、職業紹介のおりに朝鮮語のわからない日本人のみではその業務をはたせなかったためと思われる。なお、内鮮協和会本部における職員はすべて日本人で主事以下七名である。また、診療所の設置にともないそこには医師と看護師がおかれていた。

具体的保護救済とは別に「扶掖善導」し、教化指導のための協和会事業活動のもう一つの柱であった夜学校は、次の五ヶ所に設置された。西区今宮、東成区の鶴橋、東淀川区豊崎、港区鶴町、東成区中本、堺市にそれぞれ内鮮協和会今宮夜学校（以下同様）などという名称で呼ばれる施設がおかれた。この夜学校教則によれば、「朝鮮人ニ小学校程度ノ教育ヲ施ス」こと、「修業年限ハ三年トス」ること、「学齢超過ノ朝鮮人」を対象とすること、生徒の定員は「百五十名ヲ以テ定員トス」等とされている。

これら夜学校教員は一九名で、うち朝鮮人教員は七名、専任は四名、あとの三名は職業紹介所職員と兼任となっている。

この朝鮮人教員は、修身・国語・算術・理科・地理・歴史といった授業科目の中に朝鮮語が含まれているためおかれたものと思われる。しかし、この朝鮮語の学習は各学年毎週一回だけで日本語＝国語の授業が最も多く毎週七時間をとりあとの科目は一時間ほどである。したがってこの夜学校における教育の中心は日本語教育であり、それに修身・歴史といった教化科目と実用的な算術・理科が加えられ教科内容が編成されていたといえる。

以上のような事業概要をみれば、官・民合同となって組織した内鮮協和会事業が、官・民合同の要求、すなわち、資本のための一定の系統的職業紹介、家主を中心とする貸家紛争に対する解決の方途の一つとしての宿泊所の設置と日本の労働市場において通用するための日本語の学習、また同化政策の一環としての教育を中心にすえていたことが明らかである。

このような大阪府の内鮮協和会の活動は、規模は小さく、設備等も少なかったと思われるが神奈川県内鮮協会、兵庫県内鮮協会でも同様な官民合同の要求を内容とする事業がおこなわれた。この他にも、山口県などで官庁・警察が主導して「朝鮮人保護救済事業」がおこなわれるようになった。

これらの組織は震災を背景としながらも、権力にとって在日朝鮮人政策が必要となり、その要求の一つの形態として朝鮮人が多く居住した地域を中心に設立されたものといえよう。

2　初期内鮮協和会の性格

内鮮協和会の性格を規定する場合、その事業活動が在日朝鮮人自身にとってどう影響を与えていたかによって判断しなければならない。先にふれたように内鮮協和会の事業は、職業紹介、講演会、日本語学習のための夜学校の開設等であった。当初は、寄付金を募り、創設費一〇万円、経常費三万円の予算で組織され、一応の事業活動をささえるものとなっていた。この協和会事業の中で最も強調され、具体的な活動がおこなわれた保護救済事業は朝鮮人に具体的にどう生活上の救済という点で影響を与えていたのであろうか。

設立当初における大阪府における朝鮮人人口は五万名以上で、その後、毎年一万人以上の朝鮮人が居住するようになる。これら、朝鮮人の生活・住宅状況、求職状況は非常に困難な状態にあり、先にあげた協和会の救済事業などはほとんど問題にならないほど小さな規模であり、具体的な解決をなんらもたらさなかったといえる。これは、大阪市の朝鮮人の生活実態調査報告によっても、協和会の事業によって在阪朝鮮人の生活が向上、あるいは改善されたという記述はない。神戸、京都、横浜、東京等で実施刊行された朝鮮人生活実態調査報告をみても、その中における「保護救済」が具体的におこなわれた記録は少なく、あったとしてもそれは行路病人の保護についてふれているのみであり、具体的な活動があったとされてはいない。同時に協和会の設立後からはじまった不況・恐慌は、その保護救済をいっそう実効のないものにした。最も活動が活発であった大阪府を含めて保護救済は名目的なもので、当局が保護救済に努力したとはいえないものであった。当時の在日朝鮮人の生活は日本人社会での諸差別によって不当に抑圧され、このためにいくら労働をしても生活は苦しい状況のもとにおかれたのである。同一労働に対する賃金差別、住宅を貸さない、就業差別等がそれである。これに対する本来の保護救済の第一歩は、朝鮮人であるが故の抑圧、差別の廃止に求められなければならなかった。だが、内鮮協和会は理事長を内務部長（知事に次ぐ権能をもっていた）としていながら、日本人の差別に対する行政指導を通じた改善等の政策は皆無であった。

これらの問題は当時の日本の社会事業自体が多分に名目的であったことにもよるが、朝鮮人に対するそれは、いっそう名目的であり、実質的な生活上の救済といった実態は存在しなかったといってもよい。ごくわずかに職業紹介がおこなわれていたが、これも資本の側の要求に応ずるような形であり、資本家に対する労働条件についての規制等はおこなわれず単なる資本の求人解決機能を有するものにすぎなかった。また、朝鮮人自身も、これら官側の紹介によって就業したものは少なく、多くは、朝鮮人自身相互の紹介によって就業したのである(7)。

ただし、協和会とは関連なく実施された失業救済事業では在日朝鮮人の中で登録したものも多かった。一九二五年における朝鮮人の失業救済事業使用労働者登録数は二九二〇人で少ないが、一九二八年になると一万八六七五人でこの事業の中で朝鮮人がしめる割合が五四％になっている。だがこれにしても毎日、一万八〇〇〇余名の人々が確実に就労ができたわけではなく、ほとんどの人々は週に二、三日就労できればよい方であったと思われる。

この政府がおこなった失業救済処置は実効がどの程度のものであったかは検討を要するが、協和会がおこなった職業紹介等より規模、対象者が多く、そのはたした役割も、筋和会の保護救済より大きかったといえる。協和会の保護救済が多分に名目的であった証しでもある(9)。

では、実質上の救済のない内鮮協和会は何を目的としていたのか。それは、震災直後の一九二三年一一月一〇日に発布された国民精神作興に関する詔書に示される国民統合の論理の方針にそった在日朝鮮人の「善導・教化」政策であった。この内容としては、日本語学習、講演会、「内鮮人」の親睦をはかるという名目のもとに実施された同化政策であった。この具体例を神奈川県の事例で示せば次のような「教化」内容であった。

一九三一年に神奈川県内鮮協会主催で第一回在県朝鮮出身者指導者養成講習会が「在県朝鮮出身者の教化・生活向上を図るために」開催された。その講習の内容は、倫理、宗教、衛生、社会、融和精神、風俗といったもので、これに加えて「朝の集いを行い、国民体操・皇居遥拝・御歌朗誦・修身歌練等によって国民的信念を高め……」といった行事がおこなわれた。実生活上には少しも役立たない、朝鮮人としても役立たない内容であり、これが役立ち、成功したと評価しているこの資料に示されているのは日本人側にとって有効であると考えられること、日本政府にとって有利な思考を朝鮮人にうえつけることに成功したとしているにすぎないものである(10)。

先に示した大阪府における夜学校の場合でも、最大の重点が日本語教育にあり、教科書は文部省編集の尋常小学校国定教科書であったことから、生活上の不便をなくすためといわれながら実質的には、修身教育とともに日本の同化政策そのものであった。なお、この設立当初の段階では、朝鮮語の授業もおこなわれていたが、教科書は朝鮮総督府の編集したものを使用しており、同化政策とは無関係でなかったといえる。また、この朝鮮語教育がいつまで持続したか明らかでないが、長くはつづかなかった(11)。

内鮮協和会は、以上のような名目的保護救済のかげで内鮮融和、同化政策をおしすすめることのみをその目的にしていたのであろうか。さらに内鮮協和会の構成に検討を加えることによって本質をほりさげてみたい。内鮮協和会の理事長は内務部長であるが理事七名中に警察部長、特別高等課長が含まれており、その下部機関である評議員には鶴橋、今福、今宮、中津、泉尾の各警察署長を含んでいる（三五名中五名）。この評議員には大阪市の役員、郡長を含むがこれらは具体的役割をはたしえず、また評議員中最も多数（三五名中一三名）である方面委員は名誉職的な役割をになっており実質的には各警察署長の権能が最も強かったと考えられる。このことから具体的活動が進むにしたがって各警察署単位で事業がおこなわれるようになっていくのである。明らかに設立当初から社会事業的性格をよそおいながら本質的には警察の朝鮮人統制機能をそなえていたのが内鮮協和会の重要な機能であったといいうるのである。これは警察と密接な関係にあった朝鮮人団体の相愛会大阪支部、朝鮮人共護舎から朝鮮人評議員（二名）が参加しており、後に内鮮協和会の事業の一部を受持っていることから権力の側で朝鮮人社会を統制する意図がよみとれるのである。以上のことから、初期内鮮協和会の基本的性格は、朝鮮人統制・管理機能であったといえる。朝鮮人労働運動が活発になるにしたがって内鮮協和会は権力の治安対策組織という機能が強化されるようになる。

初期内鮮協和会の性格を特徴的にとらえれば、前面に名目的であった保護救済をかかげながら、実質的な事業としては、朝鮮人同化・教化政策を中心に、朝鮮人統制・抑圧機能をもつ組織であったといえよう。したがってこの組織が朝鮮人にとってなんらの利益ももたらさず、むしろ朝鮮人に対する差別・抑圧を合理化するものとして位置づけられよう。

また、このこと自体が、震災下の朝鮮人虐殺を契機に日本社会のもつ差別や社会構造の問題として在日朝鮮人の存在をとらえ解決していくことへの否定につながり、朝鮮人虐殺の病根を内部に温存しながら朝鮮人に対応をしていく日本社会の基調となっていくのである。結果的には朝鮮人を日本社会に同化する方針をかかげることによって朝鮮人虐殺問題を隠蔽する手段としたのである。

初期内鮮協和会の論理にしたがっていえば虐殺されたのはまさに〝朝鮮人〟であるからで、同化し、〝日本人〟になれば問題は解決すると考えたのである。

3　初期内鮮協和会の挫折

内鮮協和会設立当初は寄付金も集まり、それなりの事業活動がおこなわれたが、一九二七年からの金融恐慌、これにつづく経済恐慌は財政的基礎の弱い内鮮協和会の活動を縮小させるきっかけとなった。一度開設した内鮮融和事業の基本ともいえる日本語学習のための堺夜学校等が閉鎖され、前掲柳原をして次のように語らしめている。その事業の縮小を「けれども鮮人の増加とこれに附随する諸事業遂行に必要な財源が減って来た事は理論と経験に豊になりましても処弁するには甚だ困難なことになったのであります」と理由づけている。

大阪府についで活発な活動をしたと思われる神奈川県内鮮協会の場合も例外ではなかった。「悲惨なる境遇」にある朝鮮人に対し「大正十四年二月本会を創立し、来其の事業として最も必要と認むる簡易宿泊所、職業紹介等の機関を設け、或は困窮者に対しては保護救済の途を講ずる等親愛すべき同胞の福利増進を計り又講演会慰安会を開催して内鮮人間の融和の実を挙げんと努力して居る次第であります。然るに此の事業の範囲は広汎に亘り実に社会事業の縮図とも称すべく従って本会の如き僅少なる資金を以て其の実効を期せんとするは洵《まこと》に至難とするところであり其の進捗も遅々として進まず隔靴掻痒の感なきにあらざるも前述の如く只其共存共栄の精神に立脚し孜々として本会の使命を遂行せんと精進して居るのであります。茲に本会の使命を叙し各位の御声援を仰ぎ以て本事業の進展を図らんとする次第であります」と寄附金を集めようとしているほど、内鮮協会が財政的困難にたちいたっていた。(12)

しかしこの内鮮協和会の事業を「困難」なものにした要因は財政的な要因のみであったとするのは誤りであろう。次に示す愛知県の場合のように特に財政的支出をしなかった相愛会を中心とする朝鮮人統制の動きも停滞しているのである。

「本県下在住朝鮮人の数は大正五年末現在僅に六十四人に過ぎなかったものが今日では五万四千を超過して大阪、東京両府に次ぎ全国第三位の多数となり益々増加の傾向にある。本県は曩《さき》に大正十二年五月在住朝鮮人の増加に鑑みて在来の朝鮮出身者を以て組織していた民友会を解散させて、新たに融和親睦を目的とする相愛会を組織させ、之れが事業を行う事としたのであるが、諸種の事情の下に会の統制が紊れて幾多の小団体に分裂し、目下に於ては活発な活動をなすものは極めて僅少である」(13)と県当局をしていわしめているほどで、相愛会もその目的とした機能を発揮できなかったことを示している。これは在日朝鮮人に対する政策のゆきづまりが単なる財政的困難さによるものではなかったことを示しているといえよう。

財政的理由に加えてもう一つの要因、すなわち日本社会の朝鮮人に対する社会的差別が行政当局の進める「内鮮融和」政策に対してまでもたびたび表面化するほど強かったことをあげておくべきであろう。それは行政が朝鮮人に対応するための施設を設置しようとすると必ずといってもよいほどに強力な反対運動がおこるのである。神奈川県内鮮協会ができて、まだその活動が活発におこなわれていた一九二六年から二七年にかけて内鮮協会では朝鮮人の宿泊施設を作ることになり、橘樹郡内の一村を設置場所としたところ地元から「猛烈な反対にあい中止を余儀なくされた」のであり、今度は横浜市内根岸町に他の施設を作るのに併置する形で宿泊所を作ろうとしたところ、またしても反対にあったが県当局が説得し、やっと併置できるようになったのである。(14) この例にみられるような朝鮮人に対する社会的差別の枠組のなかでは「内鮮融和」をかかげる内鮮協和会の活動も〝効果的〟に作用するものではなかった。

また、初期内鮮協和会の活動を挫折においこんだ要因として関東大震災の印象がうすれたこと、世界恐慌下に日本人失業者の増大にともなう朝鮮人労働市場の狭隘化、朝鮮人の大量渡航等の内鮮協和会をとりまく状況の変化をあげることができよう。

だがこれらの要因はいずれも内鮮協和会の事業をゆきづまらせた決定的要因とはいえず、失業者の増大等の社会的要因はむしろ内鮮協和会の社会的活動をさらに活発にさせる要件となるものであり、朝鮮人の大量渡航（一九二九年末には二七万五〇〇〇人となり以後毎年在留者が四、五万人位増大していく）対策のみであれば権力にとって名目的な社会事業の存在で充分であった。

では内鮮協和会を挫折させた決定的要因はどのようなものであったのか、それは朝鮮人自身の量的増大、組織的力量の増加、社会主義思想の普及などの要因であった。

これを象徴しているのが朝鮮人労働組合の結成とその活動であった。一九二二年に東京で朝鮮労働組合、大阪で朝鮮労働同盟、一九二五年には京都で朝鮮人労働同盟、神戸で朝鮮人労働会、横浜で朝鮮合同労働会が結成され、同年に在日本朝鮮労働総同盟が結成された。一九二九年には「二万三千人の朝鮮人を組織[15]」し、これに朝鮮青年同盟に組織されていた人々を加えると在日朝鮮人の一割を組織したことになる。一九二九年の統計にあるストライキだけでも件数三〇件、参加人員九三〇一人を数える。

また、日常的に組織されていない朝鮮人労働者も一定の指導があればその地域の労働者は積極的に闘いに参加した。例えば、箱根において国道建設工事に従事していた朝鮮人労働者は、一九三一年のメーデーにあたって以下のような行動をとった。

「箱根全山の約五百名の朝鮮人労働者は当局の禁止をけとばして大平台よりデモに移り湯本町に向わんとしたが、小田原署は横浜川崎のメーデー警戒に大部分応援に行った後の事とて、虚をつかれて大狼狽、とりあえず二十余名程召集して検束せんとしたが力及ばず検束出来ず、デモは強力に行われた。尚デモの指導は全国協議会である。温泉街は左翼労働者のデモによって壊滅された[16]」。

この他にも、朝鮮人労働者は各地のメーデーに主要部隊の一つとして参加していった。朝鮮人労働者の場合、平常は組織されていなかった朝鮮人もストライキ、メーデーに参加しており、その裾野は統計に現われる数字より広かったといえる。このような動きは、労働組合活動ばかりでなく多方面におよんでいた。先にあげた愛知県の場合でも、朝鮮人自身の自主的教育活動が活発におこなわれている。一九三五年になるが、この時点で自主夜学校に組織された朝鮮人生徒数は一〇四二名に達している[17]。全学齢児童八七六六名のうち未就学者（日本人学校に行っていないもの）が五〇六五名であり、自主学校施設数は一九ヶ所で、その果たした役割は少なくなかったと思われる。在日朝鮮人にとっては切実な要求であり、自主学校は拡大するかにみえたが、これらの施設に対し愛知県当局者は「不純・民族的色彩濃厚で指導教化上弊害顕著」なものとして取締りを実施、全廃させている。

こうした朝鮮人労働者の組織的抵抗と同時に、いわば自然発生的な朝鮮人側からの抵抗の動きがあった。それは賃金不払い、死亡事故などがおきたときに示される朝鮮人集団の闘争で、そこで働くすべての人々の参加によっておこなわれることがあり、土木工事などでは朝鮮人の親方も含めた全員で行動し、時として警察官と対峙、対抗するにいたる場合も多かった。また都市部では人口が集中するなかで住宅の入手は日本人社会でも困難であったが、朝鮮人の場合なおさら家主側の差別によって住宅を借りることは困難であった。このため、飯場の跡地や、河川敷、所有者が不明の土地などにバラックを建てることによって住宅を確保し、あるいは日本名を使用し、住宅を借りていた。しかし、このことが借地借家紛争をおこすもととなり、大阪などでは大きな社会問題にまでなっていた。この場合も朝鮮人は集団として問題の解決にあたり、その力量も強かった。以上のような朝鮮人集団の生活上の諸問題から発生する抵抗は、民族的な社会集団としての抵抗ともいえる性格をもつ存在であった。

このような日本国内における朝鮮人自身の労働組合、民族的諸活動は官製の内鮮協和会、相愛会等と対立し、それら官製組織より以上に力量をましていった[18]。在日朝鮮人の闘いに比例して官制の内鮮協和会等は力をなくして対応できなくなっていったのである。

しかし、朝鮮人としての権利を守る民族的諸運動、社会主義思想を受け入れる労働運動に対し権力のとった政策は厳しい弾圧策であった。ここで朝鮮人の闘いの歴史と経過についてふれることはできないが、高揚・衰退あるいは闘争手段の変化はあっても朝鮮人自身の闘いは一九四五年まで一貫してつづけられる[19]。警察を中心とした権力が総力をあげて抑圧しても闘いは続けられ、このために一方的な抑圧政策と平行して何らかの政策的な対応がとられる必要が生れた。先の愛知県の場合でも自主的教育活動に対しては解散させると同時に、日本人学校への朝鮮人子弟の組入れをおこなうことによって同化政策を柱とする権力の対応策が生れている。しかし、このような権力の個別的対応策では朝鮮人の闘いを抑圧することができなくなるまでにその力量をましていった。ここに初期内鮮協和会がもっていた官民合同の「保護救済」を前面に出した同化政策では対応していけなくなった基本的要因があり、権力は新しい総合的な対応策を模索しなければならなかった。

4　新在日朝鮮人政策の展開

国内在住朝鮮人の闘いに対する対応策をせまられていたことと合せて、一九三一年にはじまった中国侵略戦争は、朝鮮・日本国内をとわず挙国一致の体制を確立することが権力にとってどうしても必要な課題となった。

また昭和恐慌下における在日朝鮮人の日本への渡航者増加は日本国内の失業問題をさらに深刻にさせ、大きな社会問題となっていた。

名古屋地方でも事情は深刻で、

「本市ノ加キ工業都市ニ於テハ自由労働者蝟集ハ日ニ日ニ増加シ、就中鮮人自由労働者ノ渡来ハ実ニ驚嘆ニ値スルモノアリ、各都市ヨリ餓死ニ瀕シツ、身ヲ以テ漸ク辿リ来ル者昼夜ノ別ナク恰モ大震災当時ニ於ケル避難民ノ如ク、或ハ民族ノ大移動デアルカノ如キ観ガアリ、今日ソノ数已《すで》ニ県下三万五千ヲ超ユルニ至リマシタ。而シテ之等鮮人自由労働者ノ救済ニ県市当局ガ必死ノ努力アルニモ拘ラズ食ヲ求メテ絶叫スル彼等ノ声ハ巷間ニ充チ、今夏本市当局ガ為セル失業労働者登録数約壱万人中九十パーセントガコノ鮮人自由労働者デアリマシタコトニ見ルモ如何ニ彼等ガ食ハンガ為ニ、否生キンガ為ニ声ナキ叫ヲ叫ビツ、アルカ自ラ判然タルモノアルデアリマセウ。而モ之等ノ情勢ハ、サナキダニ外交、政治、経済、思想ノ四大国難ノ叫バル、今日ノ非常状態ニ織込マレテ複雑繁多ナル各種ノ社会問題ヲ惹起セントシツ、アリマス」

と評し、新たに名古屋で協和会の結成の必要をといているのである。[20]

こうした在日朝鮮人の状況は日本国内では共通のもので「非常時日本」のかかえる課題の一つに

なっていたのである。

政府は一九三三年から三四年のはじめにかけて在日朝鮮人に関する対応策をねっていたが、その結論ともいうべき決定が一九三四年一〇月三〇日閣議決定「朝鮮人移住対策の件」である。

朝鮮総督府、内務省社会局・警保局、拓務省の在日朝鮮人関係官庁によって作成されたこの閣議決定は、日本の政府が在日朝鮮人に対してとった統一的方針としてははじめてのものといえる。この閣議決定「朝鮮人移住対策の件」の内容は、在日朝鮮人は「内鮮人間に事端を繁からしめ、内鮮融和を阻害するのみならず、治安上にも憂慮すべき事態を生じつつある」ために「すなわち朝鮮人を鮮内に安住せしむるとともに、人口稠密なる地方の人民を満州に移住せしめ、かつ内地渡航を一層減少すること緊要なり」として、このための実施事項をあげているのである。これは日本国内に朝鮮人が増大すると治安をみだすから満州移住をはかり、日本渡航は厳しく制限するというものであり、この時期における国家権力の本質的要求を示しているといえよう。以下にこの閣議決定にあげられている要目を検討することによって右に示されているような国家権力の意図をより具体的に明らかにしたい。

それは四項からなっており、そのうち、第一項にあげられているのは、「朝鮮内において朝鮮人を安住せしむる措置を講ずること」として農村振興の徹底、貧窮農民の救済、北部朝鮮開拓等の土木事業の実施を具体的事業としてあげている。しかし、これは朝鮮人が日本に渡航する要因であった朝鮮人農村の破壊・植民地政策に何らの変更をもたらすものではなく、総督府の政策の追認にしかすぎず、実効のないものであった。

第二項では「朝鮮人を満州および北鮮に移住せしむること」としている。これは、中国侵略戦争の中で朝鮮北部の工業化に必要な労働力の確保と「日本国民」として朝鮮農民を中国に移住させ、結果的には中国侵略の先兵としての役割をはたさせようとした日本の国家権力・総資本の要求を忠実に表現したものである。「朝鮮南部地方は人口稠密にして、生活窮迫せるもの多数存し」とされる朝鮮農民の生活打開とは全く無関係な観点で立案された政策である。

第三項に「朝鮮人の内地渡航を一層減少すること」とし、①内地渡航熱を抑制、②朝鮮内において地元諭止（阻止）の強化、③密航の取締、④内地雇用者に対する雇用諭止、をその具体案としている。この渡航制限政策は、この時点ではじめておこなわれたのではなく、外国人、特に朝鮮人に対しては一八九九年一〇月の勅令三五二号による外国人労働者の事実上の渡航禁止以後一貫してとられた政策である。一九一〇年の、「日韓併合」によって朝鮮人が「日本人」とされてからもこの渡航制限政策はゆるめられることはなかった。朝鮮人の自由な行動として、渡航が認められていた時期は一九一〇～一九年のわずか九年未満であり、以後、朝鮮人の渡航はすべて「官」の許可、すなわち、日本政府の政策として渡航をみとめられ、あるいは強制された人々が渡航していたのである。日本政府の許可をうけなかったものは強制送還されているのである。日本渡航朝鮮人の増大は、日本国家権力自身が必要とみとめたことにより増大しているのであり、この政策は次のような具体的事実によって証明される。

朝鮮から日本渡航をするための港・釜山をかかえている慶尚南道警察部の報告[21]では、一九二五～二七年の三年間に日本渡航を希望する朝鮮人、八万三四七七人を諭止しているが渡航阻止・取締りの担当者である慶尚南道警察部では、一九二七年大手炭坑である三菱系の高島鉱業所等に合計七六五名の朝鮮人労働者を渡航・就労させているのである。

このように、渡航制限政策とはいえ、大資本の要求の前にはないにひとしく、朝鮮人渡航は、基本的にはすべて日本政府によって管理・統制されていたとみるべきであろう。

朝鮮人移住対策要目の中で最も以後の在日朝鮮人政策のなかで影響を与えた方針となったのは次の第四項であった。

内地における朝鮮人の指導向上および内地融和をはかること。

㈠　朝鮮人保護団体の統一強化をはかるとともにその指導、奨励、監督の方法を講ずること。

㈡　朝鮮人密集地帯の保安、衛生その他生活状態の改善向上をはかること。

㈢　朝鮮人を指導教化して内地に同化せしむること。

この第四項が以後の在日朝鮮人政策の基本路線となるが、第四項の細目にとりあげられた三つの方針、すなわち、権力による朝鮮人の組織化と統制、朝鮮人すべてを治安対象と見て、その居住区ごとの対策、日本への同化をはかるという柱は、この時期にはまだ具体的方法論をともなわなかったが、政府の基本的姿勢を示したものである。

同時にここに示される基本的姿勢の中には、初期内鮮協和会がもっていた「保護救済」という側面、社会事業の中での位置づけは影をひそめ、権力による「指導教化」が前面におしだされているのである。生活苦の中にある朝鮮人の保護救済・内鮮融和という従前の在日朝鮮人に対する対応政策から日本人と同様に、日本人としてという内鮮一体化政策への転換点となったのがこの第四項であった。同時にこれが新しい在日朝鮮人対策の基本方針となったのである。

しかし、この第四項に示される方針は、協和会等で分散的に試みられていたが、総合的な機能をもって実施されてはおらず、具体的方法論は確立されていなかった。むしろ、各府県によっては、混乱していた。その基本的対応は朝鮮人を治安対象者としてみる警察が直接たずさわっており、一方的な取締りのみが朝鮮人に対して加えられていた。

この一方的な抑圧のみでは朝鮮人の闘いをおさえることができず、侵略戦争遂行のための国内治安体制・経済体制にも影響を与えるため、方針のみならず具体的対応策を生みださねばならなかったのである。

この試行は、朝鮮人が最も多く、しかも、その実情調査が最も進んでいた大阪府で、内鮮協和会の経験をふまえておこなわれる。このための協議・検討機関となったのが一九三四年四月に結成された大阪府内鮮融和事業調査会であり、その試行機関とされたのが内鮮協和会であり、相愛会もこれに参加し、事業を実施していくこととなった。

5　大阪府内鮮融和事業調査会の活動

大阪府内鮮融和事業調査会（以下調査会とする）の出した方針は以後の協和会の活動の基本路線と

もなっていくため検討を加えておきたい。

　この調査会は一九三四年四月一三日付で大阪府告示として設置され、目的には「在阪朝鮮人の保護並に内鮮融和方策に関する重要なる事項を調査、審議す」とされている。

　会長には知事がなり、委員は大阪府の警察部も含む部課長を中心にした一六名、同様に大阪市役所一〇名、検事等四名、各警察署長一六名、大阪府協和会等四名、府・市会議員、方面委員、新聞社など一七名で構成され、幹事は社会事業主事三名と府警部三名でこれによって会務が実行されていった。主要部分は府・市の役人と警察署長によって構成されていたのである。いわゆる民間人も何人かいたが名目的なものにすぎず全く官僚主導によっておこなわれたのである。

　大阪府がどうしてこのように大規模かつ積極的に取組むことになったのかについて『特高月報』は次のようにその動機と経過について書いている(22)。


「大阪府管下に於ける在留朝鮮人は大正元年以来逐年逓増して其の底止する処を知らざる状況にあり。而して現在其数十四万六千余を算し、之に伴うて発生する各種警察事故も亦夫れに正比例して逐年増加頻発を見つつあり、之が為め管内在住内鮮人間の感情兎角疎隔勝ちにて著しく内鮮融和を阻害しつつある実状に鑑み、予て大阪府に於ては警察的及社会的立場より之等朝鮮人問題を解決し以て内鮮融和の目的を達成すべく計画其の方策講究中なりしが、客年十一月一日財団法人内鮮協和会を動かし、同会主催の下に関係有力者の朝鮮人問題懇談会を持たしめ、更に本年一月二十九日其の第二回懇談会を持たしめたる結果、愈々内鮮融和問題の調査研究機関として『大阪府内鮮融和事業調査会』を設置し、大阪府の社会事業の一機関たらしむることに各会同者の意見一致せるを以て、爾来大阪府特高課長、同社会課長等に於て之が具体案作成中の処漸く其の成案を得」

たとしているのである。

すなわち、朝鮮人の増加は内鮮融和を阻害し、治安対策上好ましくないので「警察的及社会的立場」から内鮮協和会を動かし、会議を持たしめて調査会を設置することになったとされている。ここに調査会が朝鮮人問題を治安対策上の見地からとらえ、かつそれは警察の側からの働きかけによって設置されたことが示されているのである。

ここに内鮮協和会の再生にあたり警察機関が決定的役割をはたし、以後も朝鮮人対策に中枢的役割をはたしていく端緒があったといえよう。

こうした経過をふまえながらここでは、調査会の結論ともいえる総会決議（三四～三七年の間に五回決議がおこなわれる）にもとづき、以後の協和会活動の柱となった事項を検討し、このファシズム体制への進行過程という段階の中で、官側が新たに朝鮮人対応策を意図した内容を明らかにしたい。そして、その意図した内容が具体的に実施されたとき、朝鮮人に何をもたらしたのかについて知るため、実行過程の一部についても並行して検討したい。

当然のことではあるが、調査会の諸決議はすべて実行されたわけではなく、決議そのものがおこなわれるにとどまったもの、具体化されなかったものがある。

審議される対象となった事項は、

㈠ 朝鮮人移住問題ニ関スル事項
㈡ 内鮮融和事業ニ関スル指導行政機関ノ組織ニ関スル事項
㈢ 内鮮融和竝保護団体ノ指導統制ニ関スル事項
㈣ 教育施設ノ創設拡充ニ関スル事項
㈤ 在阪朝鮮人ノ内地化・生活改善等教化方法ニ関スル事項
㈥ 保護施設ノ拡充ニ関スル事項

があげられている(23)。

これらの事項についてそれぞれ分科会が開催され、まず分科会で調査検討し決議がおこなわれ、のちに、総会決議という形でまとめられている。

これらの事項のうち、第一項にとりあげられている朝鮮人の移住については内務省等に渡航阻止を要望するにとどまっており、第六項の保護施設の拡充は従来の内鮮協和会の施設以外に隣保館などの建設などがおこなわれたがごく部分的対応にとどまり、当時の朝鮮人のおかれた状況からすれば問題にならぬ程度の保護施設であることは前にもふれたのでここではとりあげない。また、この項で実際に検討されたのは住宅、宿泊施設を設立することなどより、むしろ、バラック建築の「絶対禁止」やバラック住宅の撤去の方針を出しており（第三回総会決議）、朝鮮人の集団的居住区は好ましくないという理由からその撤去が指導されていることである。この方針によって、実際に朝鮮人用の物産をあつかう市場の禁止、朝鮮式食堂の禁止といった処置が実施されていたから、保護救済を調査会で検討したというより、改善の対象となる建物等の撤廃が課題とされていたという側面もある。

また、第二項の指導行政機関の組織については第二回総会決議において「府学務部社会課内ニ専任ノ内鮮係ヲ設置シ事務ノ拡充刷新ヲ図ルコト」と決議されていることが注目されるが、後に検討するように、具体的朝鮮人対策は各警察署がおこなうことになっているために、社会課における役割は行政組織における連絡調整といったものであったと思われる。

したがって、ここでは官が具体的にどういう政策をもって朝鮮人に対応したかについて第三・四・五項に即して検討してみる。

第三項の「内鮮融和竝保護団体ノ指導統制ニ関スル事項」について第二回総会で以下のように決議されている。

1　概要左記ノ如キ団体組織ノ基準ヲ定メ団体組織ヲシテ之ニ拠ラシムルコト

基　準

イ、団体幹部ハ社会的信用ヲ有スル篤志家タルコト

ロ、有効且適切ナル事業ヲ経営スルコト

ハ、原則トシテ会費又ハ負担金ヲ徴収セザルコト

2　優良団体ヲ以テ内鮮融和事業連盟ヲ組織シ事業ノ連絡統一竝競合防止ヲ図ラシメ更ニ府ニ於

テ之ガ指導統制ニ当ルコト

3 優良団体ニ対シテハ、積極的助成ノ方法ヲ講ズルト共ニ所謂不良団体ニ対シテハ警察取締ヲ厳重ニスルコト

この事項はごくあいまいな規定で、官憲の指示に忠実な優良団体の認定の方法と「所謂不良団体ニ対シテハ警察ノ取締ヲ厳重ニスルコト」としている通り、労働団体はいうにおよばず、民族的色彩の強い団体等、「警察ノ指導」に従わないものに対してとられた抑圧政策の明示である。この方針は一九三五年八月の第三回総会においてさらにきびしく、優良団体はすべて法人化し、前第二回総会における基準に合致しない団体は「其ノ実情如何ヲ問ハズ、コレヲ解散セシムルコトトモニ新ニ組織スルコトヲ認メザルコト」として実質的な朝鮮人の独自な組織の禁止を決議している。さらに活発な活動をなしうる青年組織については第三回総会決議第四項の六に「現ニ組織セル朝鮮人青年団ハ之ヲ解散シ青年ノ指導ハ矯風会青年部ヲシテ之ニ当ラシムルコト」とし朝鮮人青年独自の組織は禁止された。矯風会は警察署内に事務所をおく官制組織であったから青年運動を警察の直接統括下におくためにとられた処置であった。

権力にとって必要であったこの実質的朝鮮人組織の禁止決議は早速実施される。

その実施状況を『特高月報』は調査会の活動状況として次のように紹介している。

「朝鮮人親睦団体の統制運動　管下に於ける朝鮮人の融和親睦団体は現在百九十団体、会員

一万八千百六十余名を算し其の大半は概ね職業的融和運動者の設立に係り、各種の弊害を伴い甚だしく内鮮融和を阻害しつつある状況なるを以て其の種不良団体の統制を為す方針なるが、今回今福矯風会に於ては事業拡張の前提として既設親睦団体の整理に着手し目下之が工作中なり。而して既に管内湖南九種組合以下三団体は此の趣旨に賛同し任意解散の申出を為すに至る等着々其の実績を収めつつあり(24)」。

このように、労働団体にかぎらず、特に政治結社というより生活のための互助的組織を認めず整理・統合していくようになり、朝鮮人の独自組織はいっさい認められなくなる。一九三九年の中央協和会の設立によって相愛会等の当局の後援によって作られた御用団体も解散させられるが、その方針は、調査会の総会決議とその具体化の中で明確にされているのである。

第四項の「教育施設創設拡充ニ関スル事項」は基本方針として「之ガ教育ニ当リテハ国民精神ノ涵養竝生活容態ノ内地化ニ資セシムベク特ニ考慮ヲ致スベシ」と規定されている。この方針にもとづき成人・青年教育とともに日本人小学校に朝鮮人子弟を入学させる指示が一応の成果をあげたとされている一九三七年五月の第五回総会では次のように決議されている。小学校在学者についてのみ紹介するが、在学者の増加にともなう各学校当局者に対する具体的指示とみられる(25)。

(2) 小学校在学児童に対する教育方策に関した左記各事項参照の上、速に其の根本方針を確立指示すること

① 特別の事情なき限り朝鮮人児童を以て特別学級を編成せざること
② 一学級に於ける朝鮮人児童は原則として総数の四割を超えしめざること
③ 朝鮮人児童に対しては精神的訓育に重きを置くと共に国語・国史及修身教育の徹底竝情操の陶冶に留意すること

(3) 朝鮮人児童の保護者に対しては、特別に連絡指導の方法を講ずると共に、各矯風会(実質上は警察の特高課――筆者注)と連絡し、特に家庭教育の改善を図ること

(4) 朝鮮人児童の上級学校進学指導及職業選択指導に関しては克く父兄と連絡し之が指導上誤りなきを期すること(以下略)

ここにみられるのは、小学生といえども朝鮮人子弟に対しては集団的に教育を受けることを否定し、日本人の中に分散させる意図のもとに「精神訓育」と日本語・修身を強要し、権力の一方的要求のみを朝鮮人子弟におしつけている当局者の姿勢である。朝鮮人の民族としての言語、風俗そのものに対する否定を基本とする教育であり、在日朝鮮人は一定の「日本人化」を否定できないような状況におかれることになったのである。矯風会の指導のもとに家庭教育という名目で家庭内父兄にまで指導をおよぼす方針が策定された。これは、先にあげた愛知県の民族教育の否定の例に示されるような独自の教育に対する抑圧をともなうものであり、兵庫県でおこなわれていた朝鮮人夜学校も一九三六年に禁止されている。以後、教育は内鮮一体化政策の中心的役割をにない、朝鮮における内鮮一体化政策に応じて強化されていく。在日朝鮮人にとってこれほど精神的な苦痛を与えたものはなく、以後

における朝鮮人として生きるための思考の糧を奪いさる政策であったといえよう。

第五項の「在阪朝鮮人の内地化生活改善教化方法に関する事項」については第二回総会で次のように決議されている。

(1) 密住地域ニ於テ十乃至三十世帯ヲ単位トシテ生活改善組合ヲ組織セシメ自治的ニ生活改善向上ヲ図ラシメルコト

(2) 右組合十組合（人員五百人乃至千五百人）毎ニ一名ノ生活改善指導員ヲ置キ更ニ之ガ補助機関トシテ一組合ニ一名ノ指導補助員ヲ設ケルコト

(3) 生活指導員ハ当該地域ニ駐在セシメ直接之ガ指導ニ当ラシムルコト

(4) 生活指導員ノ統制ハ府社会課ニ於テ之ヲ為シ之ガ直接監督ハ所轄警察署ニ於テ当ラシムルコト」

この決議で注目すべき点は、権力の側から朝鮮人を組織する際の原則を示していることである。それは、第一に日本における国民相互監視組織ともいうべき、また隣組制度の応用ともいうべき組織網を朝鮮人社会に適用したことであり、その名称を生活改善組合矯風会としている点である。第二に組合には権力の指定した指導員がおかれ、しかも、専任として朝鮮人社会に入っていったこと、第三に個々の朝鮮人組合員―指導員という支配体制の最終的統括を警察がおこなう決定をし、実質上の朝鮮人統括は警察がおこなうことになったこと、これらの原則は、中央協和会が結成された一九三九年以後も受けつがれ、名称が矯風会から協和会支部会となっても基本的変更はなく受け継がれていく。この第五項の朝鮮人教化の方針は調査会決議の中でも重視され、早期に実施される。大阪府内鮮融和事業調査会の活動状況として『特高月報』に報告されている中から生活改善組合に関する部分についてのみ以下に紹介する。[26]

「イ　生活改善組合　客年十月財団法人内鮮協和会をして試験的に市内今宮・鶴橋・泉尾警察署管内に各警察署長を会長とする生活改善組合矯風会を設置す。之に専務指導員各一名（朝鮮総督府官吏の前歴あるもの二名、在住朝鮮人中特に人物手腕の優れたるもの一名、之に三十五円乃至五十五円、月額旅費五円を支給す）を配し各種の生活改善方策を講ず、即ち今宮矯風会にありては管内朝鮮人密集地帯を選びて四事業区を指定し、当面団体観念涵養のため明治節以来各祝日に国旗を掲揚せしめ、衛生思想の普及助長の為、当番を定めて清潔法を実施し、鶴橋矯風会は、祝祭日の国旗掲揚の励行、家屋内の清潔整頓を主たる事業とし、泉尾矯風会にありては国旗掲揚、衛生思想普及施設の外正確なる在住鮮人名簿の調整、児童の就学奨励の為役所に交渉し寄留手続の簡易化を図る。（中略）

而して昭和十年度に於ける新施設其他に関しては第五分科会委員会幹事会に於て研究中なるが、七月一日より中本、今福、中津、曽根崎警察署管内に生活改善組合を設置の予定なり」。

これら矯風会組織は国旗掲揚以外にも、朝鮮人を神社参拝、宮城遥拝、「紀元節」に関するパンフレットの配布、皇軍慰問金の寄附をおこない、それらは朝鮮人民衆にとっては強要以外のなにものでもなかった。

以上の大阪府内鮮融和事業調査会における第三〜第五項の主要決議にもとづく具体化は、朝鮮人社会に対し第三項において朝鮮人から一切の組織をうばい、第四項では日本人化を強要し、第五項では朝鮮人をすべて警察特高課内鮮係の統制におくことを目標としたものであった。

内鮮協和会は初期における挫折の後は有効な活動をなしえていないが、内鮮融和事業調査会の決議実施機関として活動することによってその生命をよみがえらせ再生される。初期内鮮協和会が前面に出していた保護救済はかげをひそめ、日本人化の強要と警察による統制という機能を前面に出した内鮮協和会となったのである。「保護救済」から「保護教化」への転換でもあったといえよう。(27)

この転換の要になって協和会の中枢的機能をになっていくことになる矯風会などの展開過程については以下の章で検討する。

〔注〕

(1) 内務省警保局保安課「大正十四年中における在留朝鮮人の状況」『在日朝鮮人関係資料集成』第一巻所収、一九二五年一二月。

(2) 拙稿「在日朝鮮人社会史研究試論」『海峡』一二号所収。

(3) 警察を中心にした対応としては一九一九年五月、六月の三・一運動の影響と思われる福岡県下の朝鮮人炭坑労働者の抵抗に対し、同県下各警察署では朝鮮語のできる警官一〇名を配置、朝鮮人管理とその同化を推進している。

(4)柳原吉兵衛「朝鮮人の保護問題」『社会事業研究』大阪府社会事業協会、一九三五年一〇月号所収。
(5)在日朝鮮人の住宅不足の深刻な事態については大阪市「本市における朝鮮人住宅問題」『大阪市社会部報告』一二〇号、一九三〇年刊、等の調査報告書にくわしい。
(6)『大阪府内鮮協和会概要』一九二六年所収、大阪府知事中川望挨拶文から。
(7)在日朝鮮人の就業方法は朝鮮人間における紹介が第一位であり、官庁等の公的機関を通じて就業したものは少ない。これは、『在阪朝鮮人の生活状態』等の調査報告書の統計によってみても明らかである。
(8)『大正十四年至昭和三年失業救済事業概要』。内務省社会局社会部職業課の六大都市の調査によるが、朝鮮人失業登録者の増大は朝鮮人の失業状況の深刻さを物語っている。
(9)むろん、この国の失業救済事業は朝鮮人救済を想定して計画・実施されたものではなく日本人失業者を対象としたものであるが、朝鮮人の申込者がきわめて多かったため朝鮮人の比率が高くなったものである。
(10)『神奈川県社会事業』六七号、一九三二年。
(11)のちに協和会活動が活発におこなわれる一九三六年以降は日常生活における朝鮮語の使用も禁止されるようになっていく。
(12)神奈川県における内鮮協会設立基金は七五〇〇〇円であった。
(13)愛知県社会事業要覧一九三二年版。
(14)『横浜貿易新聞』一九二七年一月二一日付。
(15)『労働運動年報』一九二九年版。
(16)『社会運動通信』一九三一年五月二日号。
(17)『特高月報』一九三五年九月号。

(18)「一面此種団体（朝鮮人労働組合をさす――筆者注）と相愛会及融和団体との反目は益々熾烈ならんとする傾ある！」としている。『労働運動年報』一九二九年版。

(19) 在日朝鮮人の闘争の歴史的展開については朴慶植『在日朝鮮人運動史』一九七九年刊や、『在日朝鮮人史研究』誌の一～一五号を参照されたい。

(20) なお、この名古屋協和会は協調会名古屋出張所長が斡旋者となり、朝鮮人教化、救済を事業目的として設立（一九三二年一二月）されたがこの活動は短命に終ったものと思われる。『海峡』一二号所収資料「名古屋協和会事業計画概要」から。

(21) 慶尚南道警察部『内地出稼鮮人労働者状態調査』一九二八年刊。

(22)『特高月報』一九三四年六月号。

(23)『特高月報』一九三四年六月号。

(24)『特高月報』一九三六年一月号。

(25)『特高月報』一九三七年五月号。

(26)『特高月報』一九三〇年四月号。

(27)『特高月報』一九三六年一一月号に紹介されている東京府協和会会則には、保護教化という言葉がつかわれている。

第二章　朝鮮人親睦・融和・同郷団体
協和会設立以前の在日朝鮮人組織を中心に

はじめに

協和会設立の要因としては在日朝鮮人に対する治安対策が基本であったが、当局にそのような必要性を認識させたのは朝鮮人自身の活発な自主的運動であった。それは活発な労働運動、各種印刷物の刊行（一九三六年現在六一種を刊行）、国政及び地方議会への立候補の増加（一九三六年までの立候補者七一名、当選者は二一名）などである。自主的な親睦団体などの結成も多くなった。渡航してきた農民たちは当局が考える以上に社会的で活発な活動を展開していたといえよう。本国社会とは違う、あるいはそれ以上に活発な運動を展開していたのである。当局は当初には在日朝鮮人の活発な労働運動、思想運動などに対して一方的な弾圧で対処していたが、単なる「左翼運動」の弾圧という方式のみでは朝鮮人を日本国内支配体系の枠内に押しとどめ、戦時体制への協力を要求していくことができなくなったのである。その代表的な行動の一つが朝鮮人による朝鮮人のための自主的団体の組織化であった。ここでは朝鮮人会員の参加による自主的な団体の概数とそれに対する当局の対応を検証することによって協和会の組織過程の実態を明らかにしていきたい。

1　戦前期の朝鮮人団体

日本国内での朝鮮人団体は韓国併合以前から結成され始めていた。最初の団体としては一九〇六年に結成された朝鮮連合耶蘇教会と朝鮮基督教青年会といわれている。内務省によればこの一、二団体という状況は一九一九年までは変わらず、一九二〇年には六団体となり以後急速に増加していくが翌年の一九二一年に一〇団体となり次第に増加していく。

表1に見られるように初期の朝鮮人団体の第一の特徴は朝鮮人同士の助け合い機関としての性格である。朝鮮人団体の大半は会員の相互親睦・共助に関する団体で助け合いを設立の趣旨にしている。第二には無産者解放・思想団体に分類されているような労働者組織が急速に朝鮮人の間に広がっていたことである。第三には後の内鮮融和につながる団体も多くなっていることである。これには官及び日本人の働きかけによる組織化も含まれる。

また、朝鮮人組織は東京のみで作られていたのではなく、朝鮮人の居住者の多い地域を中心に組織されていた。当初から面としての広がりを持って組織されていたのである。一九二五年の時点で官憲

表1　全国の朝鮮人団体の組織状況　一九二五年～四二年

団体の分類＼年	会員相互の親睦・共助（一九三三年からは融和団体を含む）	民族主義	社会民主主義	国家主義	労働者相互扶助	労働者愛護	「日鮮」親善	無産者解放・思想	学術・文化	宗教	その他
1925	75				30	14	12	11	5	7	4
1926	74				48	6	29	36	6	9	2
1931	450	144						62			
1933	659	182	5	13				125			
1934	749	230	4	19				85			
1935	757	251	13	20				61			
1936	679	301	16	23				51			
1937	663	304	14	26				46			
1938	643	271	10	17				3			
1939	241	248	6	11				2			
1940	94	213	1					1			
1941	57	189						1			
1942	41	160									

協和事業団体	団体数総計	会員数総計
	158	—
	210	—
	656	90,373
	984	133,923
	1087	149,632
	1102	110,084
	1070	104,741
	1053	156,842
31	944	99,589
39	508	50,333
46	309	36,222
46	247	27,025
47	201	21,963

＊数字は内務省調べ。出典は各年の『社会運動の状況』などから作成。原資料の分類項目は時代によって違うが趣旨などを考慮してまとめて記載した。
＊協和事業団体の記載数は各総計には含まれていない。また、ここで協和会数としたのは県単位の組織を表し、協和会の警察署単位の支会、その下の分会数は各総計に含まれていない。協和会数の四二年度の増加は樺太協和会で沖縄県はその後に結成された。
＊「日鮮」親善団体欄は一九三一年から親睦・共助団体に含められたと考えられる。
＊無産者解放・思想団体欄は朝鮮人労働団体・共産党関係組織などが含まれる。資料では無政府主義団体は別に集計されているがこの欄にまとめて集計した。
＊一九四一年まで残っていた左翼団体は大阪の消費者組合で一団体にすぎなかった。

が把握していた団体のみでも一九都道府県に広がっていたのである。この時点での在日朝鮮人総人口は一三万六八〇九人であった。結成された団体数の多い順を挙げれば東京（五〇）、大阪（四五）、愛知（一一）、兵庫（九）、京都（七）、福岡（七）、神奈川（六）、北海道・三重・広島（各四）、山梨（三）、奈良・長野・愛媛（各二）、長崎・新潟・埼玉・静岡・岐阜（各一）という広がりを持っており、これら組織の大半は地域独自に設立されていた。全国相互に連絡を持っていたのは朝鮮労働総同盟など労働団体と総督府関係者が後援する相愛会以外は全国的なつながりのない自主的な団体であったと考えられる。なお、これら団体の中には当局の意に沿った、あるいは日本人の在日朝鮮人に対する「善導」を趣旨とする団体も存在する。

その後、在日朝鮮人団体数は全都道府県に広がりを見るようになった。一九三四年からは一〇〇〇団体を超えており、組織人員も一〇万人を超える数に達していた。団体の設立趣旨は様々な内容であったが大半は朝鮮人が自身の意志と力で組織したものであった。朝鮮内ではこれほどの数で高い割合での自主的な組織は設立されておらず、植民地本国内における差別体制の中で作り上げられた組織であると位置づけられる。

一九三七年末の在日朝鮮人人口は七三万五六八九人であり、男子人口は四四万七五二六人であり、女性は二八万八一六三人であった。女性団体は極めて少なく、大半は男性によって組織されていた。この時点での朝鮮人団体の組織人員は一五万六八四二人に達していた。したがって男子人口と団体組織人口の割合は約三五パーセントになる。男子人口の中には学齢期の子どもや学齢以下の子どもが多数含まれていることなどから実質的にはさらに高いの朝鮮人組織率になっていたと考えられる。また、男子単身者が占める比率も高かった。おおよそ、男子の半数近くの人々が何らかの団体に組織されていたと考えられる。自主的組織としては極めて高い組織率で、朝鮮人同士での活発な連絡を保持し、相互に連絡を取っていた状況が浮かび上がってくる。相愛会など総督府関係者が顧問をしていた組織と大阪に警察が組織していた矯風会などを除けば多くは日本の行政や日本人と関係のない次元で組織的に連絡を持っていたのである。特に多くの場合、抑圧・統制を受けないように大半の組織は融和、親睦、同郷団体を目的として活動をしていた。

また、ここでは記述できないが、また、確認するのは困難であるが官憲は把握していなくとも、あるいは名称が付されていなくとも土木の親方同士、各地域を廻る飴売り、漢方薬商人など職域によっては相互に連絡があったと考えられる。

公式に官憲が把握していた親睦・共助団体は一九三七年の時点では六六三団体が存在し、全体の一〇五三団体に対する割合は六三パーセントであった。民族主義団体とされる組織である三〇四団体を加えれば九六七団体となり、九二パーセントが独自性の高い団体であった。一九三七年の時点ではすでに左翼的な団体は弾圧されて名目的な団体になっていた場合が多いのである。この朝鮮人団体の存在自身が治安当局にとっては極めて危険な存在として認識されている。一九三七年には日中戦争が拡大し、日本国内でも隣組などの組織化が進められようとしていた。朝鮮人に対する団体の解散、統制が治安当局の課題になっていたのである。左翼的な団体ではなくとも融和・親睦団体でも危険と位置づけられ、大阪府では警察による矯風会活動が活発に展開されていた。日中戦争が本格化して国内体制固めが必要になったと治安当局は認識していたのである。一九四一年末にはアジア・太平洋戦争が始まるが、それまでに左派系団体を含めて親睦・共助団体はすべて解散されていた。残されていたのは基督教団体、学生団体、相愛会などであった。四二年には朝鮮総督府官僚などが支えていた相愛会なども解散させられていた。どのような団体が残っていたのかについても検討しなければならないがここでは朝鮮人の既存団体がいかに警察機構に組み込まれたのか、あるいは解散させられたのかについて検証しておきたい。

なお、ここでいう朝鮮人団体とは治安当局、警察が把握していた団体で、これ以外にも契、無尽といった共助団体や、小規模な同郷集団、親族組織、同業集団などが朝鮮人社会には組織され活動していたと考えられる。これらについては資料的に裏付けられないが、官憲に把握されない団体が集住地区ごとに作られて朝鮮人社会では大きな役割を果たしていた。

2 警察による朝鮮人団体の統合過程

一九三八年の『社会運動の状況』で協和団体以外を朝鮮人団体として認めないという方針を示した当局はこれを次のように述べている。在日朝鮮人は著しく増加しているが治安上はもちろん「国民生活の協和上誠に憂慮にたえざるものある実情なり」として政府が直接朝鮮人を組織するとしている。特に「協和事業の遂行は警察取り締まりと密接なる関係を有し……警察当局においても本事業に積極的協力をなしつつある状況なり」として団体の結成に関しては「融和親睦の趣旨に悖《もと》るがごとき虞《おそれ》ある団体の組織に関しては可成《なるべく》これが事前防止に努め、また、既存の不純なる団体に対しては諭旨解散せしめもって協和事業団体の傘下に結集せしめ」協和事業を推進するとしている。このための警察取り締まりを実施しつつあると報告している(1)。

この基本路線に沿って各都道府県では県内朝鮮人団体の協和会への統合が始まっていく。この移行にあたっての道筋は主に次のように分類される。

第一には大阪府のように直接警察による矯風会事業が実施されていたところは、それが協和会支部として組織される。

第二には在日朝鮮人による既存団体のない地域での新たな協和会結成は警察が地域の朝鮮人土木業者など有力者を集めて結成した。事例としては最も多かったと思われる。

第三に既存団体ではないが強制連行労働者が「移入」されたことを契機に警察を中心に協和会が結成された場合。

第四には朝鮮人の既存団体が存在し、それを拡充、既存団体員以外の在住者全員を会員として利用する場合の四つに分けることができる。

ここでは既存の朝鮮人団体が警察に組織化されていく過程を検討し、警察による朝鮮人抑圧体制の確立過程を明らかにする必要性から、第四に分類した既存団体が存在した地域における、既存団体の廃止につながる経過を検証していきたい。具体的には三重県の事例(2)などで検証しておきたい。

3　三重県における朝鮮人既存団体の統合過程

協和会への統合が始まる直前の一九三五年前後の三重県には確認できる範囲でいえば表2のような団体が存在した。融和・親睦系団体が七団体で極左系団体が一である。

表2　三重県の1935年前後における朝鮮人団体と会員数

団体名	設立年月日	会長	会員数
神都共助会	1930.5.5	朴成奎	15
相愛倶楽部	1933.12.10	鳥海善衛 崔淑浩	346
在四日市鮮人青年会	1934.3.15	朴憲初	65
培材倶楽部	1935.4.27	朴成楽 申徳出	50
共和会三重県本部	1935.7.21	伊藤静六 朴桂眇	158
名古屋合同労働組合桑名支部	1935.9.15	趙在鉉	20
伊勢富田東明親睦組合	1935.4.25	梁会端	32
亀山親睦会	1936.6.1	崔成忻 李潤三	198
団体計及会員総計			709

＊『社会運動の状況』各年版から作成。総計は会員数合計と一致しない。

この時点での三重県における朝鮮人在住者は四七五七人で主な職業構成は商業五〇四人各種労働者一六八四人となっている。このうち、女性は一八四三人、学生・小学生五四五人となっている。小学生以下も存在したが統計的には把握できない。この時期には女性が団体・組織に加盟するのは労働組合に組織されている場合に限られるので三重県の場合は存在したとしても少数である。この女性と学生・生徒二三八八人を在住者総数四七五七人からマイナスすると二三六九人となる。そこから学齢以下の子どもと少数であるが高齢者も存在したと思われるのでそれらもマイナスすると約二〇〇〇人ぐらいが組織対象者になる。団体に組織可能な人々は男子有業者の場合、組織されていた人々の割合は表2の総計では七〇九人になるから約三五パーセントの組織率となる。この時点では三重県では三分の一の人々が自主的な団体員として組織されていたのである。

これらの団体は小規模の団体が多いこと、組織者、会長は全て朝鮮人であることが大きな特徴である。日本人会員は六人で、大半が朝鮮人である。日本人は相愛倶楽部が四人、共和会三重県本部が二人にすぎない。なお、この日本人六名は総数に含まれていない。極左に分類されているのは名古屋合同労働組合桑名支部のみである。(3) 構成員などは確認できない。

これらの団体には消長があり、相愛倶楽部のように「日鮮融和」を掲げる日本人の参加がある場合もある。一律にはいえないが大半の組織は朝鮮人による、朝鮮人のための独自な組織といえよう。こうしたところに、新たな国策に沿う、警察を中心にしたそれまでと意味の違う朝鮮人対策組織が作られたことがわかる。具体的な過程を検証しておこう。

三重県協和会が結成されたのは一九三九年一一月一日ということになっているが警察が直接関与して地域に協和団体をつくりはじめたのは一九三六年以降で、三重県社会事業協会が主管して事業を実施することとなった。本格的な活動は一九三八年度からであった。したがって一九三八年四月以降の活動開始になった。一九三九年一一月の正式発足までの過渡期における協和団体の結成状況は表3のとおりである。

表2と表3を比較すると次のようにいえる。
1　亀山親睦会以外の団体は全て、解散、あるいは改組されていること
2　会長も表2にある会長は存在せず全会長が変更されていること

表３　三重県における協和会移行期の協和団体（1939年６月現在）

団体名	設立年	所在地	会長名	会員数
亀山親睦会	1936.6.1	鈴鹿郡井田川村	中村順念	72（30）
出征軍人家族援護会	1937.10.15	四日市市東阿倉川	朴成吉	190
朝明報国会	1937.11.13	富洲原町	申判九	63
伊賀内鮮愛国同志会	1938.3.25	上野町福居町	鄭淳穆	58
松阪内鮮愛国同志会	1938.6.28	松阪市西町	辛鵬教	49
友和会	1938.7.16	南牟婁郡入鹿町	金朱出	73（1）
協愛報国会	1938.8.25	尾鷲町南浦	文槇安	25
報国義勇相助会	1938.10.13	名張警察署内	青警煥	34（1）
聖津一宇会	1938.10.15	津警察署内	金榮秀	71（1）
鳥羽内鮮親和会	1938.11.1	鳥羽警察署内	青元伊	41（1）
木ノ本進栄会	1938.12.4	南牟婁郡有井村	権宣徳	35
前島立志更正会	1939.1.17	波切警察署内	青爽煥	16
一志親和会	1939.3.14	久居警察署内	蘇奇福	28
神都報国会	1939.3.14	宇治山田警察署内	鄭成鶴	116
南島報公会	1939.4.29	吉津警察署内	金有鳳	25
至誠奉公会	1939.6.3	神戸警察署館内	安貳業	33
計　16団体				925

＊『三重県社会事業』97号1939年６月刊による。

＊原資料には所管警察署の欄がある。各地域警察署毎に記載されているので省略したが、すでにこの時点では警察署管轄単位の組織化が確定していたのである。

＊会員欄の（　）内数は日本人会員。

3　名称も表2では多様であったが亀山親睦会、友和会など以外は報国会など戦時色の強い名称の組織となっていること
4　それまで事務所は会長自宅などであったが、後期に設立された団体の事務所は全て警察署内とされていること
5　会長は亀山親睦会を除いてこの時点では全て朝鮮人であること
6　会員数は全戸加入にはいたらず、表2との差は約二〇〇にすぎない。団体の数では倍になっているが組織人員数はさほど増加していない。官製団体であり、在住者を組織しえていない状況が明らかとなっている。
以下にこれら表3に見られる団体の活動内容を挙げておこう。

4　協和会移行期における団体活動

この協和会移行時期の団体活動の全体像を明らかにするのは資料の点から難しいが、いくつかの特徴を挙げておきたい。

(1)役員

各団体の役員は会長、副会長、幹事、会計など全て朝鮮人によって占められている。[4]しかし、顧問

は各団体ともに共通して警察署長であり、特高内鮮係は理事、あるいは指導員という名称で記載されている。このことからこの時点では警察の指導・後援で各行事をおこない、朝鮮人が前面に出て「自主的」におこなっているという建前を取っているのである。なお、地域によっては日本人地域有力者が相談役、あるいは教育係として役員に名を連ねている。この日本人地域有力者の組織内への取り込みは協和会時代にも継続されている。表3の尾鷲町の協愛報国会の役員は次のようになっていた。協和会への転換後は署長が支会長、幹事が特高課員になり、朝鮮人は指導員、補導員となり格下げされていく。完全な官製組織になったのである。

会長	米村米太郎（文禎安）	相談役教育係	古屋命義
副会長	山城政雄（朴鳳燦）	指導員	尾鷲警察署特高主任　岸田四郎
幹事	木下　清（李鎌壽）	顧問	尾鷲警察署長
幹事	中村太郎（沈相連）		

(2)事業

次にこれら団体がどのような事業をしようとしていたかについて見ておきたい。表3の木ノ本進栄会では設立の翌年、一九三九年一月に第一回の役員会をおこなっている。要約すると次のような事項を決定している。

①役員は各戸から会費を徴収すること
②夜学を始め、日曜日の夜に開校し、希望者に「国語」(日本語)を教えること、名士の修養講座をおこなうこと
③会員の慶弔をおこなうこと
④年末年始には木ノ本神社や道路清掃をすること日程は特高と相談して決めること
⑤戦死者の合同慰霊祭に弔電を打つこと
⑥夜間出動の場合の会名義の提灯を大小作ること
⑦会員徽章及び会員証制定の件
会員章は三〇銭程度のものを作成し、実費をもって会員に分かち会員章は縦一〇センチ、横七センチに会員の本籍、住所、氏名、生年月日、渡来月日、居住月日などを記入し、これを携帯すること
⑧会員住宅表札作成をおこない、会員宅には一定の表札を掲示すること
⑨木ノ本警察署管内の朝鮮半島出身者に加入勧誘すること
⑩総会開催について
⑪役員は戦死者の町葬に参列すること

などが決められている。

ここには協和会として発足以降に実施、考えられていた協和会事業の多くが含まれている。

日本語の講習、その他の内鮮融和講習、神社参拝・清掃などであるが、⑦の会員章は後の協和会の会員証のような本人確認のための基本となる朝鮮人統制の具体化であった。この時点では参加していない者がおり、勧誘も課題とされた。会費や会員章表札などにはお金がかかり、朝鮮人にとっては負担となる事業が考えられていた。

なお、他の団体でも事業計画が協議されており、松阪警察署で開催された表3の松阪内鮮愛国同志会では木ノ本と同様なことが決められていたが、会旗の作成、会員服の作成などが検討されていた。

これら団体の会合に使われた場所は地域の公会堂などの場合もあったが、警察署内である場合が多くなっていた。また、会合の後には付近の神社に参拝するなどしており、警察の主導的な役割が存在したことを証明している。

また、この時点までは朝鮮人会長等になっており、一九四〇年の中央協和会結成と前後して一斉に警察官が会長などの役員を占めることになった。警察が直接朝鮮人団体を組織することになったのである。

まとめ

この経過からすると、

1　これらの団体の特徴は警察が所管毎に朝鮮人地域有力者を中心に組織したこと。
2　以後の協和会組織の会長─警察署長、幹事─特高課員、補導員─朝鮮人という組織への整備がおこなわれる一九四〇年までは警察の指導を受ける朝鮮人を会長、役員とする団体となっていたこと。
3　会の名称もこの時点では多様であること。
4　警察が直接関与する以前の時期の独自団体と比べると朝鮮人同士の助け合い、職業紹介、同郷組織といった側面は著しく後退、否定され、独自色は消滅していること。
5　活動目標に掲げられているように戦時協力や日本語学習・神社参拝名などの皇民化行事が中心となっていることなどの特徴を持っていたのである。この時点では表2の団体を含めて在日朝鮮人組織を利用し、協和会体制作りがおこなわれていたということができよう。
6　地域有力者を取り込んで組織してもこの時点では後に会員とされる人々の半数以下の朝鮮人しか組織し得ていなかったのである。

以上のような要件から協和会は朝鮮人既存組織や朝鮮人有力者を取り込まなければ朝鮮人の組織化はできなかったといえる。既存の朝鮮人親睦団体や地域有力者（土木関係では親方層など）を取り込む形で協和会が作られ始めたのである。警察が朝鮮人統制を実施する初期の状態であったといえる。しかし、組織率は低く、このような有力者層の取り込みだけでは在住者全てを組織するという協和会の朝鮮人統制の目標には遠く及ばなかったのである。このために強権的な統制を実施するためには朝鮮人を会長にする団体ではなく、新たな警察署長を会長とする警察権力による直接統制が必要になったのである。このことは強権的、ないしは強制処置としての組織化以外には朝鮮人を組織できなかったということの証明でもある。それは同時に大半の朝鮮人側からの「自主的」な協力がなかったことを表している。(5) 以降、協和会は直接、治安機関が組織する団体となり、朝鮮人に対する全面的な統制・抑圧組織としての役割を持つようになったのである。もちろん、協和会に組織された中での小規模な無尽など朝鮮人同士での助け合いがあったが、それらは協和会という機能とは関係ない朝鮮人同士の独自な結びつきであった。朝鮮人の独自な組織としての親睦・同郷団体は公式にはなくなったが、朝鮮人同士の親睦や同郷者の連絡はとだえることはなかった。

〔注〕

(1) 内務省警保局『社会運動の状況』一九三八年版。

(2) 三重県を選択したのは比較的に協和会への移行過程が資料で確認しやすかったためである。

(3) 名古屋合同労働組合については西秀成『戦前期・愛知県における在日朝鮮人の諸団体』日朝協会愛知県連合会　二〇一〇年刊に詳しい。

(4) 資料は全て『三重県社会事業』の各号による。また、この資料の役員名は全て日本名が使われているが（　）内には朝鮮名が記載されている。

(5) 相愛会など朝鮮人の一部団体は日本の国策協力を目標にしていたが大半の団体は朝鮮人の親睦、共助、同郷組織であった。なお、三重県協和会は一九四一年の時点で警察署単位の二七支会となっていた。

＊なお、三重県協和会関係資料は各団体の設立、活動状況を含めて拙編『協和会関係資料集　第5巻』緑蔭書房、一九九五年に収録してある。
＊日本全体の個別在日朝鮮人団体については、韓国の民族問題研究所編『在日韓国人団体事典　一八九五～一九四五』が、同研究所から二〇二一年一二月に刊行されている。参考にされたい。

第三章　在日朝鮮人団体と協和会への組織化過程
三重県と千葉県での事例を中心に

はじめに

戦前期における在日朝鮮人は朝鮮、在日朝鮮人社会とのかかわりのなかで暮らしてきた。その大半の人々は何らかの「組織」「集団」に属していたと考えられる。同郷組織、契、互助組織、土木労働の組、職場としての工場、民族団体、労働団体、学生組織、芸術・演劇団体、宗教団体、あるいは組織とは言い得ないが朝鮮人の集住地区(1)そのものが一つの社会集団としての機能と可能性を持っていたと考えられる。そしてこれらの社会集団は日本人社会の圧力というなかで形成されていることが日本人としては重要な視点であると考えられる。こうした圧力が存在したが、在日朝鮮人の「組織」「集団」が豊かな文化を持つ集団として維持される可能性も存在したのである。

こうした在日朝鮮人社会「組織」「集団」（以下朝鮮人団体と呼ぶ）の流れは、戦後社会にも影響を及ぼし、民族団体、同郷会などは弱まっている側面はあるけれども現在でも盛んに活動している。

これまで朝鮮人団体についての検討は十分ではなく、わずかに外村大が在日朝鮮人団体を七つに分類し、それぞれの特徴を取り上げているにすぎない(2)。

本稿では資料に残り、公式統計でも一〇〇〇以上あったとされている朝鮮人団体が協和会に統合されていく過程について地域的な事例で検証していきたい。時期的には一九三六年から準備のはじまった中央協和会設立直前の時期を中心に検証しておきたい。そしてこの中ではたした朝鮮人の役割についても考察したい。

協和会は一九三六年に政府の指導で各県に組織化の指示がされて以降組織整備がおこなわれていく。こうしたなかで朝鮮人団体は協和会へ次第に統合されていく。この最終段階ともいうべき協和会への統合過程についてはほとんど研究されていないのである。特にこれまでの研究では協和会の設立は警察の直接的な関与を強調しているが、地域における組織過程では朝鮮人既成組織があるところではその朝鮮人既成組織を警察が利用しながら設立されていったのである。したがってここで主に対象にする時期として、一九三六〜四〇年にかけての協和会への組織過程の実態を中心に明らかにしたい。これを三重県と千葉県の協和会設立前段の状況から分析したい。この地域を選んだのはある程度資料で確認できるという側面と京都、兵庫、名古屋、神奈川などについては資料的にも一部が明らかにされているためでもある(3)。なお、東京、大阪については研究が少ない。

1　三重県地域での在日朝鮮人組織の統合過程

三重県は愛知県に隣接し、愛知県内の在日朝鮮人運動に大きく影響されていたと考えられる。一九三八年の日本国内居住人員は七九万九八七八人、三重県の在日朝鮮人人口は九〇日以上同一町村に居住するものが五三九五人、九〇日未満の者が四四〇人で合計五八三五人となっている。一割未満の人口であるが移動してきたばかりの人々であり、移動性の高い職業に就労していたと考えられる。

三重県内には早くから朝鮮人が居住し、労働に従事していた。特に紀勢線敷設工事では木本町（現在、熊野市）における朝鮮人労働者殺害事件がおきている。この他、現在のところ朝鮮人団体の活動の存在を示している組織は一九三二年一月に紀勢一般労働組合（全国大衆党系）を組織し、尾鷲市の工事請負人大倉組に対し最低賃金などを三項目の要求をした。拒絶されたため金龍珠を団長とする争議団を結成した。七〇名が事務所に竹槍などをもって押し掛けビラなどを配布した。警察が出動し団長以下六三名が検挙された。朝鮮人一四名と日本人一名が起訴され、三重刑務所に収監されるという事件が確認できるのみである。(4)

この頃には日本国内では日中戦争が開始された後で、戦時色が強くなっていくなかでの事件であり、地域社会では異例のことであったと考えられる。こうした動きには厳しい弾圧がおこなわれていたことも確認できる。治安対策として朝鮮人の組織化が必要とされたのである。

なお、この頃には三重県内では土木労働が主な職業であったと考えられるが、明確な統計資料を確認できていない。

三重県では一九三六年に、三重県社会事業協会の中に協和部が設置されて朝鮮人対策が開始されている。こうした動きの中で警察の指導で「融和団体」が設立されていくことになったと考えられる。融和団体の本格的な活動は一九三八年になって警察官が役員になるなど直接的な関与が始まってからであると考えられる。一九三九年に内務省の指示で社会事業協会とは関係のない独立機関としての協和会が設置されていく。したがってここでは移行過程の中でも融和団体が社会事業団体の組織内にあった時期から警察が直接関与するようになる一九三八年を取り上げて内容を見ておきたい。

一九三八年当時には実質的には警察の指導もあったと考えられるが三重県には当時「融和団体」が一三団体以上が存在していたと考えられる(5)。

別添資料1(七三頁以下)は三重県における「融和団体」の一九三八年から三九年にかけての設立状況を示したものである。資料1には一九団体を確認できる。この間に多くの団体が設立されたのである。三重県協和会の設立は一九三九年一〇月のことで資料1は資料で確認できる事象のみを掲載してあり不十分な点があるが、設立過程に重点をおいて一覧として作成したのである。したがって、掲載団体の一部に確認できる規約・要綱などは掲載していない。

2　千葉県における朝鮮人組織の統合過程

千葉県は三重県ほど朝鮮人組織の存在と活動を確認できる資料は少ない。概要から述べれば三重県と同様に一九三六年に千葉県社会事業協会の中に協和部を設置し、はじめて組織的に朝鮮問題に取り組もうとした。一九三七年度中は「準備中」とされているが一九三八年度中には県下全警察署管区毎に矯風会を設立し終えたとされている。(6)

一九三八年現在の千葉県在住者は九〇日以上同一市町村に居住する者が三三三〇人で同一市町村で九〇日未満の居住者は二七〇人で総計三六〇〇人となる。三重県より少なく全国の都道府県のなかでは中位になろう。

千葉県では一九二〇年代の終わりから一九三六年までは『特高月報』に掲載されるような事件は起きていなかったが、多くの朝鮮人が働いていたことを確認できる。

一九三〇年には木更津で久留里線工事に働いていた数百人が工事を仕事をめぐって対立、乱闘をしたと伝えられる。また、同工事は九月末には竣工し、朝鮮人七、八〇〇名は失業するであろうと報じられている。一日働いて、その賃金で二、三日間食べないと生活できないという「悲惨」な状態であったとされている。館山航空隊工事にも多くの朝鮮人か従事していたが、工事の完成で生活苦に陥った者がいること等の記事があり、県全域に職場があり、土木工事と共に移転していたと思われる。(7)

こうした生活状態の中で千葉県にも千葉県在日朝鮮人労働総同盟の県支部が結成されている。組織人員や代表者などは不明であるが一九三一年一月〜同年一〇月まではその存在が確認できる。(8)

もちろん、一九三八年になると県内各地への定住化が進行していたと思われる。

『特高月報』一九三八年九月号によれば千葉県には融和団体が一五団体あり、二八〇〇円余を献金し、個人では二六人、五三円を寄付したとされている。千葉県は三重県に比較すると団体数と献金額は居住人口が少ないのに三重県より多いのである。

千葉県における朝鮮人団体の中で資料によって確認できるのは別添資料2（八二頁以下）に見られるとおりである。二九警察署管内のうち、一五団体にすぎない（リストにはないが東金矯風会を確認できる）。資料の収集が不十分なため会員数、朝鮮人役員、組織、活動などの実態が明らかでない。

千葉県の融和団体の特徴は三重県と違い当初から矯風会という名前を付していることである。以前に組織されていた朝鮮人の組織を改編した場合はこの時期まではその名称を使用していたと思われる。他は地名、警察署名を付している会名を付けている。千葉県は三重県よりこの時期は居住人口が少なく、既存朝鮮人団体数や集住数も少なかったと考えられ警察主導型で作られた組織が多く、既存在日団体を組織化した比率は少ないと考えられる。

千葉県の特徴としては千葉県の資料2の12木更津太陽会では、この時点では例外的に矯風会という名称を使っていないが関屋貞三郎、武田行雄など協和会の指導者が参加しているところから、中央協和会と何らかの関係があったと思われる。

三重県、千葉県共に内務省の指導下に朝鮮人対策に乗り出し、これらの資料によって少なくとも当初は朝鮮人既成組織を利用しながら直接警察が組織化していく過程が明らかになった。他の地域もほぼ同様な形で朝鮮人の組織化が実施されたと思われる。

3　既存在日朝鮮人団体と協和会への移行過程

資料1　三重県

三重県　1	
名称	亀山親睦会
代表者	中村順念・山下成作
所在地	三重県鈴鹿郡井田川村
事業内容	亀山警察署管内在住朝鮮人を対象とする。一九三八年一二月に新たに総会には警察関係者などが出席しおこなわれた。集団で働き国防献金をおこなったり、女性に対しては「半島服（チマ・チョゴリ）を全廃」するために和服講習会を開催した。この他に大里村傷痍軍人療養所へ勤労奉仕をおこない、女性に対しては夜学校を月一回開催するなどの活動をしていた。特別高等警察課員が指導した。後に朝鮮人女性を会員とする国防婦人会が作られ勤労奉仕をおこなった。報酬を国防献金をして警察から表彰された。「戦没勇士追悼会」や女性による「桑摘勤労奉仕作業」など活発に活動していた。創立時の会員七二人
創立年	一九三六年六月一日（一九三三年に朝鮮人のみによって結成されていた組織を名称をそのままに再編して設立した。）
団体の性格	皇民化団体・後に協和会へ統合される。
出典	『三重県社会事業』各号
三重県　2	
名称	出征軍人家族後援会

代表者	朴成吉（日本名　石田成吉）
所在地	三重県四日市市東安倉川
事業内容	四日市警察署管内在住朝鮮人を対象とする。会員一九〇人
創立年	一九三七年一〇月一五日
団体の性格	皇民化団体
出典	『三重県社会事業』各号

三重県　3

名称	朝明報国会
代表者	申判九
所在地	冨洲原町
事業内容	富田警察署管内在住朝鮮人を対象とする。会員六三名
創立年	一九三七年一一月一三日
団体の性格	皇民化団体
出典	『三重県社会事業』各号

三重県　4

名称	伊賀内鮮愛国同志会
代表者	鄭淳穆（会長）・南国熙（副会長）・李明鎮（総務）・洪庚有（幹事長）
所在地	三重県上野町福居町
事業内容	上野警察署管内在住朝鮮人を対象とする。一九三九年二月二〇日に第二回総会を開き会の方針などを協議したあと天皇陛下万歳を三唱し解散した。会員五八名
創立年	一九三八年三月二五日
団体の性格	皇民化団体
出典	『三重県社会事業』各号

三重県 5

名称	松阪内鮮愛国同志会
代表者	辛鵬教
所在地	三重県松阪市西町
事業内容	松阪警察署管内在住朝鮮人を対象とする。一九三九年二月二二日、松阪警察署内で役員会をおこない、会員章交付、新入住者に対する入会勧告などについて話し合った。総会は同年五月一〇日に六〇名余が出席しておこなわれ、伊勢神宮を参拝、出席者は国防献金をおこなった。設立時会員四九名、第一回総会時六〇名余
創立年	一九三八年六月二八日
団体の性格	皇民化団体
出典	『三重県社会事業』各号

三重県 6

名　称	友和会
代表者	金朱出（会長）、半年後には鵜殿警察署長が会長になる。半年後の一九三九年二月の総会では副会長になっている。他に朴三甲（副会長日本名　佐藤四郎）などが就いていた。
所在地	三重県南牟婁郡入鹿村
事業内容	鵜殿警察署管内居住朝鮮人を対象にする。この会の会員のすべては入鹿鉱山（石原鉱山）に就労している人々であった。一九四〇年一一月一三日に会員八〇名が講演会に参加した。会員七三名
創立年	一九三八年七月一六日
団体の性格	皇民化団体
出典	『三重県社会事業』各号

三重県 7

名称	尾鷲協愛報国会
代表者	文槇安（会長　日本名米村米二郎）・朴鳳燦（副会長　日本名山城正雄）・李鎌壽（幹事　日本名木下清）・沈相述（幹事　日本名中村太郎）
所在地	三重県尾鷲町南海
事業内容	尾鷲警察署管内居住朝鮮人を対象とする。精神作興・風俗改善・生活改善・貯蓄奨励・軍務公用者の送歓迎などを目標にしていた。一九三八年一一月五日神社参拝や修養会を開催した。会員二五名
創立年	一九三八年八月二五日
団体の性格	皇民化団体
出典	『三重県社会事業』各号

三重県 8

名称	報国義勇相助会
代表者	曺警煥
所在地	三重県名張警察署内
事業内容	名張警察署管内居住朝鮮人を対象とする。橿原神宮神域拡張工事の勤労奉仕を継続しておこなった。一九三九年四月二二日の総会には六〇名が参加した。「日本精神の昂揚に努め皇国臣民として滅私奉公の信念の下に銃後奉公の誠を致し……」とする宣言をおこなった。設立時会員三四人 一年後の総会には六〇余人が参加した。同五月二六日には会員による神社清掃、道路清掃などの勤労奉仕を実施した。
創立年	一九三八年一〇月一三日
団体の性格	皇民化団体

出典	『三重県社会事業』各号

三重県　9

名称	聖津一宇会
代表者	金栄秀（日本名山村金太郎）
所在地	三重県津警察署内
事業内容	津警察署管内居住朝鮮人を対象とする。全員で伊勢神宮を参拝。管内大里村村傷痍軍人三重療養所建設作業に勤労奉仕をおこなった。一九三九年四月二七日には聖津一宇会納税貯金組合が結成された。会員七一人
創立年	一九三八年一〇月一五日
団体の性格	皇民化団体
出典	『三重県社会事業』各号

三重県　10

名称	鳥羽内鮮親和会
代表者	曺元伊（会長）・南本守（副会長）・権廳出（幹事）・李尚圭（幹事） 顧問（鳥羽警察署長・三重県社会事業協会主事・特高課内鮮係） 理事（鳥羽警察署特高係　巡査部長）
所在地	三重県鳥羽警察署管内
事業内容	鳥羽警察署管内居住朝鮮人を対象とする。結成会は警察署内でおこなわれた。綱領では第一条に「我等は日本精神に立脚し、国家の隆昌と東洋平和の確立を期す」等を掲げ、主なる事業として「勤倹貯蓄の奨励実行に関する事項」等を掲げていた。会員四一人
創立年	一九三八年一一月一日
団体の性格	皇民化団体
出典	『三重県社会事業』各号、『三重県史』資料編四近代　＊要綱・宣言あり

三重県 11

名称	木ノ本進榮会
代表者	権宣徳（会長）・李萬春（副会長）・崔聖澤（総務・相談役　日本名原賢）
所在地	三重県南牟婁郡有井村
事業内容	木ノ本警察署管内朝鮮人を対象とする。一九三八年一二月二〇日の役員会では一九三九年二月五日から毎週二回学童夜学校を開催することを決定、実施した。これは内鮮一体の事業見本として県内外で宣伝された。同会の綱領第一条に「吾人は日本精神に立脚し常に忠君愛国の思想を堅持し忠良なる国民たることを期す」として相互扶助、勤倹・福利増進などをはかる、としている。一九三九年六月には神社参拝、出征軍人家族慰問をおこなった。会員三五人
創立年	一九三八年一二月四日
団体の性格	皇民化団体
出典	『三重県社会事業』各号『三重県史』資料編四近代　＊綱領あり

三重県 12

名称	前島立志更正会
代表者	曺爽煥（会長　日本名篠原源太）・朱廷充（副会長）・田龍浩（幹事　日本名田中新一）・卞花春（幹事　日本名近藤正男）
所在地	波切警察署内
事業内容	波切警察署管内朝鮮人を対象とする。曺会長は設立総会で「私当地に来住以来、半島者の会を作り内鮮融和の実を挙げたいと念願していましたが、今回、時局重大の折柄各方面の御指導により目出度く本会が出来……我々半島出身者は時局の重大性に鑑み銃後後援に努力し、日本国民として恥ずかしくない行動をなし立派な日本人になり御国のために尽くさねばならぬと思います」と挨拶をした。この後三重県特別高等警察課主任が講演している。会員一六人
創立年	一九三九年一月一七日

団体の性格	皇民化団体
出典	『三重県社会事業』各号

三重県 13

名称	一志親和会
代表者	蘇奇福（会長）・李基大（副会長）
所在地	久居警察署内
事業内容	久居警察署管内朝鮮人を対象にする。結成大会は警察署内で実施。県特高課内鮮主任などが訓示、天皇陛下万歳を三唱し解散。会員二一八人
創立年	一九三九年三月一四日
団体の性格	皇民化団体
出典	『三重県社会事業』各号

三重県 14

名称	神都報国会
代表者	鄭成鶴（会長　日本名宮本新太郎）・呉石根（副会長）
所在地	宇治山田警察署内
事業内容	宇治山田警察署管内朝鮮人を対象にする。会長・鄭成鶴は土木請負業であるが三九年五月に従業員の慰安会費用を国防献金に寄付したとして美談となる。六月には修養講習会が三日間、六二名が参加し実施された。日本精神、国語（日本語）学習、団体訓練などの訓話をおこなった。講師は特別高等課員など。七月には明野ヶ原飛行場の建設に勤労奉仕をおこなった。会員一一六人
創立年	一九三九年三月一五日
団体の性格	皇民化団体
出典	『三重県社会事業』各号

三重県 15	
名称	南島報公会
代表者	金有鳳
所在地	吉津警察署管内
事業内容	吉津警察署管内朝鮮人を対象にする。「我等は大日本帝国国民なり」「我等は天皇陛下の赤子なり」「我等は大日本帝国の青年なり」などの綱領を決定し、宣言をおこなった。後に五〇円を「恤兵献金」として寄付した。会員二五人
創立年	一九三九年四月二九日
団体の性格	皇民化団体
出典	『三重県社会事業』各号

三重県 16	
名称	至誠奉公会
代表者	安貳業
所在地	神戸警察署内
事業内容	神戸警察署管内朝鮮人を対象とする。六月三日の結成会では「我等は万民輔翼の精神を体し国家の隆昌と東亜新秩序建設の確定を期す」他の綱領、宣言をして結成集会を終わった。結成記念として三〇円を国防献金として寄付した。会員二三人
創立年	一九三九年六月三日
団体の性格	皇民化団体
出典	『三重県社会事業』各号

三重県 17	
名称	有井村国防婦人会井戸分会第四部
代表者	会長は日本人、申連伊（支部長　日本名今村米子）・権永石（副会長　日本名金本すい子）

所在地	有井村内
事業内容	国防婦人会服装のエプロンを作成すること、女性も日本人名にすることを目標に活動し一九三九年三月には全員の改名が終わった。
創立年	一九三九年三月
団体の性格	女性の融和、皇民化団体
出典	『三重県社会事業』一九三九年四月二五日号

三重県 18

名称	菰野奉公会
代表者	
所在地	菰野警察署
事業内容	菰野警察署管内の朝鮮人を組織。署長が議長になり宮城遥拝などの儀式をおこない結成大会をおこなった。会員として二二名が参加
団体の性格	皇民化団体
出典	『三重県社会事業』各号

三重県 19

名称	四日市尽忠会
代表者	会長は四日市警察署長、朴成吉（副会長）・許正鎮ほか委員一一名
所在地	四日市
事業内容	従来からあった朝鮮人組織の四団体を統合してできた団体。一九三九年八月一五日に結成大会。一六歳以上の団体三二〇名が参加。四団体は支部として存続し、旧役員は新団体の委員となった。会長が署長になっている。宣言、綱領、決議をおこなった。
創立者	警察署長
団体の性格	皇民化団体

出典	『三重県社会事業』各号

資料2　千葉県

千葉県　1	
名称	銚子矯風会
代表者	会長は警察署長
所在地	
事業内容	同時期に一斉に警察署単位に結成された皇民化、朝鮮人管理団体以下の千葉県矯風会の各支部は同様の事業をおこなった。一九三九年二月に曾益煥が優良会員として表彰された。
創立者	県学務部、県特高課とが県下各警察に指示して創立した。以下の団体はすべて同様にして結成された。
創立年	一九三八年四月五日
団体の性格	皇民化団体
出典	『千葉県厚生時報』一〇九号、一九三八年五月一〇日付など

千葉県　2	
名称	千倉矯風会
代表者	会長は警察署長
所在地	
事業内容	一九三九年三月に李禎雨が優良会員として表彰された。
創立年	一九三八年四月六日
団体の性格	皇民化団体
出典	『千葉県厚生時報』

千葉県　3

名称	大原矯風会
代表者	会長　警察署長
所在地	
事業内容	
創立年	一九三八年四月一三日
団体の性格	皇民化団体
出典	『千葉県厚生時報』

千葉県　4

名称	鴨川矯風会
代表者	会長は警察署長
所在地	
事業内容	一九三九年三月に徐圭淳が優良会員として表彰された。
創立年	一九三八年四月一五日
団体の性格	皇民化団体
出典	『千葉県厚生時報』

千葉県　5

名称	千葉矯風会
代表者	会長は警察署長　金三成（副会長）
所在地	

事業内容	設立時の会員は一二〇人、一九三九年三月に副会長・金三成が優良会員として表彰された。一九三八年四月、会員女性を対象に副業を奨励することを決定、市役所と警察が協力して実施する予定。五月には市内の火事見舞いとして三〇円を寄付。署長と金三成が届ける。同月には生活改善のために女性の朝鮮服を止めることや教育をすることを決めた。
創立年	一九三八年四月一六日
団体の性格	皇民化団体
出典	『千葉県厚生時報』、『房総新聞』一九三八年四月二六日付他各号

千葉県 6

名称	匝嵯（そうさ）郡矯風会
代表者	
所在地	
事業内容	
創立年	一九三八年四月一六日
団体の性格	皇民化団体
出典	『千葉県厚生時報』

千葉県 7

名称	大多喜矯風会
代表者	
所在地	
事業内容	一九三九年三月に優良会員として李榮夏が表彰された。
創立年	一九三八年四月二一日
団体の性格	皇民化団体
出典	『千葉県厚生時報』

千葉県 8

名称	多古矯風会
代表者	
所在地	
事業内容	
創立年	一九三八年四月二八日
団体の性格	皇民化団体
出典	『千葉県厚生時報』各号から

千葉県 9

名称	勝浦矯風会
代表者	
所在地	
事業内容	
創立年	一九三八年五月七日
団体の性格	皇民化団体
出典	『千葉県厚生時報』

千葉県 10

名称	小見川矯風会
代表者	
所在地	
事業内容	一九三九年三月に優良会員として池鳳九が表彰された。
創立年	一九三八年五月七日
団体の性格	皇民化団体

出典	『千葉県厚生時報』

千葉県 11

名称	市川矯風会
代表者	会長　警察署長　顧問　浮谷市川市長　野本少将　各学校長など
所在地	
事業内容	設立目標は「日本精神作興」「教育・生活改善」。一九三九年三月に優良会員として陳鎔伊が表彰された。
創立年	一九三八年五月二五日
団体の性格	皇民化団体
出典	『千葉県厚生時報』、『東京朝日新聞千葉版』一九三八年五月二七日

千葉県 12

名称	木更津太陽会
代表者	
所在地	
事業内容	当初、一九二七年一月に太陽会として在日朝鮮人のみによって設立されたが、あらためて警察統制下に設立された。設立総会には後の協和会会長関谷貞三郎、後の協和官武田行雄などが参加した。設立総会後に講演会と映画会を開催した。一九三八年五月には荒地であった国有地を木更津太陽会会員に開拓させ農業に就かせることを試みた。一九三九年三月に矯風会創立後一年を経て金在好が優良会員として表彰された。また、同年九月二〇日から三日間出征遺家族を招待し、慰安映画の会を開催した。
創立年	一九三八年五月二二日
団体の性格	皇民化団体

出典	『千葉県厚生時報』、『房総新聞』一九三八年五月一一日付ほか

千葉県13

名称	自助融和会―船橋矯風会
代表者	会長は警察署長　李正録（副会長）
所在地	
事業内容	従来から存在した自助融和会を解散して結成された。一九三八年三月に李正録が矯風会活動の優良会員として表彰された。一九三九年一〇月、東京に来ていた「半島芸術座」を招聘し、出征遺家族、帰還兵、習志野陸軍病院「白衣勇士」を招待し慰安会を開催した。会員は一〇〇余名
創立年	一九三八年六月八日矯風会結成
団体の性格	皇民化団体
出典	『千葉県厚生時報』各号

千葉県14

名称	清風会（木下矯風会）
代表者	会長は木下警察署署長
所在地	
事業内容	「生活様式を内地風俗化」「銃後の護りを強化」することを目的。会員は一〇〇余名
創立年	一九三八年六月七日
団体の性格	皇民化団体
出典	『東京朝日新聞千葉版』一九三八年六月九日付

まとめ

これらの三重県・千葉県における協和会設立経過から明らかにできることは次のような諸点であろう。

1　当初は既存の朝鮮人の自主的団体を利用していたこと、この自主的団体も融和的な団体として警察の指導があったと考えられること。組織のないところでは警察の指導で、警察単位に作らせていること。こうした統一的な方針は大阪府の朝鮮人組織化の方針が『特高月報』などによって周知されていたことによってできたのである。

2　会の名称は既存の会名称を使った場合と会のないところではそれぞれの警察署の名前を冠した（大概が地域名○○警察署といった）名称を付したと思われる。一九三九年には千葉県も総て○○県協和会○○支部と名称を統一される。三重県も同様に名称変更がおこなわれた。

3　三重県の場合に明確に示されているように、一斉に警察が直接組織化したが、当初は既存団体の会長など役員は朝鮮人であったが、それが変更されて一斉に署長が会長になるような体制を作り、朝鮮人は副会長になっていること、更に翌年には主要役員はすべて日本人、警察官がなっていったのである。朝鮮人は補導員という指導を受ける立場になっている。千葉県では一九三八年の時点では総ての組織の会長は警察署長になっており、朝鮮人副会長は一名を確認できるのみである。千葉県は、より官主導で作られたと考えられる。

4　それまでに朝鮮人のみの自主的な親睦・共助団体時代にはおこなっていなかった勤労奉仕、神社参拝、国防献金などを実施して、皇民化政策の実施機関に転換させられたこと。

5　一九三八年の時点では会への参加者は在住者のすべてではなく、既存の朝鮮人団体の一部の有力者とその関係者が中心であった。

6　資料に現れる限りのこれらの組織はいずれも警察の指導の下に作られ、戦時体制を地域で支え、地域治安体制に係わることとして組織され、それまでの朝鮮人組織の持っていた相互援助、親睦、職業斡旋など相互共助の組織とは全く違う統制組織に変貌していくこと。

7　しかしながら、この時点では一九四〇年以降に展開される協和会手帳の配布、入会の義務化、居住者全員の会員化などはおこない得ていない。

以上のことが明らかである。在日朝鮮人の協和会への組織化は在日朝鮮人の意志ではなく、官の一方的な意向によって、上からの命令による強制的な組織として協和会が成立しているのである。

以上のような経過のなかで、警察による組織化以降に朝鮮人が果たしていた役割はどのようなものであったのか。このことについては実証的に証明する必要があるが、ここでは彼らが「親日的」であったのか、ということについてのみ論じておきたい。既成朝鮮人団体の役員であった彼らはそれまでは朝鮮人の相談相手や職業斡旋、家の世話などをおこなっていたのである。しかし、協和会の役員にも名前を連ねることになった。三重県と千葉県の組織経過に見られるように第一の理由は朝鮮人有力者の協力者がいなければ警察が直接朝鮮人を組織できなかったためである。朝鮮人を通じなければ一般朝鮮人を神社参拝などに動員できなかったのである。第二には職務として警察は朝鮮人の生活を把握することが求められていたが、実際には日本語の分かる朝鮮人地域有力者に依拠しなければならなかったためでもある。朝鮮人社会に入るには朝鮮人を通じて入らねばならないという在日朝鮮人社会が存在したのである。こうした現状から特別高等警察内鮮係が治安・皇民化のために在日朝鮮人を組織したのである。在日朝鮮人側からの要求で協和会への組織化が進んだわけではないことは三重県や千葉県の事例で明らかである。こうした意味では協和会の役員をした人がすべて親日的であったとは言い難いのである。協和会の役員といっても組織が明確に確立された一九四〇年には主要役員は警察幹部と特高課員である。したがって協和会の役員を朝鮮人がしていたからすべて親日的であるとはいえないのである。もちろん、相愛会出身者、朝鮮人労務係などのなかには意識的に警察に協力しようとする人もいたが全体の協和会組織下の在日朝鮮人の中ではごく少数であった。

一方、協和会の役員になったからは、協和会の政策遂行者にならねばならなかった。この限りでは「親日的」行為であったということができようが、総皇民化政策の中ではこれを否定しては生きていけなかった。これは朝鮮の愛国班班長でも同様なことであり、その人々も親日的であるとは言い難いことと同様である。

もう一つの側面として協和会役員になった者は協和会政策遂行と同時に朝鮮人社会の世話役的な役割を果たし、食糧の配給や統制に対する処理などをおこなっており、大半の人々が生活次元での相談員になっていたと考えられる。禁止されていた朝鮮語の歌を歌い、禁止されていた濁酒を作っても警察官以外は摘発できなかったのである。協和会の朝鮮人指導員・補導員は日本人地域社会次元では協和会役員という面と朝鮮人社会の構成員としての二面性を持つようになっていたということができよう。

三重、千葉県の協和会設立過程(9)を見ると警察関与以前の在日朝鮮人親睦団体や同郷組織とは機能が違ってくるということが明らかである。それまでの朝鮮人団体の中には一部親日、あるいは戦争に協力するという団体も存在したが、大半が日本での生活の保持に必要であった行動のための組織と思われ、権力とは全く無縁であり、むしろ、警察の監視対象団体であったと考えられる。

〔注〕

（1）集住地区という用語や機能についてはこれからの研究課題であると考えられるが、立ち退きなどの場合には集団的に対応しており一つの機能集団として検討する必要があると考えられる。ある朝鮮人の聞き書きによれば大阪、静岡、川崎と転居したが単独ではなく、大阪で住み、親しくなった数家族が空襲の疎開で静岡を経て川崎へまとまって移転している。

（2）外村大『在日朝鮮人社会の歴史学的研究』二〇〇四年、一五一〜一五九頁。

（3）京都での一例を挙げれば、浅田朋子「京都向上館について」『在日朝鮮人史研究』三一号、二〇〇一年、千本秀樹「京都市協和会と宇治の朝鮮人」『歴史人類』一六号、など。

（4）『特高月報』一九三二年三月号。

（5）『特高月報』一九三八年九月号、「支那事変に対する内地在住朝鮮人の動静」記事の献金団体リストによる。一三団体と一四五人の個人が献金している。献金額は団体が八六円、個人が六〇円となっている。

（6）『協和事業年鑑』による。
（7）『房総新聞』一九三〇年一〇月一五日付、他記事による。
（8）『特高月報』一九三一年一月号から一〇月号までに記載されている。『房総新聞』、『朝日新聞』千葉版などでは確認できず。
（9）なお、三重県協和会の設立総会は一九四〇年一〇月二八日である。

第四章　大阪における矯風会活動

1　警察の朝鮮人対応

内鮮協和会の再生にあたって警察が中枢的役割をはたしたことは第三章でふれたとおりであるが、のちに協和会の組織的母体となった警察を中心とした矯風会活動について検討しておきたい。

矯風会は、調査会の方針をもとにして内鮮協和会の一事業部門として警察署長を会長にその管内朝鮮人を組織していったのであるが、必ずしも調査会の結論があったから朝鮮人問題に取組んだわけではなく、すでに警察独自に朝鮮人を組織化する試みがおこなわれており、そこでの経験が矯風会活動に活かされているのである。

内鮮協和会の設立の直接的契機が関東大震災における朝鮮人虐殺であったと同様に、警察が朝鮮人を直接組織しようとしたのも震災直後からであった。むろん、韓国併合以後、警察組織は日常的に朝鮮人管理をおこなっていたが、三・一運動や在日朝鮮人側の諸権利を守る闘いが活発になるにつれ「危険鮮人取締」を強化していた。震災後にはそれが一層強化されている。震災の翌年、一九二四年一月には「不逞鮮人」取締りのため警視庁内鮮高等係では朝鮮人取締りの経験者二〇名を動員し東京に入ろうとする「危険鮮人」をチェックするため横浜駅から列車内での取締りをおこない、上野、大宮駅でも警戒にあたっている。[1]こうした取締りと同時に「警視庁から各署長に対し鮮人の優遇方法、ならびに融和に関する報告を御成婚前までに到達するよう命じている」という「保護愛撫」策も考えるよう指示している。この「不逞鮮人」取締りと「保護愛撫」施策は融和をはかるためにはどうしても必要であると内務省社会局の部長が発言していることからも警視庁管内だけでなく、全国主要府県に同様な指示がおこなわれていたと思われる。

それは大阪府における以下のような施策に示される。資料的制約から新聞記事によらねばならないが「大阪でも鮮人係を大増員、一般警官に朝鮮語も教える」という見出しで次のように報じられている。

「朝鮮人の保護指導は時節柄最も急を要する問題で、大阪府では財政緊縮のため一年延期と決した朝鮮人係警察官の増員をこの際断行することに決し目下特別高等課で適任者を詮衡中だが総数十五名で内七名を同課に他は朝鮮人在住者の多い各署に配置し彼ら同胞（朝鮮人）の指導保護にあたらせることになっている。これと同時に彼らを指導する上に最も難関となっている言語問題を解決するため一般警察官に朝鮮語を習得せしむる事となり各署から選抜した四十名は警官練習

表1　大阪における警察の朝鮮人対策組織表

名称	事務所	会長	設立年月日
鶴橋内鮮自治会	鶴橋警察署内	警察署長	1925年8月
城東協和会	中本警察署内	警察署長	1928年9月
柏原日鮮自治会	柏原警察署内	警察署長と思われるが確認できず	1926年2月
大和田内鮮同愛会	大和田警察署内	警察署長	1929年11月（実質は1928年から）

＊1934年度『大阪府社会事業要覧』より作成。

所で来る十五日から二ヶ月半朝鮮語学習会を開くことに決した」(3)。

とされている。こうした警察官の基礎的訓練をへて各警察署で独自に朝鮮人対策組織を作っていく。

大阪で最も早く警察によって組織された朝鮮人対策組織は、一九二五年八月に結成された鶴橋内鮮自治会であった。署長を会長とするこのような組織は以後次々と生れてくる。これをまとめてみると表1のようになる。

では、内務省の意向があったとはいえ、なぜ警察がみずから朝鮮人を組織しようとしたのであろうか。その目的としたものはなにか。表1にあげたごとく、いずれも設立年が一九二五年から二八年にかけて一致していることが一つの鍵となっている。この時期には警察が組織した「内鮮融和」団体ばかりでなく、先にふれた大阪府内鮮協和会や、相愛会の強化、内鮮協会等数多く作られているにもかかわらず、警察自身が組織にあたったのはそれだけの警察にとってのメリットがなければならない。このメリットとは警察本来の目的である治安対策そのものであった。表1の城東協和会の設立沿革には次のように記されている。創立当時「中本警察署管内に在住せる朝鮮人総数は九千六百七十人余にして其の大半は常に民族意識強く殊に極左思想を抱懐する者少なからずに鑑み、之が訓導の喫緊なるを痛感し、管内有志と相図り」直接朝鮮人を組織しているのである。[4]

治安対策上の理由もあるが、ほぼ同じ時期に警察署内にこのような組織を作った要因を別の角度からもみておく必要があろう。それは、大きな意味では治安対策といえるであろうが、政府がおこなおうとしていた社会教化対策のなかで位置づけられよう。すでに一九二四年、文部省は社会教化を目的とする社会教育課を設置し、社会教化にのりだす。一九二六年の青年訓練所令の公布などの布石を打ったのちに、一九二九年には教化団体総動員がおこなわれ、中央教化団体連合会が設立される。「日本国民」たる朝鮮人教化も治安対策と裏腹の関係で、課題とされていたといえるであろう。

事実城東協和会は組織結成直後に「御大典記念事業として朝鮮人家屋に国旗を配布して其の掲揚を奨励し、日本国民たる観念啓発に努む」というような教化策を実施しているのである。

こうした動機にもとづきながらも一応、保護救済活動もおこなっている。

前掲の鶴橋内鮮自治会・城東協和会では、職業紹介、貧困救済、医療、人事相談、失業救済、罹災者救済などの活動がおこなわれた。このうち、とりあげられた件数としては、在日朝鮮人が最も必要としていた職業紹介や貧困救済件数などより人事相談が最も多い。例えば城東協和会の創設後の職業相談が一三四四件であったのに対し、人事相談が二一〇〇件と報告されている。そもそも「人事相談」というような事項は朝鮮人側からの希望としては考えられず、日本側からの増大しつつあった借地借家紛争、賃金紛争の相談ごとではなかったかと思われる。貧困者救済はどの程度の救済であったかは確認できないが二五六件あったとされている。ただ、これは城東協和会が創立されてからの合計であり、この報告書は『大阪府社会事業要覧』の一九三四年版であり、会の創立が一九二八年であるから計五年間の集計で、当時の朝鮮人のおかれた生活状況の深刻さから見れば微々たるものであったといえよう。

組織の形態・方法は表1にみられるように鶴橋内鮮自治会、城東協和会、大和田内鮮同愛会は会長は警察署長であり、その事務所の場所は警察署内にあり、実質的事務は朝鮮語を習得した警察官によっておこなわれていたものと思われる。警察官以外ではその管内有力者、即ち方面委員・学校長・医師などと、一般会員である朝鮮人によって構成されていた。

大和田内鮮同愛会は、朝鮮人で組織していた内鮮同愛会を改変して前記三者と同様な形態につくりあげたものである。さらにこれらの組織のうち、もっとも組織が整備されていたとみられる城東協和会は、「府内在住府市会議員、方面委員、学校長、医師、工場主、家主等を顧問、賛助員又は評議員とし、更に管内を八区に分ち朝鮮人中内地語に通じ而も相当勢力ありて下層鮮人を指揮し得るとみとめたる者を委員として各区に配置し……」としている。この説明文にも記されているように指導的中枢には日本人有力者たちがすわり、下部の委員を朝鮮人におこなわせる方法は日本の植民地支配の発想と同一であった。また、朝鮮人と利害の対立する工場主、家主を役員の中に含めていることからも、賃金・家賃などの紛争に際しては治安対策の役割をはたすと同時に日本人に有利に処置することもその組織的機能の一つであったと思われる。

こうしたことから初期における警察の朝鮮人対応組織は警察機能そのものを代行する機関でもあったし、居住朝鮮人を教化する機能をもった外郭団体であったと位置づけられよう。

また、のちに全国に組織される協和会が、署長を会長に、署員を幹事に、管内有力者を評議員にし、朝鮮人指導員をおいたことなど、この初期において実践された組織方法がそのまま活かされていた点は、その原初形態として注目されよう。

だが、この時期の組織は名称も統一されておらず、在住朝鮮人すべてを会員としていたわけでもなく、朝鮮人に対して強権を発揮できる機能ももちあわせていなかった。このため、日本国内におけるファシズム化の進行とともに新しい朝鮮人対応組織を作ることが課題とされ、初期に警察によって作られていた組織は改組改変される。名称も「矯風会」と統一され登場する。

その矯風会は内鮮協和会―一九三五年に「協和会」と内鮮をとった名称になった再生協和会の下部組織として出発することになる。

2　矯風会活動

矯風会という名称は、その言葉自体のもつ意味として「悪い風俗を改め直すこと」とされ、キリスト教矯風会といった使われかたをしている。朝鮮人にとって、朝鮮人の風俗は当然のことであったが、日本政府にとってのそれは「悪い風俗」で、同化されねばならないということからも朝鮮人教化組織といった含みを強くもった名称と考えてもよいであろう。

警察の朝鮮人に対する対応が矯風会という名称のもとに統一されたのは、一九三四年九月に大阪府内鮮協和会の組織に組み込まれてからである。

この一九三四年九月の時点で矯風会に組み込まれたのは泉尾矯風会、今宮矯風会、鶴橋矯風会の三矯風会であり、その設立年月日も、一応一九三四年九月とされている(5)。その後、一九三五年六月には一斉に今福、中津、中本警察署管内に各矯風会が作られ、一九三六年八月には曽根崎、綱島、福島、堺に矯風会が結成されている。

協和会に組み込まれた矯風会は、組織的な面についてはほぼ矯風会結成以前の警察活動の形態を踏襲し、各警察署長が会長をしてその管内の朝鮮人を対象に特高課が具体的指導にあたるという原則は変わらなかった。だが、矯風会と名前をあらため協和会の組織に組み込まれてからは、その事業をいちじるしく活発に展開するようになる。これを、大阪府協和会『昭和十年度事業報告書』によってその概要をみてみよう。

報告では、(A)協和会本部会議等の概要(B)隣保館事業(C)矯風会事業、という三項に分けて活動概要をしるしている。まず(B)隣保館については、豊橋、鶴橋、木津川に設立されていた隣保館では、それぞれ㈠職業紹介㈡相談指導㈢保護㈣(内容欠)㈤診療㈥住宅㈦職業輔導㈧保育所㈨簡易学校㈩教化施設の事業をおこなった経過報告となっている。一方(C)矯風会事業については、鶴橋、今宮、泉尾、中本、今福、中津の各矯風会ごとに実施事業が報告されている。この一端を最も広範囲に事業をおこなっていた鶴橋矯風会の状況から紹介する。

(1)鶴橋矯風会の活動

一月　一日　会員各戸ニ国旗ヲ掲揚セシメタルニ其ノ数百三十五戸ニ達シ一般ニ静粛ナル奉祝ヲナシ喧騒乱酔スルモノナシ
〃　四日　第二組合ニ講演会ヲ開催ス　出席者男四百名、女三百名
一月二十六日　全会員ニ会員章及会員心得書ヲ配付シ会員タルノ自覚ヲ与ヘタリ
〃　二十七日　第一組合区内不清潔箇所ヲ整理シ板塀ヲ設ケシメタリ
二月　二日　旧正ニ際シ火ノ要心、巫女廃止等注意事項ヲ印刷配布セリ
〃　九日　第三組合結成式ヲ警察署内ニ開ク　出席世帯主三四名
三月　二日　就学状況ヲ調査シ要入学者六十三名中三十一名ニ対シ手続ヲ斡旋ス
〃　二十日　国旗掲揚方　注意書三百枚ヲ配布ス
六月三～八日　清潔週間実施
〃　十一日　主婦ヲ会シ精神作興講話会ヲ開ク　出席三十一名
〃　十五日　隣保館ニ於テ第四組合結成式ヲ挙グ　出席世帯主四十八名
〃　二十五日　第一、三、四、組合員教化映画会開催　出席者約五百名
〃　二十八日　同映画会ヲ小路小学校ニ於テ開催ス　出席者第二組合員約七百名
七月二十五日　第一、三、四組合員八十八名ヲ会シ服装改善協議会ヲ開ク
八月　三日　第二組合ニ於テ服装改善協議会ヲ開ク　出席者百二十名

〃　五日・七日・八日　隣保館ニ於テ簡単服講習会ヲ開催ス　出席者八十二名
〃　二十日・二十一日　隣保館ニ於テ和服裁縫講習会ヲ開催ス　出席者三十名
〃　十五日　会員某二男（一八）ヲ入院斡旋ス
爾今赤十字病院へ世話係ヲ派遣シ朝鮮同胞ノ為万般ノ世話ヲナサシムルコトトス
〃　二十五日　選挙粛正講演会ヲ中川町ニ開ク　出席者七十名
九月　八日　第五組合結成式ヲ挙行ス　出席者百五十名
十月　七日　第五組合指導員会ヲ開ク
〃十一〜十三日　防空演習ニ協力シ防護団ノ委員ヲ選出シ補助員ヲ挙ゲ或ハ寄附金ヲ醵出シタリ
（重複した事業内容の記載をさけるため中略した部分もあり以下は略した。）

これらが事業事例としてとりあげられている。
国旗掲揚の奨励、朝鮮習俗の禁止、講演会・映画会の開催、矯風会の下部組織強化（ここでは組合という言葉が使われているが、これは後に協和会の分会としての役割をはたすようになる）などが盛んにおこなわれているのである。もう一つの今宮矯風会の事業のなかから特徴的な行事をひろうと、必ずといってもいいほど日本の祭日にはその意味を説明するビラを各世帯に配布していることである。

⑵今宮矯風会の活動

二月　二日　会員全部ニ対シ節米貯金実行ヲ勧奨ス
〃　十一日　紀元節ノ意義ヲ知ラシムル為ビラ四百枚ヲ配付ス
〃　二十六日　一時帰鮮証明願ヲ指導スルコト三件、就職斡旋三件、無料診療一件及会員家族ノ負債問題ヲ解決セリ
三月　十三日　某所ニ於テ男工募集ノ貼紙ニ「内地人ニ限ル」ノ文字アリ訂正セシム
〃　二十一日　春季皇霊祭ニ関スルビラ千六百枚ヲ配布ス
四月　三日　神武天皇祭ニ関スルビラヲ配布セリ
五月　寄留届ヲ励行セシムベク届用紙ヲ印刷シ無料代書シテ便宜ヲ与フ
七月　十一日　趣旨宣伝映画会ヲ今宮第七小学校ニ於テ開催ス　入場者約二千名
〃　三十一日　精神作興資料千六百部ヲ印刷配布ス
八月三十一日　濁酒密造防止宣伝ビラ千六百枚ヲ配付ス
九月二十二日　秋季皇霊祭ニ際シビラ千六百枚配付
十月　十日　国旗二百本ヲ購入配付ス　喧嘩口論ヲ誡シムルビラ配布千六百枚
〃　十七日　神嘗祭ニ関スルビラ千六百枚配布　国旗掲揚方注意
〃　三十日　熱田神宮遷座祭ニツキ注意書配布並掲示
十一月　一日　「健康週間」趣旨並実行方法ヲ印刷物配布ニヨリ周知セシム

〃　三日　明治節ノ奉祝スベキ所以ヲ知ラシメンガ為ビラヲ配布ス
〃　二十三日　新嘗祭ニツキビラ配布千六百枚
十二月二十五日　大正天皇祭ニ付ビラ配付

表２　矯風会事業成績（1935年4～12月）

		鶴橋	今宮	泉尾	中本	中津	今福	計
人事相談	件数	125	57	71	5	26	36	320
	人員	424	376	71	8	49	53	981
精神作興	件数	14	36	45	102	13	79	289
	人員	3588	9401	4943	3123	1715	1884	24654
風俗改善	件数	9	11	24	25	9	11	89
	人員	517	122	2264	295	1805	2049	7052
生活改善	件数	48	22	35	63	16	31	215
	人員	1485	2367	2521	243	1287	1594	9497
教育奨励	件数	3	7	28	3	9	34	84
	人員	44	149	970	205	960	43	2371
衛生改善	件数	23	8	78	14	16	36	175
	人員	2381	1791	12583	700	1582	5604	24641
其他	件数	7	7	29	11	6	2	62
	人員	1981	109	1016	464	675	60	4305

＊中本、中津、今福矯風会が6月に結成されており集計された数字は7～12月の実績である。
＊1935年12月末現在、数字は原資料のママ。

〃　　三十日　風物禁止ノ旨掲示ス
〃　　　貧困者二十一世帯八十八名ニ対シ歳末救護トシテ白米ヲ配付ス
（鶴橋矯風会の事業と重なる活動は省略した）

このように同化の前提となる教化事業を活発におこなっていたが、この事業活動は各矯風会ごとの事業概要としてまとめられている。一九三五年の四月から一二月までの統計をあげると表2のようになる。

仮にこの数字にあらわれた行事・活動すべてがおこなわれたわけではないとしても、かなり徹底した朝鮮人教化活動がおこなわれたことが明らかとなる。「日本人」として必要な精神作興運動が九ヶ月間に二八九回おこなわれ、それに参加させられた朝鮮人は二万四六五四人に達し、矯風会事業のなかで最も力点がおかれていたことがわかる。「日本人」としての風俗改善、生活改善なども並行して実施されていたから、朝鮮人はこれと無関係に地域での生活をいとなむことができなくなり、なんらかの行事に動員されていくようになる。また、こうした各警察管区ごとの、いわば成績表は、次年度における成績をさらにあげる材料ともなり、矯風会の支部数の増加とともに在大阪朝鮮人全員を対象とする組織に成長していくのである。

3　矯風会事業の組織的強化

各警察署管内に作られた矯風会組織は管区内の大組織では前掲のような事業をこまかく実施できないため下部組織として〝事業区〟をもうけて活動していた。鶴橋矯風会の場合、東成区内の多住地域の町域は丁目ごとにわけていた。第一事業区は猪飼野東三・四丁目で、第四事業区が猪飼野六・七丁目、第六事業区は猪飼野西一丁目というふうにかなり細分し事業区をもうけていた。一九三五年一二月末に組織されていた六矯風会は二一事業区をもち、さらに翌年には矯風会、事業区ともに拡大されていった。一九三五年一二月末の時点での組織率は三九五八世帯、人数にして一万八二一一人を会員としていたから、この時期の大阪府全在住朝鮮人が戸数で二万四九七八戸、人数二〇万二二一一人であったから、在住者のほぼ一割を組織していたことになる。

一方、協和会の下部組織として事業をおこなっていた朝鮮人を対象とする隣保館は豊崎、鶴橋、木津川の三地区におかれ活動していた。主な事業内容は保育所の経営、婦人を対象にした婦人服（和服）裁縫会、内職講習会などをおこなっていた。同時に、職業紹介、住宅、生活、教育相談、簡易学校、診療活動など、教化対策を含みながら社会事業的側面からの事業を進めていた。しかし、この隣保館活動のもっていた内鮮協和会時代の社会事業的側面は次第に否定的に評価されるようになる。

一九三七年の大阪府協和会の事業計画のなかでも、矯風会事業計画が第一にとりあげられ、隣保館事業は矯風会事業に従属する形で次のように位置づけられている。「既設隣保館は矯風会設置前の事業方針より脱却し切らざる傾ありたるに鑑み是を是正し職員の配置、事業内容、経営方針を改め之を矯風事業に於ける各種施策実施の中心機関たらしむこととせんとするものなり」として隣保館を矯風事業の中に位置づけるよう指導方針を確定しているのである。(6) もはや協和会は、警察が主導する矯風会が主流となったとしてもよいであろう。むろん隣保館の強化もうたわれたが、一九四一年の大阪府協和会事業要覧によれば、隣保館数は一二ヶ所にすぎず、一九三七年の時点からわずかに六ヶ所設立されたにすぎない。一方、一九四一年の矯風会は警察署ごとの支部数は五八ヶ所でこれをさらに三九三の事業区にわけている。役員数四一九名（ほとんどが警察署員）、常任指導員二五名、朝鮮人のなかから選んだ指導員一三九二名という大規模なものとなっている。一九四一年時点での会員数は三一万一七二一名とあるから、在阪朝鮮人のすべてを組織していたのである。

以上の組織的強化と同時にその事業内容についても整備されていく。

4　矯風会事業内容の整備

一九三四、三五年と内鮮融和事業調査会の決議を受けて実行していた矯風会はその指導内容を統一するためにそれまでの矯風事業事項を整備し、次のような一九三六年の事業指針を発表している。(7)

ここで決定されている諸事項は基本的には後の協和事業全体の中心的課題になった事項であり、日本人化、同化政策の一方的な朝鮮人への強制以外のなにものでもなかった。

表 3　1936 年度矯風会事業計画

(一) 精神作興に関する事業	国旗掲揚の奨励	国歌合唱の訓練
	国体観念の普及	祝祭日の理解徹底
	神社参拝の奨励	国旗礼拝の訓練
	大神宮の祈祭	義務観念の養成
(二) 風俗改善に関する事業	和服の奨励	色服の奨励
	白服着用又は特異なる装身具着用禁止	
	火葬の励行	特異なる儀礼改良
	内地作法の講習	内地儀礼の講習
(三) 生活改善に関する事業	冠婚葬祭の簡易化	濁酒密造の矯正
	家庭内職の講習	貯金の奨励
	勤労精神の養成	薪材貯蔵の禁止
	近隣親睦の奨励	相互扶助の奨励
(四) 教育奨励に関する事業	寄留届の励行	就学適齢児の全員就学
	年齢超過児の家学奨励	幼年者の労働禁止
	幼児の託児奨励	青年の補習教育奨励
	中年者の内地語講習	優良児の表彰
(五) 衛生改善に関する事業	家庭内の清潔	便所の清潔励行
	部落の共同清潔	芥箱の共同購入設置
	種痘の励行	駆蠅の励行及奨励
	衛生組合加入の督励	優良家庭の表彰
(六) 其の他参考事項	内地人側に対する理解徹底	
	警察部内に対する協力勧奨の徹底	
	各種融和団体の整理統制	
	在住鮮人の生活状態調査	
	矯風事業年報の作成	

一九三六年度にはその課題が羅列的にならべられ、実施についても重点的施設といった方針は示されていなかったが一九三七年になると当面実施できるものや、重要課題を順序だててあげている。矯風事業指針として以下のような事項をあげているのである。それは(1)絶対的に矯正すべき事項、(2)絶対的に奨励すべき事項、(3)逐次奨励すべき事項に分けてあり、それぞれの内容は、朝鮮人の生活に深くかかわっていた[8]。

矯風事業指針

(1) 絶対的ニ矯正スベキ事項

一 迷信ニ基キ而モ他人ニ迷惑ヲ及ボスガ如キ行事

二 特異ナル装身具並ニ白衣汚服ノ着用

三 特異ニシテ異様ナル感ジヲ与フル習俗

四 室内ニ於ケル便器ノ使用

五 濁酒ノ密造

六 薪材類ノ拾集ト屋外貯蔵

七 屍体ノ郷里送還ト土葬

八 バラックノ新設ト住居ノ無断改造

九 屑拾ヒ等法令ニ違背スルガ如キ職業

十 喧嘩及賭博類似行為

十一　悪質ナル家賃不納
十二　交通妨害トナルガ如キ通路ノ使用
十三　夏期ニ於ケル屋外就寝

(2)　絶対的ニ奨励スベキ事項
一　国旗ノ設備ト掲揚
二　内地服ノ着用
三　国語ノ使用
四　適齢児ノ義務就学
五　寄留届ノ励行ト戸籍ノ正確ナル届出
六　標札ノ掲出
七　塵埃箱ノ設置
八　家内外ノ清潔整頓
九　物干ノ設置
十　種痘ノ励行
十一　密住ノ制限
十二　暖暑期ニ於ケル捕蝿ノ励行
十三　簡易ナル内地作法

十四　内地風ノ結髪
十五　旧暦ノ廃止

(3)　逐次奨励スベキ事項
一　国歌斉唱
二　敬神観念ノ養成ト神社参拝
三　冠婚葬祭ノ簡易化
四　産業組合ノ加入ト積立貯金
五　幼年者ノ就業廃止
六　青年学校入学
七　趣味娯楽ノ改善
八　内地諸行事ノ訓練

ここにあげられている事項は、どれ一つとっても、朝鮮人としての風俗や、生活習慣を大幅にかえねばならない問題であり、そうした民族的伝統を否定していく方針を明示しているのが第一項であった。濁酒製造、住宅、職業、家賃不納などは一見もっともらしくみえるが、一方的な賃金差別や住宅差別のなかで生れてきたものであり、そうした日本側の差別構造と関連なく、朝鮮人側の問題としてとらえ〝絶対矯正〟を掲げているのである。

第二項は、第一項の朝鮮人としての生活・民俗を否定した上にたって、国旗、服装、日本語、就学、結髪などにいたるまで指示し、日本人となるための諸条件を示しているのである。第三項にあげられている事項も逐次奨励する事項とされているが、君が代、神社参拝などは集会のたびにおこなわれており、むしろ強力に指導されていたとみることができる。

このような一九三六、三七年度の矯風事業内容にみる活動をふまえて単年度の事業計画にとどまらず、内鮮融和事業調査会は大阪府内鮮融和事業対策一〇ヶ年計画綱要を発表する(9)。この計画では全体を三期にわけ、一九三五年から四四年までを啓蒙期、訓練期、助長期に区分している。

矯風会の増設、隣保館の設置など組織拡大計画を柱として、その第一期計画はこの一〇ヶ年計画通りに実現している。しかし、第二期、第三期の計画は指導員の増員、在住朝鮮人が一〇〇〇人以下の警察署管内に準矯風会を作ることなどがあげられていたが、協和会の全国的展開とともにこの計画は全くの机上プランとなり、さらに強力な協和会組織が作られていく。

5　矯風会活動の全国化

大阪における内鮮協和会―大阪府協和会とその下部機構である矯風会の活動と大阪府内鮮融和事業調査会で決議されたことについては、『特高月報』でその内容を全国に知らせており、矯風会の強化をもりこんだ大阪府内鮮融和事業調査会決議事項については一九三六年八月、一九三七年七月、一九三八年九月にそれぞれの総会決議事項が活版印刷にされているので、関係機関にかなりの数が配布されたのではないかと思われる。

こうした資料の提供を組織的にささえたのは、大阪府の社会事業会館で一九三七年五月に開催された全国協和事業講習会であった。このような会合を通じて大阪府協和会の経験、主として矯風会活動の内容がそのまま全国に作られていく協和会活動の中に活かされていった。

〔注〕
（1）「危険鮮人を帝都の関門で取締る」『東京日日新聞』一九二四年一月一二日付。
（2）「鮮人にそそぐ心からの親愛」『東京日日新聞』一九二四年一月一一日付。
（3）「大阪でも鮮人係を大増員」『東京日日新聞』一九二四年一月一一日付。
（4）一九三四年版『大阪府社会事業要覧』二八〇頁。
（5）大阪府協和会『昭和十二年度事業計画』一九三七年。
（6）大阪府協和会『昭和十二年度事業計画』一九三七年。
（7）『特高外事月報』一九三六年一月号。
（8）大阪府協和会『昭和十二年度事業計画』一九三七年。
（9）『特高外事月報』一九三六年四月号。

第五章　地方協和会の設立過程

1　協和事業団体設置要領

大阪府内鮮融和事業調査会の活動と大阪における警察を拠点にした矯風会の在日朝鮮人対応を通じて在日朝鮮人対応の方針の検討を進めていた政府は、一九三六年から本格的対策にのりだした。

第一の処置は朝鮮人対策費の予算化であり一九三六年度は五万円が計上された。これは在日朝鮮人抑圧史上画期的なことであり、この予算的保障があってはじめて対策が具体化していくことになった。

第二に予算的処置と同時に同年六月から一一月までの間に開催された政府諸会議、すなわち六月一六日の全国警察部長事務打合せ会議、七月三日の全国学部長事務打合せ会議で在日朝鮮人問題についての取組みを強化するよう指示、強調されているのである(1)。

政府はこうした指示、指導ばかりでなく八月三一日付通牒で基本方針を明示する。それは内務省が地方長官に通牒指示した「協和事業実施要旨」であり、これにもとづき地方庁で協和事業が実施されることになった。

この通牒の要旨は、この時期の在日朝鮮人の基本的統治方針を「内地在住半島人に関する問題漸く繁きを加うるの情勢並其の因って来る所以に鑑み、同化を基調とする社会施設の徹底強化を図り、以て国民生活の協調偕和に資し、共存共栄の実を収めんことを期するに在り」としている。在日朝鮮人のすべてを同化するという方針を明示したのである。

この同化政策を具体的に実施するため次のような六項の協和事業実施要目をあげている。

1　内地在住半島人の生活状況に関し調査すること
2　教育、教化施設の拡充を図り特に国民精神の涵養に努むること
3　風俗、住居等生活全般に亘り改善向上を促すこと
4　経済保護、医療救護、一般救護等に関する社会諸施設による保護救済に努むること
5　帰国者保護、犯罪の防止、衛生施設の励行等警察保護の徹底を期すること
6　広く協和趣旨の普及徹底に努め、国民融和の促進を図ること

この要目は以後に、各府県協和会が設立される際には、ほぼ同様の内容で事業計画がたてられている。さらにこの要目では具体性に欠けると考え、協和会の活動細目まで以下のように指示、通牒する。

1　内地在住半島人に関する各般の調査研究
2　就学奨励及び簡易教育施設
3　内地語、内地作法等の教授
4　国民的行事風習の奨励
5　隣保事業の実施（綜合的社会事業施設経営）
6　矯風事業の実施（矯風会の創設拡充）
7　共同清掃の勧奨及び衛生思想の普及
8　住宅の改善及び管理経営、密住防止
9　貯蓄の奨励、共済的組合の設置
10　モヒ中毒患者の治療保護、種痘並チフスの予防注射等医療の徹底
11　帰郷者保護
12　紛擾争議の調停
13　就職の斡旋、人事相談
14　指導者、中堅人物の養成、優良者の表彰並優良団体の助成
15　寄留其の他諸手続の励行
16　各種社会事業施設との連絡
17　其の他協和促進上適切有効と認めらるる施設(2)

この指示細目は地方協和会の具体的活動の目安となったものである。個々の地方協和会の事業実施状況は別に検討するが、共通してこの時期に取組まれたのは第二、第三、第四、第六項などで、住宅問題や救済処置などの事業はなおざりにされていた。実質的には同化、内地化政策だけが先行したのが実情である。組織的には第六項の矯風会組織の拡充に最も力点がおかれていくことになった。

政府はこうした明確な同化方針のもとに「全国同一の趣旨」によって朝鮮人対策にのりだしたのである。このために内務省社会局では協和事業の主旨、実施方法を徹底するために一九三七年五月に第一回の協和事業講習会をおこなった。この会議には全国の社会課員、特高警察課員一〇八名が協和事業の先進県、大阪に集まり事業の推進を協議したのである。

政府の強力な方針を受けて、地方でも在日朝鮮人の多い府県で協和会設立の動きが活発になる。

2　地方協和会設立と予算設置

地方協和会設立の組織方針は、まず、協和会を府県機構の下部機関として位置づけることを基本としていた。これはとりもなおさず国家意志を徹底させ、直接朝鮮人を管理することをねらいとしていた。地方協和会組織は「細胞機関として既存の融和団体を無条件にとり入れ、あるいはその連合会を結成する如きはさけなければならない」という原則で組織されていった。内務官僚の援助で作られていた相愛会や朝鮮人融和団体等とは別に官主導で組織することをねらいとしていた。ここから在

表1　1936年度各府県協和会等歳入予算（円）及び設立年月日

府県協和会名	国庫補助金	府県補助金	歳入総計	設立年月日
東京府協和会	6,380	7,000	15,931	1936.11. 2
神奈川県内鮮協会	1,280	2,400	9,600	1926. 2.25
愛知県協和会	3,160	5,000	9,300	1936.11. 8
京都府協和会	2,360	500	2,860	1936.11. 6
大阪府協和会	1,100	8,500	74,250	1924. 5. 5
兵庫県内鮮協会	3,160	1,000	7,768	1925.10.29
山口県協和会	4,210	300	5,030	1936.10.20
福岡県社会事業協会協和部	3,400	2,000	7,715	1936.10. 5
計	25,050	26,700	132,954	

＊歳入総計と国・府県の計との差は神奈川県内鮮協会の場合、繰越金2,500、個人寄付1,000等であり、大阪府協和会は事業収入の他モルヒネ患者保護費12,000、生活改善費11,000、朝鮮総督府7,000、三井報恩会7,000などの補助金が含まれて差が大きくなっている。他府県も寄付などの歳入による差である。
＊本表は佐々木行雄『協和事業概要』によって作成したが、各県社会事業関係雑誌も参考にした。
＊広島県社会事業協会も1936年9月から1,840円の予算で協和事業を実施している。ただし国庫補助金などの綱目が不明のため本表には入れなかった。

日朝鮮人が全く役員にいない知事を会長に社会課長と特高課長を中心とする地方協和会が結成される。この組織方針の確定とともに地方協和会の組織化を進めたのは政府の強力な指導があったことが前提にはなるが、具体的に設立にふみきらせたのは事業活動を保障する予算処置があったからである。一九三六年度の政府協和事業予算は五万円といわれているが、この多くは地方協和会設立のためにふりわけられている。その実情は表1の通りとなっている。すでにこの時期に協和会組織が成立していた大阪府、兵庫県、神奈川県の地方庁の場合はこの事業の再編、てこ入れ的な意味があり、東京府、京都府、愛知県、山口県、福岡県など新しく協和会を設立したところではその歳入予算に占める比重は高く政府主導型の対応であったことが明らかである。こうして一九三六年末には一応在住人口一位の大阪府、二位の兵庫県以下、愛知県、東京府、京都府、山口県、広島県などに府県レベルの協和会が設立されたのである。設立時期も既存組織をのぞけば一九三六年一〇月から一一月にかけて一斉に結成されているのである（表1、設立年月日参照）。

この主要府県の他にも佐々木行雄『協和事業概要』の規定では広島県社会事業協会協和部が独立した府県機関として位置づけられ、合計九府県が協和事業団体として位置づけられている。他に協和事業関係団体として協和会結成の前提となる機関として、長崎県内鮮協和会（予算一六九〇円）、佐賀県社会事業協会（同七五〇円）の他、五〇〇円以下の予算ではあるが北海道、奈良県、三重県、静岡県、滋賀県、岐阜県、石川県、島根県、岡山県、和歌山県、大分県、宮崎県の計一四の各県社会事業団体があげられている。一応、政府実施要目にそって朝鮮人調査、講習会、生活改善などが課題とされている。したがって一九三六年の時点では合計二三府県で程度の差はあるけれども協和事業が取組まれるようになっていたといえよう。

3　一九三六〜三八年の協和会活動概要

この時期の協和会の事業・活動状況は前記政府指示要目にもとづき共通事業目標をかかげていた。朝鮮人実態調査、就学指導、生活改善、矯風会の組織化、保護救済などの事業である。この並列的にならべられた事項のなかで実態調査や保護救済には実際活動の力点はおかれなかった。しかし、皇民化の柱となる要因として重視された教化政策には力がそそがれ、朝鮮の民俗を否定する生活改善、〝時局〟認識を高める教育事業（講演・訓示など）、下部組織の整備をはかる矯風会の結成（のちの協和会支部）は強力におしすすめられた。

とくに学齢に達していた児童に対しては、就学の義務があるとの文部省の指示にもとづき就学奨励がおこなわれた。協和会の同化政策は二代、三代にわたる教育の徹底が基本になるとの視点から取組まれた。東京府協和会では「朝鮮人ノ内地化ハ青壮年ニハ効果ヲ求ムルコト至難ナルヲ以テ先ズ児童ヨリ」日本人化＝同化をはかることが目標とされていたし、兵庫県内鮮協会でも朝鮮人学童の就学率をたかめる施策が実施された。この時期にはまず子供を同化することに重点がおかれていたのである。なお、成人を対象として日本語を教える簡易学校は一九三六年末には大阪に四、神奈川に五、兵庫一、広島一、福岡一ヶ所が存在していた(3)。

しかし、この時期における協和会の事業活動は、組織自体が、知事を会長に県・市の地方官僚を中心に組織されているにすぎず、実際の活動を支える地域組織はできていなかったのでその活動は講演会や、講習会といった形式的な教化策が実施されているにすぎなかった。このため、同化を推進する地域組織の結成が求められることになった。具体的には府県協和会の下部機構づくりが、この時期の府県協和会の重要な課題となったのである。

この下部機構づくりにあたって参考とされ、見本となったのが大阪ですでに作られ、活動をしていた警察署を単位とする矯風会組織であった。協和会の下部組織が行政組織（県・市・町・村）という縦の組織とは別の警察組織によって担われていくことになったのである。これは協和会のもつもう一つの側面、すなわち治安対策組織という面を示しており、警察署内の担当は特高課であり、内鮮係が対応していくのが協和会下部組織の核となったのである。この時期の各県協和会の下部組織は矯風会と呼ばれたり、協和会○○支部と呼ばれていたが、後にはすべて協和会○○支会と警察署管内区域名を冠した支部名で呼ばれていくことになっていく。なお、協和会下部組織づくりと同時にこの活動を支えるために日本人有力者を指導員という名で指名し協力させることもおこなわれ、かつ、朝鮮人のなかから日本語が良くできる者や、飯場の親方などを選び、協和会の補導員として指名し、協和事業に協力させることなども組織的課題となったのである。

以上のような教化政策と組織整備がこの時期の協和会の主な事業概要であるが、隣保館を設置(一九三六年末現在で大阪府六、兵庫県一、山口県一ヶ所)している府県や報徳精神の普及(山口県)を課題としている県もあった。

この時期の全体的状況からみれば、大阪府、神奈川県、兵庫県などの協和会ではそれまでの蓄積をもとに活動していたが、この三県以外の道府県ではその事業ははじめられたばかりであった。このため政府の指示事項をそのまま受入れているにすぎず、この段階では形式をととのえ、試行的事業に取組んでいるにすぎなかった。しかし、こうした試行がつみかさねられ、いわゆる協和会体制の確立にいたるのであり、この試行の実態を京都府の事例を具体的にあとづけして、その確立に至る過程を検証したい。

4　京都府協和会の設立と展開

京都府協和会が設立準備作業に入ったのは一九三六年九月からで、一一月六日に創立されたが実際の発会式は翌年の一九三七年一月二七日であった(4)。発会式といっても知事以下約二十数名の出席があったのみであり、出席者は社会課長をはじめとする地方官僚と県議会関係者・一部民間有力者のみであった。もちろん、在日朝鮮人は一人も入っていなかった。会議ではまず知事の挨拶があり、常任理事となる府社会課長が会則や役員の発表、一九三六年度の予算事業計画説明があり、それを承認して昼食をはさんでわずか二時間で会議を終わった。

役員は会長・知事、副会長・京都市長と学務部長、常任理事・社会課長、常任幹事には府社会事業主事、府社会課員、府特高警察、京都市社会課員がなっていた。幹事は府下全警察署の署長と京都市内の区長がなっている。

この時点での京都府下在日朝鮮人数は四万三〇〇〇人であったが(5)、この府協和会の陣容からみてもそれなりの意気込みで取組みはじめ、実質的に協和会を動かしていく幹事が当初から警察署長であったことはその後の協和会の方向を決定づける要素として重要である。

京都府協和会設立時における政府補助金の役割については、すでにのべたように決定的役割をにない、京都府協和会予算は二八六〇円で、うち国庫補助金は二三六〇円で府ではわずか五〇〇円を支出したにすぎなかった。しかし、次年度の一九三七年度になると政府補助金は前年と同額であったが府支出補助金は二〇〇〇円となっており、かつ、京都市五〇〇円、朝鮮総督府五〇〇円の補助金があり、総計五三六〇円と一九三六年度の倍額となっている。

しかし一九三六年度は協和会が設立されてからわずか二ヶ月で一九三七年度となり、みるべき活動はなかったと思われ、事実、予算も次年度に一五〇〇円も繰越金を計上しているほどなので、以下に一九三七年度の事業活動を検討し、この時期の協和会の状況を明らかにしたい。

一九三七年度の事業は繰越金と合わせて六八七八円をもとに事務費を除いた四九一八円をもって執行された。事業費用の多い順からみると教育教化費、保護費、生活改善事業費、朝鮮人調査費の順であった[6]。しかし、事業をおこなうといってもこの時期にはまだ各警察署に協和会支部は設置されておらず、既存朝鮮人団体や各警察署が府主催の行事に朝鮮人をとりまとめて動員・参加させるという方法をとった。動員された人々に課せられた協和事業の一つが戦時協力活動であった。

(1)国防献金協力

日中戦争の本格化のなかでまずとりあげられた戦争協力の方法は、出征兵士の歓送、慰問袋の作成、国防献金であった。献金の場合でいえば一九三七年一〇月二二日現在の集計では五三〇〇円も献金をおこない、この金額は全国在住朝鮮人献金総額の六分の一を占め、「愛国の至情」を示す行動として例示されている。この献金は内鮮自治会、仏教報国会といった朝鮮人によって作られた団体の寄付を協和会がとりまとめるという方法でおこなわれた。これは在日朝鮮人を警察が直接下部統制組織として組織していなかったことを示している。また献金などの行為は予算処置をともなうこともなかったが「美談」として新聞などでとりあげられ、協和事業の柱の一つとなっていった。次に重視されたのが在日朝鮮人子弟の教育問題であった。

(2) 教育教化事業

「風俗・習慣を異にし或は道徳観念の相違することは国民の間に一つの間隙を造る結果」[7]となっているという認識のもとにこれを克服する方途として子供の教育と講演会などの教化策が考えられた。教育は日本の学校への入学奨励という形でおこなわれ、入学率も年々高くなっていき、そこでの「日本人と同一」の授業はとりもなおさず皇民化への第一歩となるための必要条件となっていくのである。家が貧しいことを理由にする者には、府協和事業予算のなかから一人二円の奨学金を一〇〇人に出すことが決められていた。この児童の皇民化と同時に、時局認識を高めるために朝鮮人居住区のなかで軍人による戦況講演がおこなわれた。一回目は、一九三七年一〇月一一〜二〇日までの八日間、二回目は三八年二月に「銃後の守り脚下から」というテーマで講演がおこなわれた。どの会場も大入り満員となったとされているからそれなりの〝動員〟がおこなわれたものと思われる。同時に、日本の国旗などを持っていなかった人々に国民意識の高揚をはかることを目的に協和会で国旗を五〇〇本買い、無料で配布したりしている。

夜には日本語の短期講習会が開かれはじめていた。以上のような活動への動員は三七年度のこの段階ではまだ府の行事として取り組まれ、そこに各警察署管内から何人かが参加するという形でおこなわれている。教化事業の一つではあるがいわゆる風俗・習慣の相違についても「矯正」指導がおこなわれた。

(3)生活改善事業

風俗・習慣の「矯正」といってもさまざまな形態があり、在日朝鮮人は朝鮮の生活伝統を守っていたが、まず、ねらい撃ちされたのが民族服・チマ・チョゴリに対する〝矯正〟という名の統制であった。和服着付・作法講習会がさかんにおこなわれたのである。朝鮮人婦人を対象に、京都市内の寺や小学校を会場に計一四ヶ所で着付、礼儀作法が教えられた。一ヶ所三〇名ほどで総計四二〇名ぐらいの人々が受講者として動員された。以降、毎年この着付講習はおこなわれ、全面的な民族服の禁止にいたるまで強化されていく。この朝鮮人のもつ民族的生活習慣に対する抑圧、統制を生活改善事業と呼び、後になるとさらに強化されていく。

国防献金、教育教化、生活改善などの事業の実施状況は以上のような状況であり、この段階ではまだ在住朝鮮人全体に徹底されているというわけではなく、ごく一部で実施されていたにすぎなかった。この点を補充するために協和会組織の強化がはかられたのである。

(4)組織強化

まず取り組まれたのが組織の要としての特高課員と協力する日本人の地域有力者を〝指導員〟として嘱託することにあった。このための会議費や手当も予算化されている。京都市内では一九三七年度には三二名を嘱託とし、朝鮮人指導の協力を求めている。この指導員は具体的活動に参加する場合もあったが名目的な役割をになうにとどまり、実質的には各警察署の特高課員が指導をおこなっていた。具体的に朝鮮人のなかに入り、動員割当ての作業に参加させられたのは〝補導員〟という名の朝鮮人のなかから選ばれた人々であった。選ぶ基準は朝鮮人多住地域に住み、日本語が良くできること、思想的に問題がないこと、下宿屋の経営者など朝鮮人のなかで有力であることなどであった。朝鮮人のなかから協力者を選び、養成するために一九三七年度中の三八年二月に二日間にわたって「中堅青年修養講習会」が開かれた。この会合には各警察署から選ばれた四六名が参加し、開会式に皇国臣民の誓詞を唱和し、社会課長の訓示・講演などを聞かされている(8)。

この日本人有力者の組織化—指導員、朝鮮人協力者の指定—補導員の指名と並行して取り組まれたのが県協和会の下部組織たる支部組織の確立であった。一九三八年度には各警察署ごとに支部を作る方針がたてられ、京都市内に一一、郡部に一五の支部が設置されている。京都市内では早く支部ができており、綾部支部(一九三八年七月二六日)、福知山支部(一九三八年七月二六日)などほとんど一斉に支部が作られ、支部長は署長を会長にするなど一定の形で組織化が進んでいった。

この警察管内を単位とする支部組織こそが協和会の機能の要となっていくのである。

5 協和会支部結成経過——兵庫県を中心に

協和会支部結成にあたり参考とされ、見本となった活動は大阪における矯風会活動であった。他地域に比較して朝鮮人が多く、朝鮮人対応をおこなってきた兵庫県でも事情は同様であった。すでに活動していた兵庫県内鮮協会の再生─協和会化を推進するために一九三七年一〇月七日、県当局と内鮮協会は協和事業懇談会を開催した。この会合には県下五市の社会課員、神戸市内及び郡下各警察署から三七名が参加し、県社会課長、特高課長も同席していた。会議の内容は、大阪府社会課、府警察幹部を招き、大阪における協和事業の実情を聞くことに主眼がおかれていた。会議のあとでは大阪府協和会が作成した協和事業実施状況に関する映画を鑑賞し参考としている(9)。

同年「大阪府下の有力協和事業団体を視察し」、翌三八年にも大阪府の協和団体を視察し、「それらを基本として諸般の準備を整えつつあった」のである。こうした経過をふまえて神戸市内で最初に警察管内を単位とする協和会支部が、林田警察署管内で一九三八年三月に結成されている(10)。全面的に大阪府の矯風会＝協和会支部活動を参考に支部を結成しているのである。こうして設立された兵庫県内の協和会支部は、一九三七年に一ヶ所、三八年に三ヶ所、三九年に一七ヶ所と全県下にわたって支部網が作られ、全在住朝鮮人がこの組織の中に組み込まれていく。支部はまず在住朝鮮人が最も多い地域が最も早く、一九三七年の伊丹協和会、三八年結成の林田、宝塚、灘支部の順で、農村で在住者が少なかった地域は、一九三九年の中央協和会の設立と前後して結成されている(11)。

この協和会支部の設立総会はすでに事前に役員が決定されていた。総会は会長たる警察署長の挨拶によってはじまる以下のようなセレモニーによっておこなわれ、いわゆる会員が意見を言うとか、発言する場面は全くなく、特高課員の命じるところにしたがって対応していたにすぎなかった。

一九三八年三月に結成された兵庫県林田協和会の場合、発会式は林田警察署内でおこなわれ、管内の三〇〇余の在日朝鮮人が参加し、「皇居遥拝、国歌合唱、名誉の戦死者・英霊に対して黙禱を捧げ、結成経過報告、役員発表、指導員辞令交付、協和会長（署長）挨拶、兵庫県内鮮協会長訓示（まだ協和会という名称に統一されていなかったが実質的な県協和会会長）、来賓祝辞、指導員挨拶[12]、愛国行進曲合唱、万歳三唱、閉会」という順であった。

来賓は県の特高課長、区長、市・県会議員、小学校校長などであった。彼らが強調したのは会の次第にもみられると同様な天皇を中心にした内鮮一体の論理と教化、朝鮮人に対する戦時協力の要求を内容とするものであった。この支部結成のパターンはほぼ全国共通のものであった。

この結成式は林田署管内の一事業区（集住地区の五〇〇人）を対象にしたもので、ここから管内約一万人にも達する在住朝鮮人の組織化をはじめていく最初の会合でもあった。

こうした協和会の支部づくりは全国で実施されていた。東京府協和会の場合、一九三六年在住朝鮮人が一定数以上居住する扇橋、砂町、三河島、目黒、吾妻などの警察署管内一〇ヶ所に矯風会を設置することが決められていた。大阪府でも矯風会の拡充をはかり、泉尾、今宮、鶴橋、中本、今福、中津の既存矯風会の充実、一九三六年には新しく一〇ヶ所の警察署管内に設立される予定であった。

一九三六年末、すでに警察署単位に組織された協和会の支部は、大阪一一、東京一〇、神奈川五[13]、愛知県一二といった状況であった。

以降、毎年支部が結成され、全国の在住朝鮮人が居住するところでは必ず支部が結成されていく。中央協和会創立の一九三九年には矯風会や内鮮協会という名称で呼ばれていた支部も協和会という名で統一され、在日朝鮮人統制の基礎的単位としての役割を果たしていくのである。

〔注〕

（1）武田行雄『内地在住半島人問題と協和事業』国策研究会、一九三八年刊。

（2）前掲『内地在住半島人問題と協和事業』。

（3）佐々木行雄『協和事業概要』一九三七年。

（4）京都府社会事業協会『社会時報』一九三八年四月号、『京都府協和会要覧』一九三八年などによる。

（5）京都府知事鈴木敬一の京都協和会設立総会における挨拶文。京都府社会事業協会『社会時報』一九三七年一一月号。

（6）京都府社会事業協会『社会時報』一九三七年四月号。

（7）鈴木敬一知事挨拶文「京都府協和会の設立に際し」京都府社会事業協会『社会時報』一九三七年一一月号。

（8）京都府社会事業協会『社会時報』一九三七年各月号。

（9）『兵庫県社会事業』一九三七年一〇月号、協和会関係行事から。

（10）『兵庫県社会事業』一九三八年四月号、同前。

（11）『兵庫県社会事業』一九三九年六月号、同前。

（12）兵庫県の場合の指導員とは朝鮮人から選ばれたもので京都府における補導員と同様な役割をもっている。

（13）ただし、神奈川県の場合、この時期の支部は市町村行政区単位で支部を組織しており、後に警察管区ごとに組織されなおす。

第六章　中央協和会の設立

1　中央協和会設立の動機

地方協和会が各地に設立されるなかで、共通して大阪における矯風会活動にならうという方式をとっていたが、実施主体である地方行政庁＝府県では必ずしも統一した方法で実施されていたわけではなかった。社会事業協会が、いわば片手間に〝事業〟をおこなっていたり、府知事以下の協和会体制が整っても、実質的な支部組織と活動が遅れていた東京府の例のように全国各地でさまざまな水準で事業が実施されていた。その事業内容も、大阪府の矯風会事業に準じて活動していく協和会が主流であったが、まだ社会事業的性格を強くもっていた福岡県のような場合もあった。

山口県協和会のように、一九三六年一一月に政府の指示で県協和会を設立したが、一年たった翌一一月には協和会を解消し、山口県社会事業協会に協和部を設置したが「兎角沈滞勝ちであった」ので、再び政府からの指示で協和会を設置するといった定見のない県もあった。[1]また、協和会が結成されていない府県、市町村（警察官区）が多くあった。朝鮮人側からみれば協和会・矯風会事業が実施されていない行政区域に移住すれば、皇民化＝同化の強制からのがれることができたのである。

協和会設立の主たる担当者であった武島一義（協和会結成時の担当官、厚生省社会局生活課課長、中央協和会参事）も次のようにその事実を認め、対応することを提示している。

「今日の如く交通が発達し居住移転が比較的自由に出来る時に於て、内地に参ってともすれば横に連絡をつけたがる半島人諸君は直ぐに面倒な県から楽な県へ移ると云うような気配があるのであります。内地に参って居ります半島人には何処の県に住んでいても同じような指導を受けるのだ、同じような方針で取締を受けるのだと云う事を呑み込ませる必要があります。どの県は干渉が少いとか云うようなやり方は協和事業のやり方として余り感心しないのであります。全国一斉に同一方針でやって行くと云う事にしたいのであります」。

こうした協和会未設置県や、方針も徹底されていなかったのは一九三七～三八年当時の事情であったが、政府はこうした状況を打開すべく「同一精神の下に、同一歩調にて各地一斉事業を行う要あること」を目標に中央協和会を設立したのである。[2]これは協和事業の第一線に立って一九四五年まで指導を続けた武田行雄の実務家らしい中央協和会設立理由の一つであるが、武田行雄は中央協和会設立理由をさらに「強力にして永続性のある機関を要する」こと「内地人を啓発して相愛情誼を促進して外地同胞の同化を容易にする」必要のあること、在日朝鮮人数が増加したことをあげている。

この主張のうち、在日朝鮮人の増加という要件は、たしかに量的な側面でいえば一九三五年から一九三八年にかけては一年で六万人ほど在留者が増加し、一九三八年末には七九万九八七八人、すなわち約八〇万人に達していたのであり、大阪府では二四万余人にもなっていた。しかし、この人々の集団が問題にされ、協和事業が展開されるのは日本の国家権力の意向にそわない部分が存在したからであり、日本の戦時政策に積極的にそう形でこの八〇万に達する人々が生活していれば対策を立案する必要はなかったのである。失業対策上問題であったという説明もある(3)が、それは一九三〇年代の前半にはそうした現象も存在したが、失業対策のためであれば協和事業の課題とはならず、失業対策事業の拡大で足りるものであった。一九三五年以降は、むしろ、日本の国内労働力は不足しがちになり、在日朝鮮人労働者が重要な役割をはたし、そこに吸収される条件があったから量的増大が加速されたのである。単に数量的増加であればむしろ「歓迎」される存在であった。しかし、在日朝鮮人は日本の戦争政策遂行上好ましくない要因をもった八〇万人の集団であったのである。ここに協和事業に戦争遂行のための費用をさいてでも対応しなければならなかった本当の理由がある。

しかも、この八〇万人の在日朝鮮人は政府のすすめていた戦時協力体制や運動とは全く無関係であったし、むしろ〝日本のおこなっている戦争〟には彼らも関心を示していなかったのである。むしろ、反帝国主義同盟に参加するなど、その反戦的、非協力的態度に終始していた。あいかわらず、賃金差別や住居差別に対する抵抗も活発であった。しかも、彼らの間では日本の差別の壁のなかで職業の紹介、生活の相互扶助など、朝鮮人部落での協同生活を通して朝鮮人同士のむすび付きはきわめてつよい社会集団であった。

こうした事態は権力にとって好ましいものではなく、朝鮮人が連絡をとったり、朝鮮人の相互協力組織、団体は全国に一〇〇〇余も組織されていたが、政府・協和会はこれら朝鮮人の横の連絡をとりうるような一切の組織を認めず、解散させる方針をとった。

協和事業は「飽く迄、縦の指導でなければならないのであります。政府・県・及びそれ以下というような一貫した指導でいきたいのであります(4)」とのべているのである。

また、朝鮮人の戦争に対する無関心さと、非協力的態度、あるいは積極的反戦的言辞、賃金問題をめぐるストライキなどをする集団は、大きな治安対策上の課題でもあった。

この治安対策に答えるという課題が協和会の一つの柱であった。それは協和会の組織の中枢が警察組織・特高課であることによっても証明されるのであるが、直接警察機構が前面に出ないで中央協和会を設立した理由は次のように説明されている。

「半島人問題に就いて、色々寄附金を出し度いとか、政府で特務機関的の仕事をやって行き度いと云う時に、一一政府の直轄でやれません時は中央協和会の機構を通して資金を流して行くと云うことも必要でありました。政府が直営でやるよりも中央協和会の名の下にやると云うことが仕組が宜敷いと云うことも考えたのであります(5)」(傍点筆者)。

すなわち、政府が「特務機関的の仕事」は直接やれないので、中央協和会という民間団体をつくりその名でおこなわせるのが良いという論理である。すなわち、協和会は朝鮮人の治安対策と皇民化をはかる施策を実施する「特務機関的目的」をもって設立されたのである。

2　協和会の論理

在日朝鮮人の治安対策組織や全国的な在日朝鮮人の統制網の確立を目指して結成された中央協和会は、在日朝鮮人や、日本人民衆に対しその組織の理論的根拠と正当性を明らかにしなければならなかった。

これを武島一義は次のように説明している。

「半島人が内地に参った以上は内地の習俗に従って、自ら差別の種を蒔くようなことは段々止めて貰うと云うことであります。語を換えて申しますと、一視同仁の御聖旨に基いて新附の民をして、あまねく皇沢に浴せしむることであります。所謂皇国臣民化であります。是を又同化政策とも申して居ります。（中略）

欧米人には同化政策と云う言葉を遣いますと、植民政策の方では混血を意味して居るのでありますます。然し日本は天皇の一視御同仁の御聖旨に基く同化政策と云うのは形而下的のものでなく、極めて精神的な深い処に同化の根本方針があると思うのであります。

我国は天皇の御恩沢と申しますか、御聖旨と云うものは太陽の光のようなもので、一視御同仁であります。中外古今に通じて謬らざるものでありまして、太陽が万物を育む如く諸々の人をして其の処を得しめると云うことが天皇原理の根本の御精神でありますから、我国の天皇の御聖旨を奉体して同化政策を布いて行くと云うことは、西洋人流の物質的考え方の同化政策とは精神的唯物的の差があるように思うのであります。

我国に於ける同化政策はどう云う事かと申しますならば、太陽の如く皇沢を新附の民に及ぼして、皇沢の薫に浴せしめ、識らず識らずの中に皇国臣民として薫化してしまうと云う処に最後の理想があるであろうと思います」。


ここで武島が言わんとしていることは、協和事業は単なる同化、日本人化でなく、天皇の意に従う積極的な「皇国臣民化」するということであり、それは天皇が一視同仁の聖旨をもって新附の民としたから当然皇民化しなければならないとする論理である。したがって協和会を通じておこなわれる行政も、

「協和事業と云うものは内地に参って居ります新附同胞に対して、是を段々薫化して行って、一日も早く皇軍の臣民化し、忠良なる臣民となるように指導する具体的な実践の行政であります」

と規定しているのである。

協和会の論理は天皇を中心とする皇民化論で貫かれ、実践の場でもこれが最も重視されていくことになったのである。

さらに、この天皇中心の皇民化論の論拠をいくつかあげておく必要があろう。

その一つは武田行雄が「協和読本」のなかで論拠としてあげている神式天皇の「八紘《あめのした》を掩《おお》いて宇《いえ》と為《せ》む」という言葉に表現されている。これは「大御心は天下をあげて一家のように大和《だいわ》し、相倚り、相扶けて発展さしめようとする」意味で、この「八紘一宇の精神」をもって在日朝鮮人に対応し、天皇の「赤子」として在日朝鮮人に接しなければならないという論理である。(6) 朝鮮人・在日朝鮮人は新附の日本人であり、これを教化し、真の日本人たらしめることが協和会の最も重要な課題となるという論理である。

第二に日本民族は過去に「新附の民」を日本人に同化した経験をもっているという論拠である。その根拠としてあげられているのが高句麗、新羅、百済から渡来してきた人々が高麗村や百済村として今にのこり、そこにすむ人々は〝日本人〟になりきっているということを証明の材料としている。同様な意味で秀吉の朝鮮侵略にともなって日本の大名たちに連れてこられた陶工たちがいかに日本人として生活しているかということもとりあげられている。協和会の機関紙である『協和事業』には善生永助「半島帰化人の分布」、井上平八郎「我国陶業上より観れる内鮮関係」(以上一九四〇年六月号)、中山久四郎「内鮮協和一体の史実」(一九四〇年一二月号)といった論文が掲載され、協和事業の論拠の一つとして普及されていった。

以上のような協和会設立の動機とそれをささえた論理の背景にはさらに大きな歴史的、政治的な理由があった。すでに一九三一年にはじまっていた中国侵略戦争は拡大する一方であり、一九三七年七月の日中戦争の本格化という事態に対し、日本国内と朝鮮における治安、教化政策を確立する必要にせまられていたという事情である。朝鮮国内で再び三・一朝鮮独立運動がおきたり、日本国内での関東大震災時のような朝鮮人殺害事件がおきては戦争遂行に影をおとすことになると考えていたのである。朝鮮では朝鮮総督になった南次郎が熱心に内鮮一体論を展開し「今次事変の勃発に伴い大陸兵站基地たる半島の使命は愈々重大性を加え来たり、更に国家総力を発揮上内鮮一体の強化徹底こそは現下最大喫緊の時務たるを痛感するのであります」[7]としてさらに日本国内の協和事業の強化を訴えているのである。朝鮮内では内鮮一体を具体化させるために諸方策が実施されていたがなかでも皇国臣民の誓詞は徹底しておこなわれた。皇国臣民の誓詞とは、

一、我等は皇国臣民なり忠誠以て君国に報ぜん
二、我等皇国臣民は互に信愛協力し以て団結を固くせん
三、我等皇国臣民は忍苦鍛錬力を養い以て皇道を宣揚せん

の三項で、これを唱えさせたのである。むろん、この三項は日本国内でも朝鮮人に唱えさせるようになった。政府のねらいは戦争体制を万全なものとするために植民地経営を安定的に進める必要があり、内鮮一体化＝皇民化をすすめるという方法をとり、日本国内にすむ植民地出身の朝鮮人に対しても皇

民化政策を強化する必要があったのである。朝鮮と日本国内における朝鮮人の皇民化は統一した政策と形態をもっておこなわれることが課題となり中央協和会が設立されたのである。中央協和会はこうした政策上の要件が前提となって設立されたのである。(8)

3　中央協和会設立の経過

中央協和会の創立発起人会が開催されたのは一九三八年一一月九日で、発起人に名をつらねているのは次のような人々であった。

内務省警保局長本間精、拓務省管理局長副島勝、朝鮮総督府政務総監大野禄一郎、文部省専門学務局長山川建、厚生省社会局長新居善太郎、貴族院議員下村宏、厚生次官広瀬久忠、貴族院議員関屋貞三郎であり、内務官僚の中枢とその経験者によって構成されているのである。

協和会の理事長には関屋貞三郎が選ばれた。関屋は一八七五年五月四日生まれ栃木県出身の内務官僚であり、台湾総督府参事官、一九一〇年から一九年までは朝鮮総督府学務局長を勤めた。その後、静岡県知事、宮内次官を勤めた。協和会の理事長としては植民地支配の経験や日本国内の地方長官を経験していることでもあり、最適な人事であるともいえた。

この協和会発起人会のもとで協和会設立の準備を進めたのは設立されたばかりの厚生省（一九三八年一月厚生省官制公布）であり、具体的には社会局生活課が主管課となった。課長は先にもあげた武島一義であったが、担当は武田行雄がこれにあたった。

　協和会の設立総会は発起人会が開催されてからおよそ半年後の一九三九年六月二八日に神田一ツ橋の学士会館でおこなわれた。総会の出席者は厚生大臣、内務大臣、拓務大臣が出席し、祝辞を述べ、弓削幸太郎常務理事が開会を宣してはじまった。武島協和会参事から経過報告、一九三九年度事業計画について報告され、のち、天皇陛下万歳を三唱、創立総会は終った。この間、約一時間、参加者は九〇名であったとされる全くのセレモニーであった。総会後創立祝賀会が開催され約三〇〇余名が出席した。祝賀会に出席したのは愛国婦人会、中央融和事業協会、中央社会事業協会などの代表であった。

　つづいて同年七月一七日関屋、弓削、武田の三名は朝鮮に出張し、南朝鮮総督以下を招待し、中央協和会設立披露会が開かれた。総督府と民間の有力者一六〇名が参加した。これで一応中央協和会設立のセレモニーは終了したのである。

　中央協和会は地方協和会の設立過程がそうであったように全く内務官僚の主導でおこなわれ、朝鮮人はいうにおよばず、民間人も中枢からははずされている官僚主導の官制団体であったといえよう。

　なお、中央協和会の設立趣意書は以下のとおりである。

「財団法人中央協和会設立趣意書
　内地ニ在住スル外地同胞ハ大正四年末ニ於テ三千余人ニ過ギザリシモ二十三年後ノ昭和十三年六月末ニ於テハ約七十七万人ニ達シ尚逐年増加シツヽアリ。而シテ其ノ言語、風俗、習慣等相違スル為ニ、各方面ニ於テ幾多複雑困難ナル問題ヲ惹起シツヽ、アルハ国民生活ノ協和上誠ニ深憂ニ堪ヘザル処ナリ。

政府ニ於テハ此等ノ事清ニ鑑ミ昭和十一年以降其ノ内地同化ヲ基調トシテ生活ノ改善教育教化ノ普及徹底等各般ノ緊要ナル事業ノ実施ニ着手シ、主要府県ニ於テハ政府ノ指示ノ許ニ具体的事業ノ施行ニ当ルト共ニ、各々其ノ府県ヲ単位トスル協和事業団体ヲ組織シテ事業ノ普及徹底ニ努メツ、アリ。

然レ共是等諸団体ノ機能ヲ充分ニ発揮シ、所期ノ目的ヲ達成セシムルニハ是レガ連絡調整ヲ図リ其ノ有機的活動ニ俟ツ所多大ナルモノアリ。

更ニ又内地諸学校ニ修学スル多数ノ学生生徒ノ現状ニ鑑ミルニ、其ノ指導誘掖ハ本事業ノ遂行上ハ勿論現下ノ時局ヨリスルモ喫緊ノ要務ナリト云フベシ。

仍テ是等ノ事情ヲ省察シ茲ニ本会ヲ創立シテ地方協和団体ノ連絡調整並ニ助長ニ当ルト共ニ学生生徒ヲ指導誘掖シ以テ国民生活ノ協和促進ノ一助タラシメントスルモノナリ(9)」。


この設立趣意書は在日朝鮮人の存在は「国民生活の協和上深憂にたえない」という状況認識を示しながら経過と連絡調整が強調されているのみで、この実質的事業の担当は警察がおこない、かつ特高課が主管することなどはふれられず、政府のねらいとした特務機関的な側面は隠蔽されてしまっている。また、学生、生徒の〝指導誘掖〟もとりあげられているが、たしかに一九三八年末の全国の中等学校以上の学生は一万二四九七人となっており、しかも、大学、高等学校などでは学生の組織が作られ、活発に活動していたがすべて特高課で監視、管理されており、協和会は独自に介在しておらず名目的にとりあげられたにすぎない。一九三九年度協和事業計画でもその指導に関し研究することとされているのみである。この趣意書は対外的に協和会が朝鮮人統制のために作られたという側面を隠すという意味をもっていたのである。

4 中央協和会の役員構成

中央協和会の役員は理事長一名、顧問四名、理事一九名（うち常務理事一名）、監事二名、評議員六二名、参与一一名、地方委員九三名、参事五名、主事一名、嘱託六名、書記三名で構成されていた。理事長は前述したように関屋貞三郎、顧問四名は朝鮮総督南次郎と厚生・内務・拓務の関係各大臣であった。理事に就任したのは、朝鮮総督府で朝鮮支配を経験した有力官僚である今井田清徳貴族院議員（元総督府政務総監）、生田清三郎（元総督府内務局長）、有賀光豊（元総督府税務官僚）などと、現役の各省次官、各省担当局長などで構成されていた。評議員は朝鮮にある有力会社社長、朝鮮農会会長、東拓総裁、朝鮮人有力者、やはり朝鮮総督府で働き、在日朝鮮人とも関係のあった丸山鶴吉、赤池濃などの人々、この時点までに結成されていた協和会の会長（各府県知事）などが名前をならべている。

地方委員は各府県で在日朝鮮人統制の直接監督者ともいうべき社会課長と特高課長によって構成されていた。

参事は中央協和会の各省の直接担当者ともいうべき内務省保安課長、厚生省生活課長（武島一義）らによって組織されていた。

実務的には中央協和会主事、嘱託、書記によって協和事業が推進されていくのであるが、嘱託一〇名のうち各省から派遣された者四名を除きあとは厚生省の嘱託によって事務が執行された。実質的な事務長的役割をはたし、かつ協和会のイデオローグとしても指導的役割をはたしたのは武田行雄である（後述）。武田の他には厚生省嘱といっても兼務であり、厚生省職員録でも他に仕事をもっている者として記載されている。創立当初の名簿でいえば武田の他に専任は山本秋がおり、その下に三名の書記がおり、実質的には武田、山本、書記三名の五名の体制で出発したと思われる。

これは一九三九年の協和会創立当時の人的構成であったが、協和会の事務担当部問は次第に強化されていく。一九四〇年一二月末には嘱託一三名、主事武田行雄以下九名に増員となっており[10]、翌一九四一年三月には専任が一八名となっている[11]。以後、年々協和会事務局は強化され一九四五年八月の敗戦時には三〇名をこえる人々が働いていたといわれている。

これらの職員は、中央協和会職員規定、事務分掌規程にもとづいて働いていた。一九四三年には総務課、事業課、錬成課、普及課、調査室という構成になり、それぞれに職員が配置されていた[12]。

なお、協和会の設立準備からその終息まで中心的にその任にあたっていたのは武田行雄のみである[13]。

武田行雄は東北帝国大学法文学部で植民政策を研究し、同校助手。一九三〇年に宮城県社会事業主事として移植民事業を担当していたが、一九三五年に「私は内務省の指示によって宮城県の社会事業主事から朝鮮総督府に転ずることになって暫く内務省社会局に研究員として駐在しておりましたが、当時社会局においては政府の方針に基いて朝鮮人問題の具体策を研究していた時でありましたので自然に私も研究の機会を与えられたのであります。其の後、朝鮮総督府に在って朝鮮及び朝鮮人について研究調査し体験をしていましたが昭和十一年から協和事業が実施されることになり、同年の秋に私は社会局へ呼びもどされることになったので南朝鮮総督の御指図に依り満州に於ける朝鮮問題を現地に就いて研究して昭和十二年正月に社会局へ帰任しました。由来、この方面の専任者として、又、後に創立せられた中央協和会の事務も併せて採って今日に至ったのであります」とのべている。この文章は彼が一九四一年に協和会官制が施行され、初代協和官に就任したときの挨拶文[14]からの引用である。彼は厚生省の協和官であると同時に協和会の主事であり、協和会の全面的な指導をおこない、一九四五年三月一日に協和官が二名制になるまで[15]は実質的事務担当者であった。ただし、二名になったとはいっても他の一名は総督府事務官を兼務していたから実質は専任者であり、一貫してこの事業に関与していた人物である。

彼は協和会の機関紙である『協和事業彙報』、のちの『協和事業』—『協和事業研究』—『興生事業研究』には必ずといっていいほど執筆者として登場し、協和会における理論的指導もおこなっている。

5　組織

中央協和会は分会―支部―各府県協和会の頂点に存在するものであったが、その指揮、指導系統は二つあった。一つは中央協和会と府県協和会という線であり、もう一つは内務省警保局―各県警察部―各警察署という系統である。実際に会員と接触し、統制していたのは各警察署の内鮮係であったから、当然後者の警察組織系統によって協和会の日常的活動は担われていたとみるべきであろう。

実質的には各警察署が、協和会という名前をかりておこなった行政的統制行為であったといえるのであるが、武田行雄は、この協和会と警察機構との関連を次のように説明している。

「協和事業は何《ど》のような機構により、何のような機関によって実施せらるるものであるかと申しますに、大別すれば二つに分つことが出来ます。一は行政機関によるもので、他は民間団体によるものであります。

(1)　先ず行政機関に就いて申しますれば、中央に於いては厚生省社会局が協和事業の主管官庁であって、内務省、文部省、拓務省、朝鮮総督府等が主なる関係官庁であります。特に内務省警保局は、協和事業が治安と相表裏するので格別の連繫を致して居ります。

地方に於ては道府県庁が中心であって学務部社会課及警察部特高課が強力な協力の下に、市町村並警察署を指揮して事業の遂行に当って居ります。

(2) 次に民間団体としては事業の特殊性に鑑みて指揮系統が判然とし、又全国的に緊密且つ強力に事業の遂行に当る必要がありますので、民間有力家並に関係官庁の協和事業関係官吏との合作に依って特殊の民間団体として協和会が全国的に設けらるることとなったのであります[16]」。

武田は行政機関と民間機関に分けて説明しているものの民間機関などとは到底いえないもので、民間有力者とはいっても先にみたように旧内務官僚が民間人の中心であったし、組織を動かす中枢は警保局―警察機構であった。

ただ、警察が直接、在日朝鮮人を組織・統制することは〝日本国民たる朝鮮人〟に対する行政機関の差別であったし、日本社会の側からも特異な存在として意識されるであろうから民間団体としての協和会という看板が必要な条件であったといえよう。まさに〝特務機関的業務〟であったために協和会という組織を作ったものであるといえよう。また、事業を進める予算の面からいっても協和官武田行雄の六等六級の給与は国から支給されたものであるし、他の協和事業の費用のすべては一部の寄付をのぞきすべて国家予算と府県の予算でまかなわれていたことからも、民間とは名ばかりであったといえよう。しかし、それが全く意味がなかったわけではなく、その機関誌を通じての協和会活動の活発化や、組織拡大、皇民化イデオロギーの普及、などに十分な役割を果たしている。

次ページに協和会組織・系統の一覧図をあげておく。この組織図は一九四〇年一二月末に発行された『財団法人中央協和会要覧』からの引用であるが、設立当初の組織図と最も相違しているところは職場分会のことについてふれていることであり、これは強制動員労働者用の組織図をかねており、彼

図　協和事業機構図

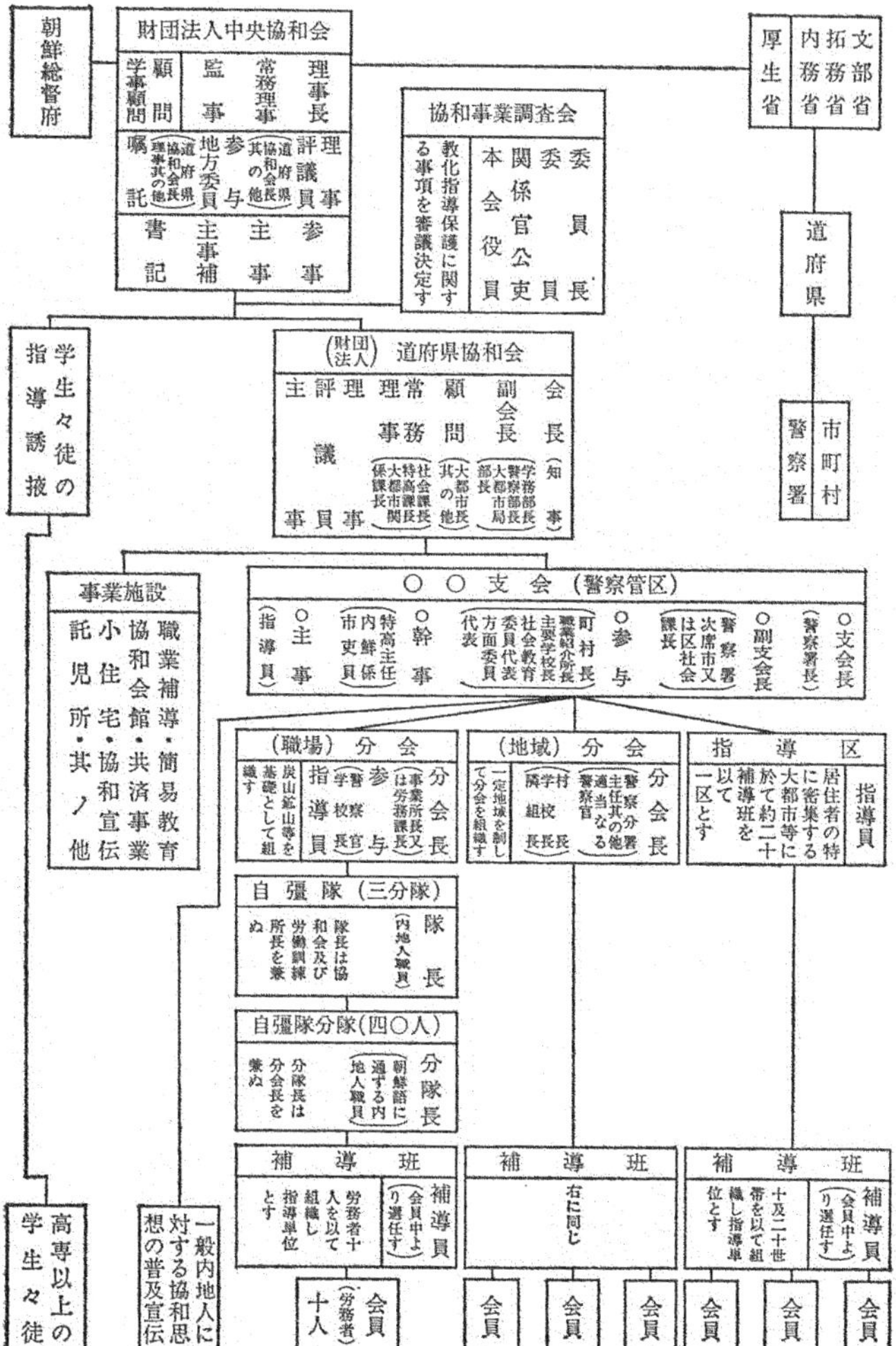

『中央協和会要覧』1940年12月末現在

らも協和事業の柱の一つになっていることを示している。

本図では内務省―道府県―市町村・警察署のラインと署長を会長とする支会の組織は線で結ばれていないが、実質的には最も太い線で結びつけられていたのが実情であるといえよう。実際、一九四三年の協和会機構図では実線で結ばれているのである。

また、図表中の支会の下部機構の指導区とは大阪、東京、京都などの大都市で一警察管署内で居住者が多い場合、特に集団居住区内における統制を強化するねらいがあり、大阪ではかなりの率で指導区（実際には事業区ともいった）がおかれていた。分会という場合一警察署管区内に多くの町村があり、町村には警察の分署長や駐在がおかれていたため、そこに居住する人々を対象としていたのである。指導区と分会のちがいは在日朝鮮人の居住密度によって分けていたのである。最終的には朝鮮人の居住するすべての警察管区ごとに協和会が組織され、職場（主に強制動員労働者）や地域をとわず日本に居住する朝鮮人のすべては協和会の組織に組み込まれることになったのである。ほぼ、図の体制で一九四五年まで組織され、統制されつづけていくのである。

6　機能

組織的には一応の民間団体という形式をとりながらも中央協和会の事務所は厚生省内におかれ、事務当局は厚生省の役人と嘱託がなり、その費用も大半は国庫支出によりまかなわれていた。むろん、そこには朝鮮人が介在する余地はなく、[17] 日本による対在日朝鮮人対策組織という性格を明確に示していた。

その中央協和会はどのような機能をもっていたのであろうか。

一九三四年度の中央協和会の事業計画のなかで明らかにされている活動目標は三項にまとめられている。

一　連絡協調

(1)　全国協議会

地方ニ於ケル協和事業主務職員ノ協議会ヲ開催シテ重要事項ニ関シテ協議シ以テ事業遂行ノ円滑ヲ期ス

(2)　地方協議会

地方別ニ協和事業関係者ノ協議会ヲ開催シ中央ト地方ノ連絡上ノ緊密化ヲ図ルト共ニ地方協和事業促進ニ関シ必要ナル事項ヲ協議ス

(3)　懇談会

中央関係官庁、諸団体等ノ関係職員ノ会合ヲ求メテ懇談会ヲ開催シ協和事業遂行上必要ナル事項ニ付キ懇談商議スルト共ニ其ノ間ノ連絡ノ緊密化ヲ図ル

(4)　年報並彙報ノ発行

年報並彙報ヲ発行シテ斯業関係者ノ連絡並研究ニ資ス

(5) 其ノ他

二　調査研究並宣伝

(1) 協和事業調査会並学事委員会

（略）

(2) 外地事情調査員派遣

（略）

(3) 参考資料ノ蒐集刊行

（略）

(4) 事業ノ宣伝普及

（略）

(5) 其ノ他

三　指導奨励

(1) 全国講習会

地方主務職員ノ養成並素質向上ヲ図ル為メ講習会ヲ開催ス

(2) 地方講習会

地方中堅指導員ノ養成並素質向上ヲ図ル為適当ナル地ニ於テ講習会ヲ開催ス

(3) 学生々徒指導研究

学生々徒指導ニ関シテ実地ニ就キ研究ス

(4) 講師派遣

地方主催講習会ニ適当ナル講師ヲ委嘱ノ上派遣ス

(5) 選奨

優良ナル団体及事業功労者ヲ選奨ス

(6) 図書刊行

斯業ニ関スル図書ヲ刊行頒布ス

(7) 教科書編纂

簡易教育ニ必要ナル教科書ヲ編纂ス

(8) 協和事業施設補助

地方ニ於テ経営スル隣保事業施設ノ新営其ノ他必要ナル事業ニ対スル補助並ニ優良社会事業団体ノ補助ヲ行フ

(9) 其ノ他

其ノ他必要ナル事業(18)

これら三項のうち、第二項は直接事業とかかわりなく、実行されなかった事項もあるので項目をあげることにとどめたが、第一項・第三項は力を入れて取組まれた。第一項の各協議会は重要な役割をはたし、実質的な推進機関として機能したと思われる。主務職員とは社会課員、特高課員であり、各支会(警察管区)の代表者の集まりであるから、すなわち、担当者は特高課員であり、実質は特高課の会議といったものであったと思われる、しかし、この会議内容についてはその内容が全く協和会の機関紙等では報じられておらず、いわゆる行政機関としての打合せに協和会の代表者が出席するといった程度のものであり、そこでは、むしろ「特務機関的」協議がおこなわれていたと思われる。ただ、第一項にある年報は年鑑が一回発行されたのみで発行されなかったものの、彙報については発行されつづけ、担当者（山本秋）がおかれ、協和事業推進にあたり、重要な役割を果たした。

第三項の諸事項は忠実に実行された。全国講習会は神奈川県鶴見の総持寺で全国からの参加者によっておこなわれ、「成果」があがったとされている。

図書刊行・教科書発行ではパンフレットがさかんに発行されたのをはじめ、在日朝鮮人に日本語を学ばせるための『協和国語読本』も発行され、実際に使われるようになった。

以後、協和会活動が活発に展開されるにしたがって強制動員労働者対策、朝鮮人児童に対する「協和教育」などの事業が加わり、協和会機能は拡大していく。

中央協和会の機能は朝鮮人統制抑圧の実務は各警察署にまかせ、協和会組織自身の拡大強化、その連絡調整、内鮮一体イデオロギーの普及、具体的な朝鮮人統制の方針、方法の指導などにその力点があったといえよう。こうした機能の具体化は、厚生省生活局、内務省警保局から各府県、各警察署長に通達、指示が出され、実行されるという構図になっているのである。しかも、その協和会自体は厚生、内務、拓務、朝鮮総督府の担当官によって構成され、協議決定されているという全くの政府・行政当局の外郭団体としての機能をもっていたといえよう。しかも、その実行組織が、協和会という名をかりた各警察署であったことが特徴なのである。

7　協和会の「画期的拡充」

一九三九年六月に創立されたばかりの協和会は同年一〇月一〇日付、厚生省社会局長、内務省警保局長連名の「協和事業の拡充に関する件」という依命通牒によって「画期的拡充」がはかられることになった。この通牒の動機となったのは労務動員計画の策定にあり、いわゆる朝鮮人強制動員の開始にともなう処置であった。

この頃になると国内の労働力不足は深刻となり、一九三八年四月一日には国家総動員法が公布された。翌三九年七月八日国民徴用令が公布され、朝鮮人労働者の強制動員が決定され、一九三九年度には朝鮮からの労働力導入は八万五〇〇〇名と決定され、鉱山、炭山、土木建築現場などに割当られ、募集という名の強制動員が開始されたのである。

これらの労働者は多くが農民出身であり、ほとんど日本語を話すことができず、また、生活習慣がちがい、朝鮮人労働者を受け入れた会社、企業ではその労務対策が重要な課題となった。協和会の内鮮一体、日本人化政策はその労務対策の柱となった。

こうした新しい事態に対し政府は協和事業の「画期的」ともいえる拡充をおこなった。その第一は政府予備金から二三万円を協和事業の拡充のために支出することを決定していることである。中央協和会が成立した一九三九年当初の政府補助金は一三万円にすぎず、他の寄付金などを合せても一九万二五〇〇円にすぎなかったが、これに先の二三万円が追加されたのであり、およそ二倍の政府予算の追加があったことになる。当初、中央協和会の支出予算の大半を占めていたのは府県協和会等に対する補助費であった（一一万二〇〇〇余円）が拡充の具体的内容は一九三九年一〇月一〇日付厚生省社会局長、内務省警保局長名の「協和事業の拡充に関する件」に示されている。そこで示されている拡充のポイントは以下の「協和事業応急施設要綱」に具体化されている。

協和事業応急施設要綱

一　協和事業指導職員ノ設置

協和事業ノ整備拡充ヲ図ル為主要道府県ニ対シ指導職員トシテ社会事業主事又ハ社会事業主事補若干名ヲ配置シ之ニ要スル経費三分ノ二額ヲ国庫ヨリ補助交付スルモノトス（山口県ニ対シテハ別ニ属通訳及雇員若干名ヲ配置ス）

二　地方協和事業団体ノ組織充実

協和事業ノ遂行ハ其ノ性質上団体ヲシテ実施セシムルヲ適切便宜トスルモノアリ、殊ニ今次労働者移住ノ趣旨ニ鑑ミ労働者ヲ保護指導センガ為原則トシテ団体ニ加入所属セシメ会員章ヲ交付スルコト、シ之ヲ維持管理セシムル為全面的ニ団体ノ組織充実ヲ必要トスル処ナルヲ以テ別添「協和事業団体設置要綱」及「会則例」等参照ノ上既ニ団体ノ設置アル向ニ付キテハ一層之ガ充実ヲ図リ又未設置府県ニ在リテハ可成斯種団体ノ組織ヲ図ラシメラレ度右組織ノ充実及創設ニ要スル経費ニ対シ府県ヲ通シ協和事業団体事業費トシテ国庫補助交付ノ見込ナルニ付地方庁ニ於テモ可及的ニ増額助成ノ方針ヲトラレ度

三　労働者ノ保護指導

朝鮮人労働者ヲ必要トスル産業部面ニ定着セシメテ国策ニ協力セシムル為之ガ保護指導ノ要アルヲ以テ内地在住者ハ総テ地方協和事業団体ノ会員ニ所属セシメ会員タル資格ヲ証スル会員章（注――手帳）ヲ交付之ヲ所持セシムルコト、シ之ニ要スル経費ハ会員名簿作成ニ要スル経費ト共ニ中央協和会ヲ通ジ地方協和事業団体ニ助成（大体現物ノ見込）交付スルモノトス

会員章ノ交付ニ関シテハ「協和会会員章交付要綱」ヲ参照セラレ度

尚道府県ニ在リテハ特ニ会員章ノ交付管理ニ付指導ノ萬全ヲ期セラレ度

四　労働者移入雇傭主ヲシテ行ハシムベキ施設

朝鮮人労働者移入ノ条件トシテ雇傭主ヲシテ行ハシムベキ施設ハ地方ノ実情ニ即応シ大要左ニ拠ラシムル様指導セラレ度

（イ）　住宅ハ特ニ衛生施設ニ付留意セシムルコト

（ロ）　集団地域ニシテ必要ト認ムル場所ニ対シテハ隣保施設トシテ「協和館」ヲ設置セシムルコト

（ハ）　内地同化ヲ基調トシ矯風教化ノ指導ヲ為サシムルコト

（ニ）　実状ニ即シ福利施設ヲ講ゼシムルコト

（ホ）　労働者ノ訓練施設ヲ為サシムルコト

訓練施設ニ付キテハ別添「労働者訓練施設要綱」ヲ参照セラレ度

五　移入及帰郷保護ニ関スル連絡
　渡航者保護ノ為下関ニ渡航者保護斡旋施設ヲ設クル予定ナルヲ以テ同地経由ノ移入者及帰郷者ノ保護等ニ関シテハ連絡ヲ図ラレ度（施設決定ノ上追テ通知可致）

　この要綱の第一項は、協和事業の専任職員を各県に六〇余名配置すること、第二、三項は強制動員労働者、一般在住朝鮮人労働者ともに会員証を持たせることを決めていた。この会員証は常時所持しなければならず、これがなければ強制動員労働現場からの逃亡者であるとされた。強制動員労働者には実際には交付されても会社側で保管し、所持していない者は逃亡者とされ、この会員証は朝鮮人管理の柱となっていた。第四項は労働者管理について規定し、第五項では下関における朝鮮人管理について指示している。

　また、この拡充政策時には次々と重要な要綱がいくつか決定されている。これらの決定は以後における協和会の基本的指針となったものである。「地方協和事業団体設置要綱」では道府県協和会は外郭団体として組織し、独立機関として機能させること、名称のつけかたを統一すること、在日朝鮮人会員の規定（家族は準会員とすること）、支会とは警察管区として、町村・職場集住地区を分会、指導区とすることなどを規定している。

　強制動員労働者を対象にした協和事業「労働者訓練施設要綱」では、三ヶ月間修身、国語教育などの諸訓練をおこなうことを規定している。

「協和事業実施要目」では「一視同仁の聖旨を奉体し……皇国臣民」とすることをねらいとして具

体的実施要目を決めている。皇民精神の涵養（国体観念、敬神、忠孝、勤労精神など）、矯風教化（悪習矯正、服装、国語習得、国旗掲揚）の具体的事項をあげて実施するよう指示しているのである。

他に各道府県協和会の会則、支会会則の例示が示され、実際、この例示にしたがって協和会は整備されていく。名称も、この時点では埼玉県では支会を○○協和会という名称で呼び、千葉、東京では○○矯風会と呼び、福井県、石川県では○○同仁会と呼び、京都府では支会を警察管内名で○○支部と呼んでいるという状況であったため、これをその事業内容とともに統一した呼称を決めているのである。以上のような要目、会則をこの協和事業の拡充にともなって規定し、以後、全国で統一的に、しかも強力に協和事業が実施されていくのである。

〔注〕

（1）「山口県における協和事業」『協和事業』一九四〇年七月号。
（2）武田行雄「協和読本第二回」『協和事業』一九四〇年五月号。
（3）武島一義「協和事業指導精神」『協和事業』一九四〇年五月号。
（4）前掲武島論文。
（5）前掲武島論文。
（6）前掲武田論文。
（7）中央協和会創立総会における南次郎の演説から『協和事業彙報』一九三九年九月号。
（8）なお、朝鮮における皇民化政策については宮田節子『朝鮮民衆と「皇民化」政策』を参照されたい。
（9）『協和事業彙報』一九三九年九月号

(10)中央協和会『協和事業要覧』一九四〇年一一月。
(11)一九四一年版『協和事業年鑑』。
(12)内務省警保局「協和事業関係書類」。
(13)関屋貞三郎協和会理事長や武島一義は退任あるいは転勤によってその職をはなれており、ほとんどの協和会役員は交代しているが、武田行雄は協和会解体後も厚生省に勤めた。
(14)『協和事業』一九四一年二月号、『朝鮮問題資料叢書』第四巻所収。
(15)『厚生省職員録』一九四五年三月一日付。
(16)前掲武田論文。
(17)一九四四年末に協和会が興生会と名称を変えたのちに、一部在日朝鮮人を役員の中にとりこんだ。
(18)『協和事業彙報』一九三九年九月号。
(19)この項の資料は『協和事業彙報』一九三四年一〇月号によった。

第七章　協和会支部・分会・指導員

1　在日朝鮮人と警察

中央協和会がそのイデオロギーの指導や、活動の統一的展開に意をそそいでいたとすれば、在日朝鮮人を直接組織し、統制し、皇民化精神を強要したのは全国にはりめぐらされた警察網であり、警察署であった。

元来、在日朝鮮人にとって警察署と警察官は最も関係の深い機関であった。それは釜山における渡航のさいの警察の取締りからはじまり、日本国内のどこにおちついても警察官に氏名、住所、職業、思想傾向、所属している団体があればその団体名、家族、本籍地にいたるまで取調べられた。この取調べは特別高等警察課が担当していたが、協和会が設立される頃にはその内容も整備され、その主要な対朝鮮人業務は次のように指示されていた。

この内容はほぼ各県共通の内容を持っていたが、ここでは長野県の特別高等警察執務心得[1]（一九三九年一月現在、以下執務心得とする）によって検討する。

この執務心得の第四節は「朝鮮人及台湾人」とされ、植民地労働者に対する取締りを内容とするものである。以下に一八ヶ条にわたって執務内容、方法、書式等が定められている。

はじめに掲げられている七七条は、「新ニ管内ニ転入シタル朝鮮人（台湾人）ニ対シテハ朝鮮人名簿（六十八号様式）正副二通ヲ作成シ正本ハ警察署ニ副本ハ当該受持区巡査駐在所及派出所ニ備付クヘシ」という条項である。いわば住民登録である。これに異動があったときには報告しなければならず、七八条では在住朝鮮人（台湾人）が転出あるいは転入した時の処置を定めている（朝鮮人（台湾人）と表記されているが以下は朝鮮人と表記する）。

七九条　朝鮮人による紛議（争議も含まれる）、犯罪が発生した場合は報告すること。

八〇条　朝鮮人密住地区、職場では「絶ヘズ機密ナル視察ヲ遂ゲ」ること。

八一条　海外、県外からの転入朝鮮人に対しては爆発物、拳銃等の所持に対しては「厳重ナル検索ヲ行フ」こととして、危険物発見のときの対応について定めている。

八二条　不正渡航者を発見した時には、渡航目的、方法、所持金、日本語の程度、行先を調査し、「不逞ノ人物ニ非ザルヤ」につき厳重なる取調べをすること。

八三条　海外からの渡航者中の不逞人物に対する取締方法。

八四条　海外朝鮮人主義者と日本国内「同志」との連絡に対しては「常ニ周密ナル注意ヲ払」う

ことや通信来信については厳重な視察をおこなうこと。
八五条　管内企業家が朝鮮内で労働者募集をおこなうときの注意。
八六条　朝鮮人が各級議員に立候補した際にはその言動を報告し、議員になってからの動静も報告すること（実際に在日朝鮮人議員が当選していた地域もある）。
八七条　中等学校以上の学生名簿を作成すること。
八八条　学生、宗教家の動静は報告すること。
八九条「内鮮融和」を阻害するような団体は成立させないようにし、その動きは報告すること。
九〇条　日本人が組織する団体に朝鮮人が加盟しているときはその役割、団体の朝鮮観などについて調査報告すること。
九一条　朝鮮人が一時朝鮮に帰るとき、証明を与える際に調査を実施すること、写真、目的など。
九二条　一時朝鮮に帰り、再渡航した際は証明書を返納させ、未返納の場合、報告すること。
九三条「帰鮮」証明を発行した場合は報告すること。
九四条　朝鮮人が渡航する際の照会に対する回答のしかた。

以上みてきたように在日朝鮮人のすべての行動は警察の厳しい監視下におかれていたのであり、少しでも疑問をもたれたら取調べをうけることになったのである。

政府は、皇民化し内鮮一体化政策を強力に展開しながら一方では日本人とはちがう強力な監視体制の下においたのである。そして、これを警察業務のなかで位置づけてみれば、ごく日常的におこなわれなければならない仕事であり、担当セクションは特別高等課の内鮮係であった。特別高等警察課の事務分担表のなかには明確に「朝鮮人各種団体視察並名簿整理」という事務が規定されているのである。

2　協和会と警察組織

こうした警察の日常業務のなかで朝鮮人取締業務がおこなわれてきたのであるが、協和会は形式的にはこの警察署の日常業務とは切りはなされた別の形で実施されていくのである。一応、特高課の事務分担表の中には「協和事業に関すること」という事項が加えられるようになるが、組織的には協和会の支部、分会は別のものとされ、全国共通に定められた道府県協和会設置規定、規則、支会規則によって組織される。協和会の組織原則で、基礎単位となった支会の例は次のようなものである。ポイントは協和会の支会（支部）は警察署管内を単位とし、事務所は警察署内におき、会長は署長とすること、役職は特高課員がなり他に日本人・朝鮮人の指導員・補導員をおくことを定めていることである（以下、協和会支会＝支部として用いる）。

何々道府県協和会支会設置規程　例

第一条　本会ハ事業遂行上必要ト認ムルトキハ支会ヲ設クルコトヲ得

第二条　支会ハ警察署管内ヲ単位トシ事務所ヲ警察署内ニ置ク
管内ニ在住スル外地同胞少キトキハ警察署管内ヲ一単位トシテ置クコトヲ得
前項ノ場合ニ在リテハ主タル地ノ警察署内ニ事務所ヲ置ク
第三条　支会ニ支会長以下必要ナル役員ヲ置ク
支会長ハ所轄警察署長ノ職ニ在ル者ニ就キ会長之ヲ委嘱シ其ノ他役員ハ支会長ノ推薦ニ依リ会長之ヲ委嘱ス
職員ハ支会長ヲシテ之ヲ命免セシム
第四条　会員ノ指導保護ニ従事セシムル為指導員及補導員ヲ置クモノトス
指導員ハ支会長ノ推薦ニ依リ会長之ヲ委嘱シ補導員ハ支会長之ヲ委嘱ス
第五条　支会ノ経費ハ本会ノ交付金其ノ他ヲ以テ之ニ充ツ
経費ノ交付ニ関スル規定ハ別ニ之ヲ定ム

以下に京都府協和会の事例を具体的にあげておきたい。先にもふれたように京都府協和会は一九三六年一一月に創立、発会式は翌年一月二七日におこなわれ、活動を始めていたが、中央協和会が結成される一九四〇年頃には組織的にも整備され、その構成は次のようなものとなっていた(2)。

会長　　一名　(府知事)
副会長　三名　(京都市長、府学務部長、府警察部長)

常任理事　　三名（京都府社会課長）
　　　　　　　　（京都府特高課長）
理事　　　　三名（府市関係者）
評議員　　一三名（府市関係各課長その他）
幹事　　　三七名（うち二七名は各警察署長、一〇名は京都各区区長）
指導員　　九五名（日本人方面委員等）
補導員　二二一名（朝鮮人有力者）

　このときの京都府下の在日朝鮮人は五万八二三〇人、戸数一万五三〇二戸に達していたという。府段階におけるこうした構成の中では機能的側面を最も重視してみておかねばならないが、『京都府協和会要覧』によれば評議員会は年一回開催されるだけであり、幹事・指導員・補導員が実質的な仕事をしていると会則に規定されている。その一二条に「幹事ハ会長ノ命ヲ承ケ事業執行ノ任ニ当ル」と明記されているから、必然的に警察署長たちを中心とした幹事を中心に運営されていったことがわかる。さらに、警察中心の運営をおこなわれていたことは協和会の支部の構成をみれば一層明白になる。

　支部は警察署の管区ごとに作らされていた。したがって京都府協和会は二六支部に分けられていた。支部規約には事務所を管区警察署内におき（第一条）、支部長は警察署長（第六条）をもってあてること。そして支部長が「会務ヲ総理ス」（第一一条）と規定している。実に協和会の支部は支部長＝警察署長の意のままに動くように仕組まれていたのである。

支部の具体的役員配置を京都市内の平均的と思われる松原支部の例をとって検討してみよう。松原支部管内には一九三七年六月末現在、一二五〇人が居住していたが、これに対し、

支部長	（警察署長）	一名
副支部長	（警部）	一名
常任幹事	（特高係長、警部補）	一名
幹事	（第一、第七社会館長）	二名
〃	（司法係警部補）	一名
〃	（特高係巡査部長）	一名
〃	（司法係巡査部長）	一名
〃	（特高係巡査）	一名
〃	（白川派出所外勤巡査）	二名
〃	（今熊野派出所巡査）	二名
〃	（本町南派出所巡査）	二名
	幹事計	一二名
賛助員	（日本人民間人）	五名(3)
〃	（朝鮮人居住者）	五名

市部で在日朝鮮人が比較的少ない松原支部ではこのような状態だったが、在日朝鮮人が五〇〇〇名以上も居住していた西陣、堀川、七条、下鴨、伏見、太秦の各支部では駐在所巡査の名前が幹事に含まれていないが、かわりに特高課員、および特高課外勤巡査が五、六名配置されている。専任的に在日朝鮮人対策にたずさわっていた部分と考えてもよいであろう。特高課が相当の力を入れて在日朝鮮人対策にあたっていた姿がうかびあがってくる。また、在日朝鮮人が多く居住する地区には賛助員(指導員)も平均八名位にふやされて配置されていた。

また、いわば縦の組織によってのみ協和会は機能していたのではなく、在日朝鮮人には横の連絡をとることを禁じていながら活発に横の連絡をとり具体的な運動を推進していった。この京都府の場合でみれば府特高課長などを中心にした常任幹事会、特高課内鮮係の実務者たちの内鮮問題主任者協議会、警察署長たちが集る支部長会などがあった。この他にも指導員会、補導協議会が開催されていた(4)。

以上のように協和会と警察機構は形式的に別な組織形態をとっていたが、実質的には一体となり、警察の下部機構そのものであったと規定できよう。

こうした警察の協和事業への取組みは特別高等警察課の強化があってはじめて保障されたものである。この特別高等課内鮮係の増員、ないしは人員配置は在日朝鮮人の多い地域にそれぞれ割当てられ、あるいは強制動員労働者の多い北海道や、福岡県などに重点的に配置されているのであるが、これを在日朝鮮人が最も多く居住し、一九三九年には二七万名以上に達していた大阪府の場合でみると次のようになる。『大阪朝日新聞』の一九三九年一一月四日付によれば、この年の一一月に内務省から大阪府警察部に新たに内鮮係として警視一名、警部補二名、巡査二六名の割当てがあったと記録されている。この時点での大阪府における朝鮮人に対する府警組織は、警部三名、警部補二名、巡査部長五名、巡査二三名の合計三三名であったとされている。さらに加えて、各警察署ごとに特別高等課内鮮係員が計約一四〇名（兼務を含む）もその任に当っていたとされている。したがって大阪府の全警察機構を合計すれば在日朝鮮人対策に一七〇余名がたずさわっていたことになる。彼らは、朝鮮語の研修なども受けており、その対応は日本人の想像以上に厳しさをもっていたといえよう。在日朝鮮人に対してはこうした警察組織だけではなく、府社会課員や、在日朝鮮人対策用の隣保館が設置され、そこで職員となっていた人々もいた。したがって、これらの人々と警察係員を加えれば、およそ、一〇〇〇人に一名の割合で官側が在日朝鮮人に対応していたと考えられる。こうした対応をさらに補強する意味での警視の増員等は内務省の朝鮮人管理強化を明示したものにほかならなかった。同時にそれは協和会の組織強化にほかならなかった。

なお、警察官の増員は全国的に重点的に配置され強化されていくが、この時期における内務省警保局、各府県警察の内鮮警官の拡充については荻野富士夫『特高警察体制史』にその増員状況について明らかにされている。これによれば一九三九年に全国で警部以下三五七人が、四〇年には一三三〇人、四一年には二四〇人が増員されている。

その後も増員・強化されていくが内務省警保局作成の『終戦各種書類綴』一九四五年の朝鮮人視察要員配置内訳によれば表1のようになるが、警部補、巡査、嘱託合計で一〇二七名となっている。本資料の備考には在住推定人員二〇〇〇人に巡査一名という数字があげられている。なお、嘱託のう

表1　朝鮮人視察要員配置内訳（主要府県のみ）

	警部補	巡査	嘱託
北海道	2	18	4
東　京（警視庁）	5	46	9
京　都	3	34	7
大　阪	15	152	31
神奈川	3	30	6
兵　庫	6	63	13
愛　知	7	68	14
広　島	4	40	8
山　口	7	66	13
福　岡	7	75	15
全　国　計	79	830	168

ち通訳も嘱託数と全く同数の一六八名がその職にあったとされている。ただ、この数字には実際の協和会の指導にあたった協和会の幹事（警察官）は含まれておらず、例えば、一九四〇年現在の兵庫県協和会の支会の幹事（警察官）数は二〇五名となっており[5]、本表中の六三名より大幅に多数の警官が協和事業にたずさわっているのである。これは専任的でない他の職務を兼務している者や、一般巡査が入っているためだと思われる。したがって実質的には協和事業を担当した警官は一〇二七名より多く二倍から三倍に達する警察官が在日朝鮮人対策の任務についていたとみられ、在日朝鮮人一〇〇〇人に一人の割合で協和事業を遂行していたと思われる。

これは協和会が在日朝鮮人に対し強力な統制、抑圧をおこなうという機能をもっていたということを示すと同時に、日本社会と切り離し、独自の戦時統制をおこなうことによって戦争体制への参加を進めようとしたものにほかならなかった。

なお、協和会支部役員中には原則として朝鮮人の参加はなかったと思われるが、例外的には一部地域では、副支部長や、幹事に朝鮮人が〝登用〟されている事例がある。これは埼玉県協和会比企支部結成役員名簿による（「埼玉県協和会比企支部の結成」『新編埼玉県史、資料編24　近代・現代6』所収、資料番号五八）。

3　協和会組織下の在日朝鮮人

(1)協和会指導員

協和会支部、分会の活動は警察機構と密接に結びついて実施されたが、その末端組織として、在日朝鮮人大衆との中間に位置する指導員・補導員が任命され、〝幹部〟として協和事業の推進にあたった。対象とされ、指導員・補導員とされた日本人、朝鮮人は、とくに朝鮮人の場合は指名されれば断われるような性格のものではなく、いわば命令として指導員・補導員にならされた。以下のこの指導員・補導員の役割についてふれておきたい。

協和会を組織する際の雛形として示された支会会則では、「第八条　本会ハ会員ノ指導・保護ニ従事セシムル為指導員及補導員ヲ置ク」とされている（『協和事業彙報』一九三九年一〇月号による）。ここでは明確に指導員・補導員を区別していない。すなわち朝鮮人か、日本人かを明らかにしていない。したがって指導員といっても各県で独自に対応していたようである。例えば京都府の場合は指導員は日本人有力者・朝鮮人使用企業主・方面委員等で、朝鮮人は補導員という名で呼ばれていた。神奈川県の場合のように、指導員は警察の内鮮係員クラスの者がそう呼ばれていたところもある。大部分の府県では指導員＝日本人、補導員＝朝鮮人と位置づけられていた。だが、この場合、民間日本人指導員の場合、ほとんど〝名誉的〟あるいは〝名〟ばかりで、時々、講演会の講師等の役目をはたしていたのみで、実質的には警察の内鮮係員の幹事と朝鮮人有力者の指導員・補導員によって協和会の活動は推進されていった。

だが、こうしたばらばらな組織のされかたでは〝十分に〟在日朝鮮人を戦争政策に協力させることが困難であった。ために、全国的に統一した形で朝鮮人の中から〝指導員〟を置こうとした通牒が「協和会支会指導員設置奨励ニ関スル件」(一九四三年四月二二日付、厚生省・警保局発)であった。この通牒にある「協和会支会指導員設置奨励要綱」によれば「専任指導員」を置くことを決め、「指導員ハ原則トシテ朝鮮人ヲ以テ之ニ充ツルコト」として、この指導員は有給であった。ここでいう有給の指導員は一九四三年度から実施され、日本の敗戦まで続いていく。指導員のありかたも戦時体制の進行にともなって変化していくのであるが、この基調は単に、在日朝鮮人の量的増大によってもたらされているということではなく「教化指導ノ徹底ヲ期スルノ要愈々緊切ナル」という立場から指導員制の強力な展開の必要が認められたからである。

以下にとりあげようとしている兵庫県協和会における指導員は、はじめから在日朝鮮人有力者たちによって構成されていたのである。また、ここで兵庫県協和会の例をとりあげるのは、大阪府・神奈川県とならんで、兵庫県協和会が最も古い歴史(一九二五年設立)をもっていることや、その活動が活発であったことにも理由があるのだが、もう一つの要素となったのは兵庫県協和会の活動を示す官側の記録が残されているからである。

兵庫県協和会では一九三九年八月、すなわち中央協和会が組織されて二ヶ月後から、各支会(警察署管内)から集めた協和事業実施状況報告を集録し、それを謄写刷りにして各支会に返送し、活動の参考にさせていた。ところがこの方針はすぐに変えられた。すでに発行されていた『兵庫県社会事業』に「便宜上登載」することになったのである。他府県でも協和事業実施状況報告は発行されていたと思われるし、また、『協和事業年鑑』にもそれらが集約されて掲載されているのであるが、

表2　兵庫県下各支会幹事並に指導員数

支会名	幹事数	指導員数	支会名	幹事数	指導員数	支会名	幹事数	指導員数	支会名	幹事数	指導員数
灘支会	8	25	菊水橋支会	4	6	網干支会	4	10	龍野支会	1	17
三宮支店	4	37	兵庫支会	9	26	那波支会	6	14	赤穂支会	4	3
相生橋支会	2	14	林田支会	3	57	佐川支会	4	4	上郡支会	11	8
湊川支会	4	9	御影支会	2	12	安積支会	2	1	山崎支会	3	1
長田支会	3	26	西宮支会	3	27	生野支会	6	7	和田山支会	1	4
須磨支会	5	14	尼崎支会	7	73	出石支会	1	4	八鹿支会	1	10
芦屋支会	3	27	宝塚支会	1	23	城崎支会	2	4	豊岡支会	3	4
伊丹支会	3	30	篠山支会	5	6	香住支会	5	6	日高支会	1	1
広根支会	3	4	佐治支会	2	4	浜坂支会	3	8	村岡支会	1	11
三田支会	7	12	三木支会	4	7	志筑支会	1	3	洲本支会	3	2
柏原支会	4	11	社支会	1	8	岩座支会	4	8	郡家支会	4	4
明石支会	3	35	中村支会	3	9	福良支会	1	4	市村支会	2	5
北条支会	2	3	高砂支会	2	14	加古川支会	3	10	計	205	770
葺合支会	6	31	姫路支会	3	18	魚橋支会	2	10			
水上支会	3	11	福崎支会	2	3	飾磨支会	5	35			

＊『兵庫県社会事業』一九四〇年七月号から。

他府県の場合、協和会の支会に配布されていたもので、また、支会といっても警察の特高課であったからほとんど外部に公表されていなかったと思われる。以下に使用する『兵庫県社会事業』という雑誌の「協和覧」は全く「便宜上登載」されたもので、その意味で中央協和会が発行していた雑誌『協和事業研究』と並んで貴重な資料であるといえよう。

また、兵庫県の場合、指導員会を中心に協和会の事業がおこなわれていたことがこの資料をみると明らかになるのである。

ところで、この兵庫県の場合、協和会の支会と幹事・及び指導員は何人ぐらいいたのであろうか。県の合計で四二支会・幹事二〇五名、指導員七七〇名となっており、この内容は前頁表2の通りである。表現をかえていえば、四二警察署管内の特高課内鮮係員二〇五名、朝鮮人指導員七七〇名という陣容であった。これは一九四〇年の春の実情であるが、この時点での県内在住朝鮮人はおよそ、九万名(一九三九年六月末で八万五三〇〇余人)に達しており、その職業構成からみれば、土木事業に従事しているものが最も多く一万八〇〇〇人、「職工」が約八〇〇〇人、「仲仕」が三〇〇〇余人といった順になっている。そして居住者の九割が神戸市内、阪神・神姫沿線の都市とその近くに住宅を確保していた。そして、そこには朝鮮人部落が形成され、大きなものだけでもおよそ二〇ヶ所にもなっていた。そこには、「朝鮮在来の特異なる風俗・習慣を保有」[6]している人々が生活していたのである。

また、協和事業のもう一つの柱となった強制動員労働者も兵庫県内に多数いた。中央協和会の一九四二年の調査では二一ヶ所の事業場名があげられている。[7]そして、その中の一一事業場を対象におこなわれた「兵庫県協和訓練隊指導懇談会並ニ映画会開催」の報告によれば、映画会に参加した人人は合計四二八〇名にも達していた。映画会は一九四二年五月一二日から二八日まで各事業場でおこなわれ、多くは夕方から映画は始められたから、二あるいは三交代で勤務していたものはこの映画会に参加していないと思われるので、実質的な強制動員労働者の実数はもっと多かったと思われる。

ともあれ、以上のような兵庫県における在日朝鮮人労働者の一般的な状況を背景としながら協和会幹事・指導員を中心に協和事業は進められたのである。

⑵指導員会の役割

指導員はほとんどが協和会の役員、すなわち、警察の内鮮係員によって指名された人々で、飯場の責任者、朝鮮人下宿屋の主人等で、日本語をよく解する人々であった。したがって、ほとんど強制指名であったからなぜ協和会の指導員になったかについて論ずることはそれほど意味のあることではなく、むしろ幹事と密接に連絡をとりながら〝なにを〟ねらった活動を協和会がおこなったかという点を検討してみたい。そこから協和会自体の活動の意図を明らかにしたい。兵庫県の場合、協和会の事業は、朝鮮人指導員を通じて実施され、それを〝協議〟し実行する機関となったのが指導員会であった。指導員会はほとんど毎月開催され、場所は例外なく警察署の会議室でおこなわれていた。その会議の様子はまず、一、皇居遥拝　二、感謝黙禱　三、国歌斉唱がおこなわれ、支会長（警察署長）が出席した場合は訓示がおこなわれて、次に〝協議〟事項に入っていった。この際の〝協議〟といっても、それは次に示す指導員会にみるごとく、あくまで「指示・協議事項」であり、ほとんど命令的指示が主要なものであった。以下に示した指導員会は、協和会が本格的活動をはじめたおよそ一年後の一九四〇年七月の兵庫県三宮支会の場合である。

三宮支会

指導員会　七月二十五日　午後七時於三宮署

幹事長外幹事、指導員二十九名列席

議事事項

一　指導員の心構に就て

二　協和国語読本に関する件

三　指導員講習会開催に関する件

四　紀元二千六百年橿原神社参拝に関する件

五　節米励行に関する件

六　生活必需品に対する意向報告方の件

七　協和会員に対する巡回診療に関する件

八　一時帰鮮証明書に貼付用写真に和服奨励の件

九　指導員訓練に関する件

十　路上に於ける納涼及屋外就寝の廃止に関する件

十一　生活改善婦人講習会開催の件(8)

表3　指導員会における指示・協議事項（1942年9月中）

	事項	項目数	主な内容
1	諸訓練に関するもの	5	指導者・青年錬成・運動会など
2	会務関係	5	会員章交付・戸口調査など
3	生活改善等	13	和服励行・衛生・犯罪防止・風俗改善など
4	教化・教育政策	10	日本精神の発揚・青年・婦人・協和夜学校・講演・映画・神社参拝
5	戦時協力関係	3	債券購入・金属供出・国防献金
6	労働関係	4	勤労奉仕・職場移動防止・時局下労務に関する件
7	渡航関係	2	「一時帰鮮」証明・不正渡航発見

＊合計は42項目となる。
＊『兵庫県社会事業』1942年12月号による。

こうした指示協議事項は、各支部でおこなわれ、それぞれ時期的な課題――創氏改名の時はその受付、徴兵制実施の場合はその実施方法など、あるいは、日常的な教化課題――神社参拝・献金など――また、講習会等さまざまな課題が協議されている。こうした県下各支部での協議・指示事項は毎月まとめられ報告されているのであるが、その内容から無作為に一九四二年九月の指示・協議事項を選択し、その内容によって七項に分類してみると表3のようになる。

この表の一九四二年九月の指示・協議事項の中から特徴をさぐりだすために七つの分類をさらに大別すると、教化・同化政策（1、3、4）は二八項目に、会務動員関係（2、5、6、7）は一四項目となる。協和会の活動の最大の重点が在日朝鮮人の教化・同化政策にあったことが明白に示されている。むしろん、会務・動員関係事項が軽視されていたわけではなく会員証の交付、戸口調査、朝鮮へ帰る時の証明の発行等は在日朝鮮人統制という視点からみれば欠くことのできない重要な課題であった。ただ、ここで指摘しておきたいことは教化・同化政策、すなわち日本人化政策がそれなりに徹底して実施されようとしていた点である。そこで教化・同化政策が、具体的にどう実施されていったかを二、三の実施報告をもとに紹介してみよう。

① 「創氏改名」

朝鮮はもとより在日朝鮮人に対しても、最も苦痛を与えながら強制されたのが朝鮮人名を日本人名に変える作業であった。『兵庫県社会事業』に報告されている伊丹支会の一九四〇年の実情は以下のように実行されていった。

まず、一九四〇年三月には朝鮮民事令の解説（朝鮮総督府が発行したパンフレットをもとにしたと思われる）が指導員たちにおこなわれ、四月には伊丹警察署管内各町村で「創氏改名懇談会」がひらかれ、それは管内九ヶ所で実施された。同時に改名手続もはじめられており、これは事務所、すなわち警察で受付事務はおこなわれ、報告には「創氏改名に関する手続代書」とあるから会員＝在日朝鮮人が行けば協和会幹事、すなわち警察官が代書して受付けたものと思われる。四月から八月までほとんど四〇件前後、人数にして一〇〇名～二〇〇名が改名手続を終わっている。この年、八月末現在では四六七件一五三八名が「改名」している。この間、指導員会では必ずといってもいいほど「創氏改名の趣旨普及徹底に関する件」という指示があり、指導員たちにもそれぞれの受持地域の創氏改名が課題とされていたのである。こうして次々と朝鮮人名を奪い、日本人名を強要し、使用させていったのである。

樋口雄一著『協和会　増補改訂版』初版第1刷正誤表

156頁　注(19)　の一文削除

206頁前より1行目「兵庫県」に注番号の（1）を付ける

270頁後より2行目「解説されているが」に注番号(9)を付ける

278頁後より4行目「通知する」に注番号（17）を付ける

上記、訂正しお詫び申し上げます。　社会評論社

恐れ入りますが、切手をお張り下さい。

〒113−0033

東京都文京区本郷
2−3−10
お茶の水ビル内
（株）社会評論社　行

おなまえ　様

（　才）

ご住所

メールアドレス

購入をご希望の本がございましたらお知らせ下さい。
（送料小社負担。請求書同封）

書名

メールでも承ります。　book@shahyo.com

今回お読みになった感想、ご意見お寄せ下さい。

書名

メールでも承ります。　book@shahyo.com

②日本語強要と夜学校

次に日本語の強要についてふれてみよう。

同化の第一歩は日本語の使用からという主旨で、協和会では早い時期から『協和国語読本』などをつくり在日朝鮮人に配布していた。これを学ばせるために兵庫県にかぎらず各地に作られていたのが夜学校であった[9]。夜学校では女性に対しては礼儀作法などもあわせておしえていたが、主要な課題の一つは日本語の学習であった。

兵庫県協和会の一九四一年度各支会における事業計画によれば県下五四支会のうち夜学校、あるいは成人教育、また、明確に国語講習会として事業計画に組みこんでいた支会は、二二支部にもなっていた。これに単に講習会として計画を提出しているなかの国語講習会も含まれていた支部を加えればさらに多く取組まれていたと思われる。例えば一九四一年度の中村支会[10]の場合は次のような様子であった。

「中村支会　夜学開講

一月中休講中なりし夜学を開講す。隔日毎に自午後七時至午後九時、主任教師としては経験ある西脇駐在所巡査藤森勇氏に委嘱し主として読み書き、珠算等を教う」。

また、在日朝鮮人男性の場合は日本人と接する機会が多く、また、職業上の必要から日本語をおぼえたが、女性の場合は朝鮮人部落の中で生活する場合、ほとんど日本語は使用しないですんだため日本語を全く解さない女性たちも多かった。かつ朝鮮人としての生活の伝統をも守っていたので協和会の婦人対策も種々考えられていた。網干支会で開かれた「協和お母さん学校」もそうした目的で開催された一つであった。

「協和お母さん学校　網干支会

時局下、播南郡網干町を中心とする海浜地方は重工業地帯としての急速なる進展に伴い、協和会員数に於ても従前の数倍を遥かに凌ぎ、尚増加の状況に在り。茲に於て網干支会は之等会員の真の皇国臣民化を図る為、積極的、あらゆる機構を通じて指導教化中であるが、今般之が一層徹底強化を期する為、村並に学校当局の協力を得て半島学童百余名を擁する大津国民学校に協和お母さん学校を本県協和教育指導要綱に基き、五月十五日より開校せる所出席率も非常に良く熱心に受講し、予期以上の成績を収めつつあり(11)」。

③神社参拝

こうした協和会の活動の中でも、毎月のように、どこの支会でも必ず実行されていたのが神社参拝運動であった。とくに毎年のことであったが、一九四一年一月一日にはほとんどが神社参拝を各支部の指導員か、あるいは全会員でおこなっている。

「西宮支会

神社参拝　一月一日　五〇〇名
各指導区毎に指導員が会員を引率して最寄の神社に参拝、神前にて皇国臣民の誓詞を朗読し忠誠を誓う。
灘支会
興亜奉公日神社参拝　一月一日　川上支会長以下五二〇名
全員八幡神社に参拝、支会長の訓示、皇国臣民の誓詞朗誦、紀元二千六百一年の記念撮影をなす」。

在日朝鮮人、朝鮮人には日本の神々を祭ってある神社を拝するというような風習はなかったし、全く無関係であった。それまで全く無縁であった「神」の前に組織的にひざまずかせたのである。協和会という強い権限をもった機関の存在が前提となってはじめて朝鮮人の神社参拝は、実行可能となっていたといえよう。兵庫県内の一〇万余名の在日朝鮮人はいうにおよばず、全在日朝鮮人が形だけはこぞって神社参拝に参加させられていたのである。

以上、在日朝鮮人の日本のファシズム運動への強制的参加の形態をみてきたのであるが、ここで、二つの問題を提起しておく必要があろう。一つは、こうした事実は日本人側に問題を引きつけて考えれば、在日朝鮮人に対するファシズム体制下における抑圧、加害として位置づけなければならないという点である。とくに、ここでとりあげなかった物質的な献金、慰問袋、勤労奉仕といった面も加害の側面であるが、日本人化政策、すなわち創氏改名、日本語学習、神社参拝といった、むしろ精神的な加害は、その後、戦後も深いきずあとを残しているといえる。

もう一つは、こうした加害は当時、どう在日朝鮮人の目に映じていたのかという点である。それを、兵庫県の指導員たちの発言を通して検討してみよう。

とくに、指導員がもっていた協和会に対する姿勢を検討することによって、より正確に協和会活動の実像をつかむことがある程度、可能でもあろう。

(3)指導員の協和事業観

兵庫県協和会では、ときに指導員を集めて彼らから協和事業の推進について意見を求めた。その意見のなかには、当局が気に入るようなものももちろん多く記録されているが、なかには率直な感想も記録されている。例えば「一億の国民を指導して行かねばならないときに、朝鮮人だけを集めて協和会をつくり何故に指導せねばならないのか」といった意見すらあり、全く官側の受け売りともいえない事実も記録されている。以下に特徴的な事項をとりあげてみよう。

①日本人の朝鮮人に対する態度を問題としている事項

「朝鮮人の認識を内地人も新たに願いたい」という日本人の朝鮮人に対する認識を問題として発言しているのは一九四〇年一一月に開催された「兵庫県協和事業指導者養成講習会」において指導員の主要意見としてまとめられている中からとりあげたものである。この講習会は県下一六の会場で二日間にわたっておこなわれたが、同主旨の発言はこのうち八会場で出ている。なかには「家主が未だ協和会の認識を持っていないから之等に対しても啓蒙願いたい」というものまである。ここにみる指導員の発言は、いわば協和会のかかげた内鮮一体という論理を逆手にとって日本人の朝鮮人認識を問題にしているのである。

②会員の生活要求を代弁する指導員

この時期の在日朝鮮人は、「一視同仁」のもとに皇民とされながら朝鮮との往復は厳しく制限されていた。日本の「役所」の発行する「帰鮮証明」なり渡航証明が必要だったが規制が強かったため、前記講習会でも「帰鮮証明発給の緩和を願いたい」という要望が各地で出されている。また、篠山支会で開かれた役員懇親会では次のような要望が出されている。

「役員懇親会　十九日　於篠山町上土町集会場、出席者、支会長以下役員四名、賛助員六名、指導員並に補導員十八名

指導員より主なる希望意見

一、硅石採掘夫に対し軍手の配給を何とかして戴きたい

二、電灯なき飯場に石油を配給して戴きたい、蝋燭の入手も現在困難

三、出来れば米の増配をして戴きたい」

③協和会の指導方法の問題点

戦時下において在日朝鮮人は協和会に組織されていたが、一方では町内会隣組にも組織されていたから両方から動員を求められることがあった。

「協和会と町内会と克く連絡をして貰い度いと思います。例えば協和会の講演会があり、そして其の日に町内の防空演習があるとき、協和会では講演にどうしても来いという、町内会では日本の国と講演会とはどちらが大事かと、怒る。会員はどうすれば良いものかと随分迷ったことがある。町内会に協和会なるものを認識させる必要がある」。

「隣保と協和と両方で債券や献金といって来るので会員に不平者がいる。事業推行上困るから善処してほしい」。

会員のあいだに献金や債券、動員に対する不満があることを公然と発言しているのである。組織的問題とからませながらとはいえ当時の実情からみれば注目してよい発言であろう。

また、指導員の次のような発言もある。

「警察の方へ行った場合何か叱られるために行くようなものです。温情味を以て接して欲しい」。

これは当時の協和会での指導員の立場をよくあらわしており、上意下達の協和会組織の有様の反映ともいえよう。

④指導員の〝自覚〟に関する発言

協和会の中核的・指導的立場にあった指導員自身の協和会活動に対する意識がどのような水準かがわかるような発言をとりあげてみよう。

「指導員の申合せ事項」という中に次の二つがあげられている。二つの事項とも協和会の最重点施策の実行がどの程度のものであったが判別できる発言である。むしろ、こうした申合せをしなければならないような組織の実態があったことを示している。

「指導員の家庭に於ける和服常用に関する件

右に関しては一般会員を指導せねばならない指導員の家庭が鮮服を着用していて、他に向って和服を奨励しても何の効果もない。指導員は率先垂範すべきであるという建前から、昭和十八年三月三十一日迄（昭和十七年度中）の期間を以て各自の家庭に於ても老人、婦人を問わず和服を着用しよう。

指導員の国語常用に関する件

右に関しては大体に於て実行されているが未だ其の徹底の域には達していない。以後絶対に鮮語を使わない自覚の強固性を以て進もうと申合す。勿論指導上相手が国語を解さない場合は例外とす」。

指導員を中心にした錬成会、講習会は原則として年一回計画的におこなわれたが、月一度の管内のみの会議、あるいは各種会合への動員の〝指導〟等にそれなりに多忙であったと思われる。したがって会合への出席について次のような意見が出ている。

「指導員の錬成会は正味一日である。であるならば朝早くから始めて夜終るようにすれば一日で済む。我々は工場に勤めているので二日も欠勤することは困る」。

この発言をした指導員は結果として協和事業の会議より、工場を欠勤することのほうを心配しているのである。

以上のような指導員たちの発言のなかからは、数多くの講習会、錬成会……に参加し、かつ神社参拝をおこなっているにもかかわらず、一面では、指導員自身の家族ですらその実践が満足におこなわれていなかったことが読みとれる。典型的には指導員会における申合せ事項のなかにその姿をみることができるが、構造的には、次のように位置づけることができよう。すなわち、協和会の各種集会では和服を着て神社参拝等の実践に参加をするが、反面、協和事業の場を離れればほとんど自発的には協和会の諸課題は実践されていなかったという二重の構造をもっていたといえよう。したがって、こうした二重構造のもとでの協和事業の内実ははなはだ不安定なものであった。

4　協和会が動員した在日朝鮮人短期労働動員

本稿は日本国内でも在日朝鮮人の短期労働動員が組織的に実施されていたことを実証しようとするものである。これは大韓民国・朝鮮民主主義人民共和国での戦時強制動員数に短期労働力動員が含まれて強制動員の総動員数が計算されていること、また、強制動員数の確定は韓国・共和国とともに、日本でも算定基準の要素の一項目として日本国内の在日朝鮮人短期朝鮮人動員も対象にする必要があると考えるからである。

すなわち、韓国の強制動員総数では七八〇万四三七六人、その中に占める短期労働力動員は韓国では三六七万九三九七人と算定している。この数字には在日朝鮮人の短期労働動員数は含まれていない。一方、日本の朝鮮からの強制動員数は七〇数万人とされ、これには日本に住む在日朝鮮人の短期労働動員は全く含まれていない。特に短期労働動員については日本国内では実態が明らかにされておらず、戦時動員の中で位置付けられるべきであろう。すなわち、朝鮮からの朝鮮人動員と共に在日朝鮮人の短期労働動員も戦時労働動員数に含めて考える必要があると思われる。

韓国・共和国ともに短期労働力動員の総数に占める割合は両国とも極めて高くなっている。両国の短期労働力動員には在日朝鮮人の日本国内の短期労働動員数は含まれていない。このため日本の強制動員数は著しく両国の計算数より少なくなっている。これは日本の国内在日朝鮮人の短期動員数、動員先については全く明らかにされていないと思われるからである。日本国内の在日朝鮮人戦時短期労働力動員解明の課題は大きいといえる。

この検討を通じて韓国・共和国との動員数の差について考えると同時に朝鮮人に対する強制動員の全体像を改めて考え直す必要があると考えられる。このための第一歩として日本国内の在日朝鮮人の短期労働動員数の確定作業を試みていきたい。

なお、日本でおこなわれた在日朝鮮人に対する短期労働動員は協和会が主導し、協和会が組織し、勤労報国隊員・勤労奉仕隊員と呼ばれていた。配属先は重要国策産業であり、動員の事実は各新聞紙に美談として掲載されている。しかし、このことについての研究はないと思われる。

本稿では日本国内で実施された国内短期動員政策方針の確認と一部の実施状況についてのいくつかの事例をあげて今後の研究の手始めにしていきたい。なお、一般渡航在日朝鮮人の戦時動員についても朝鮮人の強制的な廃転業指導が存在し、その際は炭坑・鉱山等に動員された実態を明らかにするという課題がある。平時の大都市での廃品回収業は朝鮮人職業の多くの割合を占めていたが、そのすべてが日本人と共に隣組の仕事になり、朝鮮人は戦時産業に動員されたのである。これは政策としては「転換」と呼ばれ、廃品回収、日雇労働者、家事使用人等の職種である。

また、ここでいう日本の短期労働動員は一月以内動員と三月内動員に分けて分類されている場合が多く、これを総称して短期労働動員とする。韓国で短期労働動員数の基準史料としているのは日本で発行された大蔵省管理局『戦争と朝鮮統治　日本人の海外活動に関する歴史的調査』第一〇冊　朝鮮編第九分冊によっている。(12)

(1)協和会を軸にした短期労働動員

日本では協和会が設立されると同時に在日朝鮮人団体の多くは解散させられ、のちには朝鮮総督府の幹部官僚が関与して設立された団体も解散させられている。在日朝鮮人がどのようなことをしようとしても朝鮮人独自の団体設立は実質的に禁止され、協和会の実施方針が優先されていた。こうしたなかで皇民化政策や神社参拝、神社清掃が実施され、国防献金など、日本人と「同様」に戦時協力が実施されていた。協和会は警察署単位で設立され、在住朝鮮人は警察署単位に全て組織され、戦時協力が強制されていた。

こうした時期に日本の敗戦が濃厚になり、空襲が実施されるようになった。戦時末期には戦時増産、全重要工場の地下化、飛行場の建設、軍の本土防衛基地建設などが実施されたが、もっとも深刻な隘路は労働力不足であった。これに在日朝鮮人男性が動員されたのである。

協和会組織は在日朝鮮人に会員証を持たせ、所持がないと逮捕された。家族は隣組に組織され、国防貯金などに動員されたが、食糧の配給権も協和会がもっていた。動員に応じなければ直ちに監視、抑圧されることになった。男性の大半は働いていたが協和会体制下では短期労働動員であれば動員に応じなければならないような必須の条件になっていた。

なお、この在日朝鮮人短期労働動員の動員名称は勤労報国隊という名称に統合されていくと考えられるが、この動員の正式な要綱などが発見されていないため資料にある名称を使うが、以下の初期の動員については「勤労奉仕隊」などと報じられている。このため、資料のママに表現しておく。また、朝鮮からの強制動員労働者の動員期間は二年間と設定されていたがここで一ヶ月、あるいは三ヶ月を動員期間とする場合は勤労奉仕隊、あるいは勤労報国隊員と呼ばれており、ここでは在日朝鮮人短期労働動員とする。

協和会が会員を短期労働動員として動員したのはいつ頃であろうか。協和会が全国組織として発行した通達類資料が発見できていないが、最も早い時期は一九四二年初からであると考えられる。一九四一年一二月八日の日米開戦、当時の言葉でいえば「大東亜戦争」の開始があり、総力戦が求められるようになった。この直後の一九四二年一月から短期労働動員が組織的に開始されたと思われる。具体的以下のような『京城日報』の記事によって動員状況を考えておきたい。周知のように『京城日報』は朝鮮総督府の宣伝紙であり、内容は政府の意向に添った記事が大半である。ここでは記事を要約して紹介するより全文を紹介しておきたい。

「三池炭坑に八十日　汗まみれの協和会員三百五十名『東京特電』

大東亜建設戦下にただ一人の労力をも重要視される折柄、半島同胞からなる内地各府県協和会は各方面で勤労奉仕に懸命の活動を続け内鮮一体の実を挙げているが、去る一月下旬から二月上旬にかけ奈良県をはじめ熊本、福岡各県の協和会会員中堅層三百五十名が福岡県大牟田の三池炭坑に八十日間の汗まみれの勤労奉仕を行って関係者をいたく喜ばしている。

しかも、その成績は極めてよく、作業時間は一ヶ月平均八十五％であるにも拘わらず会員は九十五％の仕事を続け最優秀の能率を発揮し殊に奈良県部隊は来る十二日をもって奉仕期間満了となるが、三池炭坑の施設の優秀さと処遇に愛着を抱いて奈良県部隊百五十名中二割の三十名は居残りを続けることとなり、更に奈良県から第二次勤労奉仕部隊が赴く筈である。

右の涙ぐましい汗の報国ぶりを視察しこのほど帰京した中央協和会武田主事[13]は次の如く語った。

最近中央協和会員中堅層は各地に勤労奉仕隊を結成し農村に鉱山に報国振りを発揮しているが三池炭坑では熟練工の補助作業に真剣な奉仕を続け体力といい真面目さといい、賞賛に値するものがある。三井の労務課長も感心していました。一方、会員達も〝聞いて地獄見て極楽〟とはこの事だといっております」(『京城日報』一九四二年四月二日付。三段抜き記事としている)。

この記事からわかることは、この短期労働動員が一九四二年初から始められたこと、少なくとも四一年末から準備が始まっていたこと、三井三池は炭質が良く日本を代表する炭坑であること、石炭が戦争産業を維持するエネルギーの中心であることなどから、石炭生産に参加することが名誉である、という宣伝に役立つと考えられたのである。在日朝鮮人も動員することは以降炭坑以外にも実施された[14]。

この短期労働動員は協和会が管理動員していたことについては公文書で確認できる。ただし、この予算が当初から組まれたのではなく追加予算として組まれており、知事引き継ぎ書などの概要をまとめている文書からの発見は難しかった。以前に群馬県立図書館で閲覧した群馬県会の昭和一九年「県参事会議案」から以下のような文書を発見できた[15]。また、北海道立公文書館にも参事会記録がある。

参考資料として群馬県の事例を以下に引用しておこう。

群馬県協和会に於ける短期労働動員の予算処置

（厚）昭和十九年七月七日

内政部長　印

官房長官

昭和十九年度県費予算追加の件

本県協和事業は昭和十四年創業以来逐年順調なる経過を辿り其の実績を収め来れる所　近年各種工事事業の進展に伴い内地在住朝鮮人特に既住朝鮮人をして勤労報国隊乃至勤労奉仕隊員として更に重要産業方面に挺身せしめ戦力増強に積極的に寄与せしめると共にその勤労を通じて皇民化に徹せしむるは時局下最も緊切のことに有之而して之等朝鮮人にして勤労報国隊乃至勤労奉仕隊員として出動又は重要産業方面に転換する者に対し予め訓練を実施し置くは就労上必要なると共に一般内地人との融和を一層促進する所以にして極めて緊要に有之候所今般国庫より内地在住朝鮮人の勤労報国隊、勤労奉仕隊員等の訓練費補助として五百七拾円交付相成旨通牒有之候に付左記の通予算追加方御取計相成度別紙関係書類相添此段及照会候也

記

一金　五百七拾円也

予算額

歳入臨時部			
科目	追加予算高	既決予算高	計
第二款国庫補助金	五七〇円	三、七二四円	四、二九四円
第五項 社会事業補助金	五七〇	三、七二四	四、二九四
第四目協和事業補助金	五七〇	三、七二四	四、二九四

第一号　昭和十九年度内地在住朝鮮人勤労報国隊員等訓練費調

区分	一回の開催費	備考
会場費	一〇、〇〇円	会場費　一回　一〇円　二六回分　此金　二六〇円
食費	三四、〇〇	食費　一回　三四円　二六回分　此金　八八四円
寝具費	七、五〇	寝具費　一回　七円　二六回分　此金　六〇（ママ）円
雑費	五、〇〇	雑費　一回　五円　二六回分　此金　一三〇円

この資料からは、

①勤労報国隊の訓練、勤労奉仕隊員の労働についての訓練をおこなう際の予算処置がとられていること。

②すでに既決予算が決定されていることから、前年度からこうした訓練予算が組まれ、訓練が実施されていたこと。

③訓練が泊まり込みであったこと、食費も公費負担としたこと、参加人員なども推定できること。がわかるのである。さらに、

④なによりも、国が関与して、道府県も支援していること、協和会が執行機関となっていること。

⑤同時に群馬県のみではなく、全国の道府県の参加があり、全国規模で報国隊員の訓練が実施されていたこと。

⑥当然、在日朝鮮人に対する、訓練だけでなく実際の動員もおこなわれていたと考えられる。

どうして全国的な規模で予算を組んで訓練し、動員を考えなければならなかったのであろうか。国民勤労報国隊と勤労報国奉仕隊員の訓練の背景について検証しておかねばならない。

(2)国民総動員体制と朝鮮人短期労働動員

先の群馬県の朝鮮人短期動員関係は協和会が中心になっていた。この資料の中で勤労報国隊予算の中に国庫補助という項目があり、国の関与が短期労働動員を支えていたことがわかる。

群馬県の事例以外の資料としては『北海道参事会記録』の「内地在住朝鮮人の勤労報国隊、勤労奉

仕隊員等の訓練費国庫補助に関する件」がある（一九四四年六月一六日、厚生省県民局長より北海道庁長官宛て。『協和会関係資料　3』所収）がある。

すでに労働者不足は深刻になり、政府はさまざまな形で国民労働動員を考えていた。その動員形態は「短期労働動員」として国民に割り当てられていた。この短期労働動員はすでに労働をしている人々に割り当てられた。この割り当ては市町村でおこない、企業に動員されていった。期間は大半が三ヶ月間であり、農閑期の利用や兵役後の労働可能な労働力の動員をねらいとしていた。ここでは日本人を含めてどのような人々が動員対象になっていたのか、を確認しておきたい。

短期労働動員の種類は勤労報国隊員、会社、土建、府県、女子、学徒、季節、天理教となっている。この他に朝鮮、華人、捕虜が挙げられている。この「朝鮮」が在日朝鮮人であった。

短期労働動員の一つの資料として長沢秀編『戦時下強制連行極秘資料』がある。在日朝鮮人の短期労働動員を含む概要が書かれている。炭鉱のみの動員調査であるが典型として参照されたい。残されている資料は一九四四年の各四半期毎に集計されている（一年を四期に分けて三ヶ月毎にまとめて報告する。四月～六月、七月～九月、一〇月～一二月、一月～三月毎に集計する方式）。この資料をまとめ、作成したのは石炭統制会勤労部である。

この資料は東日本地域の短期労働動員の実体のみの実態であり、西日本地域の数字がなく、しかも石炭産業のみである。こうした限界があるものの、こうした資料による数字の積み重ねが必要な作業であると思われる。

(3)鳥取県の動員事例

以上のような活動は全国の協和会で展開されていた。一例であるが次のような記事かある。

「県下協和会会員勤労報告隊員二十一名は八月一日より二ヶ月日野郡（日野郡は鳥取県）多里村広瀬鉱山で奉仕 退山式を行い、三名が表章された」（『日本海新聞』一九四四年一〇月六日付）。

(4)日本国内朝鮮人の国民勤労報国隊員としての動員総数資料

以下の数字は極めて貴重なものと考えられる。一応、動員数の協和会として総数が示されているからである。ただし、一九四三年九月末までの総数である。この資料は『昭和十八年度事業現況』（中央協和会、一九四四年三月）である。『在日朝鮮人関係資料集成　第5巻』所収、文書のタイトルは「中央協和会関係文書」一九四三年〜四四年である。協和会としてこの総数を取りまとめた数字はこれ以外には発見されていない。以下に主要部分のみ紹介しておこう。

本文書「昭和十八年度事業年報」の第二項「移入朝鮮人労務者並内地在住一般朝鮮人の銃後奉公の状況」の在日朝鮮人に関する関係部分を総数の論拠として紹介しておきたい。

「一般朝鮮人に於ても皇国臣民たるの矜持愈々《いよいよ》堅きを加え愛国的観念次第に向上し勤労奉公の美風も一般に涵養せられ銃後奉公に於いても幾多の美談・佳話を産み、殊に農繁期に於ける出征軍人及び戦没軍人遺家族に対する勤労奉仕は全国的に励行せられ其の感激は遠く第一線将兵の心情に及び一般内地人の朝鮮人観を是正する等多大の効果を齎《もた》らしつつあり。

即ち勤労報国隊を組織重要資源の開発職場方面に挺身出勤したるもの客年九月末日調査に於て其人員四十六万二十一人、勤労奉仕延人員十四万九百四十人に及これまた成績良好にして感激を集め好評を博しつつあり」

としている。この合計数は六〇万九六一人となる。この後は献金、預金、兵器権能などの金額などについて数字を示している。

しかし、この数字は一九四三年末九月までの数字で、この統計数字の集計を開始したのは一九四二年はじめからであったと推定される。この時期から協和会を中心にした短期労働動員と集計が開始されたと思われる。この一年余で四六万二一人とされている。これに一九四三年一〇月から敗戦までの動員者を含めると、さらに膨大になったと想定される。勤労奉仕延人員一四万九四〇人から見ると、強制動員労働者以外の在日朝鮮人総数の適齢人口一五歳以上五〇歳以下の在日朝鮮人の男子は全て短期労働動員者として一回以上の動員を体験したのではないか、と推定される。

⑸協和会資料

⑷と同一時期の、協和会関係資料である。この資料は勤労日数三〇日以下と三〇日以上に分けて府県別に統計にされている。ただし、府県により統計が掲載されておらず理由は不明である（樋口雄一

編『協和会資料集　第1巻』緑蔭書房、一九九五年、三五七〜三六〇頁所収)。

この協和会を中心にした勤労奉仕隊、勤労報国隊の在日朝鮮人動員総数は六万七五五八人となる。この数字は一九四三年一〇月末の数字で、以降の動員が最も強化された時期の資料は発見されていない。しかし、一九四三年一一月から一九四五年八月一五日まで一〇〇万人を超える在日朝鮮人が日本国内で動員されたことは確実であったと思われる。単純に比較はできないが、朝鮮からの強制動員者七二万より多い人々が動員されていたといえる。もちろん、動員日数などの違いがあるが、

①強制動員は二年間であり、比較すると少ない日数であるが、動員された人々にとり負担になったこと、

②怪我、死亡事故などがあったと思われること、

③賃金などは日本人と差があったのか、

などについてはこれからの課題である。

表4・5の地方協和会勤労奉仕状況調(三〇日以下)と勤労報国隊供出状況調(三〇日以上)をまとめてみると、表6・7となる。これは一九四三年一〇月取りまとめ分である。したがって動員が継続していたと思われる一九四三年一一月から四五年八月までの約九ヶ月分は集計されていない。この時期は国内全国で展開されていた地下壕建設、工場疎開、軍事施設の建設など国内労働力不足は深刻で、男子労働力の多くは動員されていた。なお国民義勇隊の構成員は高齢の男性と女性により構成されるようになっていた。朝鮮人も対象になり、勤労報国隊への動員は拡大していた。

協和会が中心となった動員も実施されていた一九四三年一一月以降の具体的な動員数は明らかでな

表4　地方協和会勤労奉仕状況調（勤労日数30日以下）

1943年10月取纏分

	昭和16年			昭和17年			昭和18年		
府県名	期間（日）	供出当初人員	延人員	期間（日）	供出当初人員	延人員	期間（日）	供出当初人員	延人員
北海道							1-2	22	22
青森							1-14	129	1111
岩手							1	45	45
宮城	1	5	5	1	16	16	1-6	279	339
秋田				17	230	364	10-17	205	935
山形	2	48	96	2-3	34	82	2-3	59	161
福島									
茨城				1-5	526	944	1-5	635	1012
栃木				4	26	96			
群馬	1	159	159	1	88	88	1	50	50
埼玉								20	1840
千葉	1-3	458	796	2-10	439	1488	1-5	467	1205
東京	9		721	33	4729	4729	1-30		7615
神奈川									
新潟									
富山									
石川									
福井									
山梨									
長野	1	194	194	1-4	287	383	1-3	513	776
岐阜				1			1-10	70	264
静岡									
愛知	5-30	566	9388	10-20	1220	21923	8-30	425	7717
三重							1	137	137
滋賀	1-5	1228	1585	1-7	1312	1913	1-5	1682	2525
京都									
大阪							1	278	3802
兵庫	5	60	300	1-7	80	6153	1-10	90	5865
奈良	2-5	200	600	2-5	2500	10000	2-5	4500	14000
和歌山									
鳥取							1-3	367	571
島根							3-20	188	1338
岡山	1-23	1110	1237	1-23	1567	1943	1-16	2157	3252

広　島									
山　口				25	223	7960	7	1500	4500
徳　島									
香　川									
愛　媛	1-2	576	836	1-2	1250	1490	1-2	618	952
高　知	1	170	170	1-2	115	150		52	732
福　岡									
佐　賀	2-4	383	503	2-6	424	694	1-4	588	732
長　崎				1-7	321	481	1-12	981	2821
熊　本	1-3	440	985	1-7	687	3217	1-10	1489	12082
大　分	1-3	860	1267	1-3	980	1650	1-3	1450	1980
宮　崎	1-3	352	498	1-2	281	314	1-4	421	657
鹿児島	1	126	126	1	70	70	1	850	850
計			19465			66274		20367	79889

表 5　勤労報国隊供出状況調（勤労日数 30 日以上）

1943 年 10 月取纏分

	昭和 16 年			昭和 17 年			昭和 18 年		
府県名	期間（日）	供出当初人員	延人員	期間（日）	供出当初人員	延人員	期間（日）	供出当初人員	延人員
北海道				40-80	20	880	30-60	52	1705
青　森									
岩　手							150	3	450
宮　城							30-60	15	600
秋　田									
山　形									
福　島									
茨　城							30	960	6800
栃　木									
群　馬				20-80	75	3240	30	10	500
埼　玉							150	20	3000
千　葉	30	1	30				30-150	13	630
東　京									
神奈川									
新　潟									
富　山							60-150	120	1344
石　川							30	100	3000
福　井									

山梨									
長野									
岐阜				40	38	1520			
静岡				90	126	2141	180	49	5270
愛知				40-90	142	12990	30-120	414	24060
三重							30	50	1500
滋賀				40	66	1640	60	79	4740
京都							60	30	1800
大阪				80	141	1280	60-150	1896	127310
兵庫							60-80	30	2060
奈良	60	150	900	60-80	110	7140	37-150	89	8409
和歌山									
鳥取	35	2	66						
島根				120	68	8160			
岡山				30-40	30	1020	30-120	248	14610
広島				25-40	614	25550			
山口									
徳島									
香川									
愛媛	40	35	1400	30-40	22	690	60	106	6230
高知									
福岡				50	1776	88800			
佐賀							620	55	3120
長崎	40-90	183	12100	24-60	28	986	20-60	114	5559
熊本	40	20	800	30-120	622	31170	40-70	153	7660
大分				40-60	227	9490	40-60	213	11740
宮崎				30-40	30	810	60	63	3780
鹿児島	40	16	640	40	69	2760	60	203	12080
計		407	15936		4104	209227		5089	279767

＊ 昭和18年度は計画分を含む。
原表は府県名別に集計されているが省略した。

動員数が多いのは都市部である。最大は大阪で12万余になっているが、具体的な実証が必要である。

記録されていない県がある。理由は不明である。

数字が会わない、不明な点がある。

＊『協和会関係資料集』第1巻、緑陰書房、1995年

い。しかし、一九四三年一〇月までの六七万五五五八人の動員数以上の動員が実施されたと思われる。

この動員者は日当が支払われていたが、軍に献金を要求されたりしており生活の維持に役立つものではなかった。また、この動員中に負傷、死亡した事例もあると思われるが一部実態がわかるのみである。

共和国、韓国では国内動員の数を強制動員数に入れており、日本国内の在日朝鮮人の動員も動員数の対象として取り上げることが必要と思われる。ただし、年間を通じた労働動員、朝鮮からの強制性のある動員などと短期の日本国内での朝鮮人動員は区分して取り上げるべきであろう。

この数字は延人員であり単純に朝鮮からの動員数とは比較できない。いずれにしてもこれからの実態解明と課題について検証作業が必要である。こうした作業を通じて日本人の強制動員認識を改め、動員数認識の差を検討し共通認識と事実の確認を進めていく必要があろう。

表6　地方協和会勤労奉仕状況調（勤労日数30日以下）

昭和18年度取り纏め分	
年度	延べ人員
昭和16年度分	19,465
昭和17年度分	66,274
昭和18年度分	79,889
計	165,628

＊昭和18年度分は計画数を含む。

表7　勤労報国隊供出状況（勤労日数30日以上）

昭和18年度取り纏め分	
年度	延べ人員
昭和16年度分	15,936
昭和17年度分	209,227
昭和18年度分	279,767
計	504,930

＊1943年11月以降の数字は発見されていない。一般的に1944年以降に勤労動員は強化され、日本人の動員数も多くなり、朝鮮人数も動員数は増大したと思われる。
＊表6・7の総計670,558

⑹短期労働動員犠牲者について

在日朝鮮人の短期労働動員の実施機関は協和会であり、さらに具体的に協和会がどのように動員者を決め、動員をおこなったのか、具体的な労働について分析する必要がある。延べ人員にしても大量の動員であり、怪我人や死亡者がいたと考えられるが、それらの具体的な数字も明らかにする必要がある。

膨大な在日朝鮮人労働者動員の存在は確認できるものの、その動員者の犠牲者についての調査・研究はされていないないし、各地に残る朝鮮からの強制動員者の労働管理簿冊資料などに存在するかどうか、非公開史料が多く確認できていない。わずかに記録されているなかで、日本国内で最大の動員地になっていたと考えられる三井三池炭鉱で、美談として広く紹介されている四人の犠牲者の事例を紹介しておきたい。

事故は門司から動員されていた勤労報国隊員が地下〇〇〇〇尺で四人一組で働いていたが、炭層に鶴嘴を入れた途端に落盤が起き大落盤が起きて三人が即死、一人が重傷を負った。氏名以下、記事でわかる範囲では以下のとおりである。

新本	朱揚華	三六歳	慶尚南道金海郡	出身	犠牲 死亡
青松 澤	方晩澤	二三歳	同 咸安郡	出身	犠牲 死亡
桑山正雄	鄭鳳仁	二一歳	慶尚北道金銀郡	出身	犠牲 死亡

金山知玉　金知玉　二一歳　慶尚南道宣寧郡　出身　重症

この死亡者の葬儀は事故後、すぐにはおこなわれず、動員出身地の門司に帰りおこなわれた。十数日後に門司に帰り、五月二三日に市長や警察署長が出席し、協和会主催で一〇〇〇名余が出席し、東本願寺で実施されたと報じられている(16)。

この資料に見られるように、この動員が協和会が中心におこなわれたこと、各地の工場、中島飛行機など日本各地に在日朝鮮人が動員されていたこと、などで他にも犠牲が存在したと考えられる。他にもこうした事例があったと考えられ、これからの課題である。

補論　朝鮮から日本に動員された短期動員労働者

この実態は全体像が明らかになっていない。確認できた動員の概要のみについて述べておく。出典は新聞記事である。この概要をまとめて見ると次のような内容である。

(1)日本国内航空機製造工場への動員

朝鮮には陸軍造兵廠があり、そこに働いていた青年工員たちがいた。この青年たちは生産特攻隊を結成していたが、このうち五〇〇人が日本国内の航空機製造工場に動員されたのである。この動員期間は六ヶ月であったとされている。これを報じた新聞記事には、空襲で一人が死亡したが、他の青年たちは工場で働き続けるという決意が書かれている（『朝日新聞』一九四五年三月二五日付　南鮮版「頑張り競争」記事）。

今のところこうした短期労働動員の記事は他には見つかっていない。

⑵宮崎県兒湯郡高鍋

動員地　江原道　江原道中堅婦人養成所女子青年隊の女生徒

動員人数　一九四四年一二六名で実施。一九四三年度にも実施

動員日数　六〇日間　一〇月二三日春川出発　一二月二二日帰着

（『朝日新聞』一九四四年一〇月四日付　中鮮版「婦人養成所から内地にお加勢」記事）。

この他に日本全体に展開した朝鮮農業報国青年隊が日本各地に送られた。研究論文がある。

⑶証言　姜徳相

私の父は田無の中島飛行機工場に動員された。私が細倉鉱山に疎開する前であったが父の証言では「空襲で防空壕に避難していた女学生に爆弾が落ちてたくさん死んだ」と良く言っていた。

話者　姜徳相　二〇二〇年三月九日、ご自宅書斎にて伺う

聞き手　樋口雄一

〔注〕

（1）旧内務省資料、米軍接収文書マイクロフィルムから。

（2）『赤松前知事、川西知事事務引継書』一九四〇年四月現在。

（3）京都府協和会の場合、府協和会の組織構成のなかに指導員（日本人）、補導員（朝鮮人）がおかれており、ここでいう賛助員は実質的には指導員をさすものと思われる。この人選は支部独自におこなわれ、ここでいう賛助員の任命は支部長・警察署長がおこなっている。

（4）以上は『京都府協和会要覧』一九三八年一一月刊によった。これには支部役員名まで具体的に記載されているが、ここでは省略した。

（5）一六九頁の表を参照されたい。

（6）「兵庫県協和事業対策委員会」における県社会課長の発言から『兵庫県社会事業』一九三九年八月号所収。

（7）しかし、多くは事業場名のみで連行された人数は明らかになっていない。米軍接収文書『協和事業関係書類』所収、「移入朝鮮人労務者状況調」による。

（8）『兵庫県社会事業』一九四〇年九月号。

（9）例えば三重県協和会の夜学校の活動事例が『協和事業彙報』一巻二号に「夜学塾児童・父兄座談会」としてのせられている。

（10）『兵庫県社会事業』一九四二年四月号。

（11）『兵庫県社会事業』一九四二年七月号。

（12）韓国の研究者たちは大蔵省管理局が作成したこの文書を使用している。強制動員、特に短期労働動員の数字はここからの引用であるとされている。この資料は復刻されている。

（13）記事にある武田主事とは武田行雄で中央協和会指導者の中心人物、後の日本初の厚生省協和官。彼は日本各地の強制動員現場や労務関係会議に出席、発言している。彼は厚生省の係官というより、植民地支配についての専門家、関係著作も多い。協和会が刊行したパンフレットの執筆、協和会の機関紙『協和事業』などにも書いている。

（14）当然であるが日本人も短期労働動員に広範に参加させられた。参加させられた範囲と業種については労働力不足が深刻で範囲は戦期末になるにしたがい拡大された。

（15）群馬県『県参事会議案』昭和一九年を群馬県立図書館で閲覧したものである。知事引き継ぎ書は閲覧させないところもあるが参事会議案原稿は大半が閲覧できる。参事会は一定予算以下で正式な議会で議決する以前に議決し、執行できるシステム。正式な県議会では遠方の議員も多く、参事会員として選出された議員が議決した。しばしば重要な議決がおこなわれている。

（16）『京城日報』一九四三年五月二九日付「尊き鶴嘴戦士の殉職―奉仕戦完遂　門司の報国隊」による。他にもほぼ同様の記事がある。

第八章　皇民化政策の展開

　ここで協和会体制下にどのような皇民化政策が実施されたかを事実に即してふれておく必要があろう。それは戦時体制下に在日朝鮮人にどのような〝義務〟が課せられたかを明らかにすることにつながるからである。また、この皇民化の事実は前述した協和会の組織的展開とともに日本人に全く知られていないか、あるいは忘れられているからでもある。

　ここでとりあげるのは協和会活動が、まだ本格化したばかりの一九四〇年四月から四一年三月末までの一年に各県協和会で実施された諸活動の記録である。これは『協和事業年鑑』一九四一年版によるものでこの中からそれぞれの特徴的事項をごく部分的にとりあげる。

　しかし、それは全国で共通に実施された施策であり、以後毎年強化されていった諸事実であること、日本の敗戦が近くなるにしたがって、それらの施策の強化と新たに在日朝鮮人にも徴用、配給・切符生活への組み込み、隣組への参加から徴兵にいたるまで義務として朝鮮人に課せられるのであ

群馬県における護国神社造営のための勤労奉仕

る。

以下に各事項ごとに協和会体制下に在日朝鮮人に何を強要したかについて検証しておく。

(1)神社参拝

皇民化の柱として「聖地参拝」、すなわち神社、天皇の陵墓の参拝がさかんに実施された。報告されている事例では支部ごとに幹事（特高課員）の引率のもとに伊勢神宮や近在の神社参拝をおこなっている。愛知県協和会では一年に支部単位の神社参拝は七三回におよび参加者は補導員、青年部員、女性等で少ない場合は一〇人から五〇〇〇人まで、あるいは会員の全員参加によっておこなわれている。神社は伊勢神宮、護国神社、熱田神宮や、地域の代表的神社である。参拝者は神社内清掃奉仕をおこない、宮城遥拝、武運長久祈願を実施した。報告されているのはごく一例であり、大阪、兵庫県などの例では伊勢神宮ばかりでなく東京に行き、靖国神社や明治神宮、宮城参拝までおこなっているのである。

神社参拝は協和会支部活動の中心とされていき、各支部は毎月一回は近在の神社に参拝し、参加人員などが記録報告されているのである。

(2)朝鮮人家庭に対する「神棚奉斎」

各県ごとに神棚の設置数、未設置数をあげているが、この段階ではまだ未設置家庭の方が多いが各家庭に神棚購入の斡旋、配布をおこない、のちには神棚設置率は高くなっていく。しかし、神棚設置ができない家もあり、一定程度にとどまっていたと考えられる（二三一頁を参照されたい）。

(3)各種勤労奉仕

当時、日本人社会でおこなわれていた勤労奉仕はいうにおよばず、むしろ、日本人より広範囲に、組織的に動員されたのが在日朝鮮人であったといえよう。それは支部（警察署）の強力な指導があったことによる。神社参拝のおりの清掃奉仕はいうにおよばず、愛知県協和会の場合は軍人遺家族家庭の労力奉仕に二六回にわたり一六三七人が参加している。在日朝鮮人の多くが農民出身であったために、水田の除草、桑園の手入れ、稲刈などで能率があがったとされている。軍部作業労力奉仕は八回にわたって三五二人が参加し演習地の整備などをおこなっている。京都府協和会でも軍人遺家族労力

京都府協和会宇治山田支部の勤労奉仕

奉仕は二二三三回、参加者一万三〇一九人に達している。

こうした事項の他に全国で道路改修、川浚、荒地開墾、軍関係土木工事などが勤労奉仕という名で無料で在日朝鮮人に強要されたのである。日常の勤労以外にこれらの労働が課されたのであるからその負担は大きかったものと思われる。

なお、勤労奉仕などは以後も強化され、地方協和会勤労奉仕状況調[2]によれば一九四一年度は全国で一万九四一五人が勤労奉仕をおこない、翌年には六万六二七四人が、一九四三年度には七万九八八九人（以上は延人員）が参加したと集計されている。

「勤労報国隊供出状況調」によれば勤労報国隊制度ができてから勤労日数三〇日以上参加した人々は一九四一年度が一万五九三六人、翌年が二〇万九二二七人、一九四三年度には二七万九七六七人にも達した（以上は延人員）。

富山県下の在日朝鮮人女性の慰問袋作成

(4)軍事献金・献品の強要

在日朝鮮人は戦時下といえども賃金差別をうけていたし、その収入も少なかったが献金は各支部で競うように集められたと思われ高額に達している。

愛知県の場合、この時点で在住人口は一一万六〇〇〇余人をこえていたが、国防献金、飛行機献納金、恤兵金、義損金などの名目で総計二万一四八口、八万三八六二円余を集めているのである。

先の一一万六〇〇〇余人から働いていない女性と子ども約四万八〇〇〇人を除けば六万八〇〇〇余人となり、実際働いていた人々から一円以上の寄付金をとったことになる。これがこの年ばかりでなく毎年実施されていたのであるから多額に達し、飛行機献納では全国から五三万円が集められ、陸海軍に協和号と命名した飛行機が献納されているのである。

愛知県で献品としてあげられているのはリンゴ一三箱、慰問袋一五一八個、鉄屑七五貫、菓子、白米などであり、他県の場合、慰問袋が主なものであった。

はじめのうちは個人的献金の寄付であったが、支部全体で一日労働に従事し、その賃金を国防献金として献納するといったことや、各支部が競争で献金額をほこるという事態にもなり、日本の敗戦まで献金募集は強力に進められた。これらの献金は日本人の間には〝美談〟として宣伝されていった。

(5)各種皇民化講習会への動員

在日朝鮮人に対し、実に多面的な講習会がおこなわれたが、その主要なものは、第一に一般的な「日本精神」を学ぶ講習をあげることができる。これは神社参拝や軍事教練をともない、多くは支部長（警察署長）の講話で終わるというコースである。

石川県協和会中堅人物養成講習会

第二に多く開催された点からいえば国語（日本語）の講習会であり、各支部で一週間に一、二回、夜間におこなわれるのが普通であり、ここでは協和国語読本を用いて実施された。婦人なども対象とされ、大阪府ではこうした講習が三三七四回開催され、受講者は六一一〇人であり、週二回おこなわれたと報告されている。

日本語学習―協和会兵庫県姫路支部夜学校の婦人部授業風景

第三に婦人を対象に徹底して実施された講習会に和服の着付、裁縫講習会がある。これは朝鮮服のチョゴリとチマを着ている女性が多く、いわゆる「朝服」着用禁止にもかかわらず「悪風」が改められなかったため実施された。地域によっては簡単服講習会も開かれている。これは各支部でくりかえし実施されたがそれほど効果をあげることができなかったと思われる。

第四にあげることができるのは日本式礼儀作法講習会の実施である。家庭での作法から、日常のあいさつ、日本のひなまつりといった習慣、習俗にいたるまで、日本人の生活習慣をそっくり〝教化〟しようとしたのである。これは、朝鮮人の結婚式を神前婚にするといった処置までとられており、講習会では日本人国防婦人会員や警官が実施指導をするという方法までとられた。

講習会への動員とともに講演会、映画会も実施された。講演と映画は同時におこなわれることが多く、神奈川県協和会の場合、「協和事業に関する精神訓話」と映画。「父は九段の桜花」「暁の門出」「のらくろ上等兵」「新興の朝鮮」などであった。会場は学校や、協和会支部のおかれている警察署内でおこなわれることが多かった。他府県もほぼ同様であったが、広島県では朝鮮人で陸軍中佐になっていた金錫源を呼び講演をおこない（福山支会など）、映画も「奥村五百子」「軍事援護に関する映画」「僚機よさらば」といった教化政策色の強いものを上映していた。

右：三重県桑名支会の日本料理講習会
左：滋賀県大津支会の礼儀作法講習会

(6)教練・団体行動訓練の強化

和服着用や日本語の強要は女性を主な対象におこなわれたが、男性に対しては教練が課せられた。それは各支部ごとに主に在日朝鮮人青年が集められ、神宮・皇居遥拝、皇軍兵士に対する感謝黙禱、国歌（君が代）・皇国臣民の誓詞の朗唱、のちに教練をおこない、神社を参拝して終わるという場合が多かった。時に応じて訓話や軍歌を歌うこともあり、都市部で居住密度が高い地域ほど活発に実施された。大阪府協和会

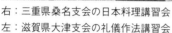

富山県協和会の在日朝鮮人教練風景

の場合、こうした教練、訓練は一二五六回、一二万六一人が参加したとされている。この他に府協和会主催で体育大会が開かれ、これには各支部から二万五〇〇〇人が参加したとされている。一九三九年三月一九日、大阪西部矯風会では各署管内矯風会（この時点まではまだ矯風会と名乗っていた）から参加した青年二〇〇〇名によって団体行進をおこない、署長より訓示をうけたと写真入りで報道されたこともあった(3)。

この教練・団体訓練は「団体的精神の重要性・即ち国家観念」をうえつけるのに有効な方法であるとされ、日本人と同様の「協同犠牲」の精神を強要することに目標がおかれたのである。一九四二年五月、朝鮮人も徴兵の対象になる徴兵制の実施が閣議決定されると青年たちに対する訓練もさらに強化される。一九四三年五月には「内地在住朝鮮人壮丁錬成に関する件」が各地方長官、すなわち協和会会長に通知され、長期、継続的に訓練が実施されていく。

(7)強制動員労働者に対する協和訓練

日本国内に連行されてきた労働者は、その労働の他に日本語の学習や、教練、神社参拝、精神訓話をきかねばならなかった。これに作業訓練などが加わった。一応、『協和事業年鑑』には各県別訓練状況が報告されているが、実質的には目前の生産増強に動員され、これらの協和会主導の訓練がどの程度実施されたかについては疑問であるが、日本語の理解程度によって給与に差をつけたり、指導的立場に立たせるなどの方法をとるなどの手段で皇民化が強制動員労働者にも強要された。兵庫県では生野鉱山、明延鉱山、峯山金山、などの鉱山や、播磨造船などで日本語学習や精神訓話をおこなっていたと報告されている。

また、高知県富岡鉱山では強制動員労働者三一名に対し、

「渡航当初ニ作業実地訓練ニ重点ヲ置キ現場ハ小頭ヲ以テ之ニ当テ国語ハ金班長並ニ竹森国民学校訓導ヲ嘱託、所長之ヲ統括シ一般訓練規律、勤倹貯蓄、相互扶助ノ精神昂揚ニ努メ朝鮮新聞二種、月刊雑誌二種ヲ与ヘ巡回映画ノ招聘ト共ニ慰安並ニ資質向上ニ努メツツアリ」

という訓練をおこない、同県加枝発電所工事場に働く三二一人の労働者に対しては強制的ともいえる貯金もおこなっていたことを次のように記している。

「訓練科目中修身国語ニアリテハ専任、副指導員之ニ当リ随時訓練トシテ夜間班長ヲシテ之ニ当リ規律訓練ハ毎日正午ヨリ一時間指導シ興亜奉公日ハ君ガ代斉唱、国民儀礼、誓詞ヲ斉唱ノ上就業又貯蓄ヲ奨励十月末日ニハ総額六千九百二十六円六拾五銭其ノ人員二百六十八名、十一月三日

上：福島県磐城炭砿における強制動員労働者の運動会
下：長野県犀川電力会社の朝鮮人強制動員労働者の日本語学習後の黒板には「皇国臣民の誓詞」と書かれている

滋賀県大津支会の女性着付講習

ニハ内鮮相撲大会ヲ開催シ内鮮偕和ノ実ヲ挙ゲタリ」。

高知県ではこの他に四ヶ所の事業所で皇民化のための訓練がおこなわれていたが、強制動員労働者の多かった北海道や福岡県ではさらに多くの事業場で訓練が実施されていた。

(8)朝鮮人女性への和服着用訓練

男子朝鮮人労働者の場合は、その労働と差別のなかで日常的に朝鮮服を着ることは少なかったが、女性は朝鮮服を着用しつづけていた。これが皇民化をさまたげる要因であると決めつけられ、朝鮮服の洋服への改造、和服の着用が強制された。この施策はかなりの支部で徹底して実行されていき、それなりの「成果」をあげるが朝鮮人女性たちの抵抗にあい、和服への着替は進まなかった。

協和会子供教室（大阪府協和会今宮保育所）

⑼日本語使用

「言語の相違は皇国臣民として相互間の意志の疎通をかき、日本精神を把握する上にも支障を来す処」であるから協和事業のなかでも重点施策の一つとなった。むろん朝鮮語使用は禁止された。この場合も、男子より女子から老人までに講習会等を通じて強要された。児童には就学が奨励され、そこでの国語の学習が日本語を習得する近道であった。しかし、家庭内では大半の人々が、朝鮮語使用が一般的であった。

⑽朝鮮人に対する税収奪

朝鮮人の多くは税金を支払えるほどの収入のある者は少なかったが、国民の義務として納税思想の普及がおこなわれた。むろん、納税しなければならない人々もおり、それらの人々には納税組合を組織し、納税を義務化する施策が実施された。在日朝鮮人の生活用具であったリヤカー、自転車にも税がかけられていたが、これを滞納する人に対しても集税が実施された。

⑾生活統制・地域改善の実施

主に集住地区内の清掃、塵箱設置、室内便器使用禁止、種痘の実施、ラジオ購入奨励、お墓の居住地設置奨励、標札の作成など多方面にわたり、日本人と同様な生活様式と習慣を朝鮮人にも要求した。ここにも朝鮮的なものの否定と日本人生活様式への転化をもとめる方針が貫かれ、巡回、監視がおこなわれたので次第に朝鮮人社会に浸透していった。

⑿貯蓄奨励

戦時軍費不足を補うために、日本人に貯金が奨励されたと同様に、朝鮮人にも貯金、国債、公債を買うよう指導された。各県支部ごとに貯金高と人数が報告され、各支部・分会幹事も積極的に集めたため、相当高額の貯金をする者もおり、広く実施されるようになった。この貯金は強制動員労働者の場合は給与から天引され、その通帳は会社側で所持し、引き出す自由はなかった。一般在住朝鮮人の場合も引き出しは自由であったものの奨励はされず、一部では通帳を指導員が預かるなどの処置がとられていた。国債、公債を買っていたものは日本の敗戦により、ただの紙くずと同様になってしまった。

⒀福祉・保護施策の実態

この時期になると各地に建てられていた協和館、隣保館における福祉政策的な面は名目的に課題

和服や水兵の姿をさせた皇民化政策下の保育（山口県協和会昭和館）

としてあげられているのみで、施設は一部託児施設を除き、教化施策を実施する際の会場となっていた。協和会幹事（警察官）による生活上の指導による統制的側面が強くなっており、それは、朝鮮へ帰国する時に必要な帰鮮証明の発給などで協和会の統制を強める役割しか果たさなかったと思われる。

託児所、住宅改善、就職相談、人事、医療保護策などはごく名目的におこなわれ、報告されているにすぎない。それは、大阪府、兵庫県、神奈川県等の主要府県で実施されているにすぎず、大部分の府県では中央協和会に報告できるような事業は実施していなかったと思われ、事実、前記、『協和事業年鑑』に見るべき施策は報告されていないのである。在日朝鮮人生活困窮者は一般的な労働力不足や、日雇賃金の上昇でかろうじて生活は維持され、また維持できない場合は朝鮮人相互の助け合いによって克服していたのが実情である。

ただし、転廃業者（物資統制・不足のため、呉服、小売商店、接客業者、古物商人など商行為ができなくなった人々。日本人、朝鮮人ともに）に対しては折からの労働力不足をおぎなうために就業の斡旋をおこなっていた。在日朝鮮人の場合、廃品回収業に従事していた人々が多かったが、これらの人々は物資統制が実施され、廃品回収の鉄・銅などが隣組を通して供出されるようになると廃品回収そのものが成立しなくなり、このため協和会はこれらの人々を鉱山軍事工場に就職させるという機能を果たしていったのである。福祉といった事項ではなく戦時労働力再編の一翼を協和会組織がもっていたからにほかならない。

⒁会員証交付

一九四〇年、中央協和会から四五万部の会員証が発行され、府県協和会・支部を通じて在日朝鮮人に配布された。会員証は正会員（世帯主）と準会員（世帯主に準じて働いているもの）に配布され、女性、子供、世帯主でない無職者はこの対象からはずされた。

会員証には写真が貼布され、本籍、現住所、氏名などが記載され本人確認の手段とした。会員証には君が代、皇国臣民の誓詞、なども掲載されていた。各支部には会員証交付台帳がそなえつけられ、会員管理の主な手法となった。この会員証は一九四一年三月、国民労務手帳法が公布され、朝鮮人にもこの手帳が交付された。労働者の移動防止や賃金統制に役立たせようとするものであったが、これにより朝鮮人は二冊の手帳を所持しなければならないことになった。朝鮮人が協和会会員証や労務手帳を所持していないときは強制動員労働者の逃亡者ではないかと疑われて取締りの対象となった。なお、会員証を所持していない場合は雇用しないなどの処置もとられた。なお、会員証は朝鮮人学生、医師、教師、会社員などインテリ階層のものには所持が義務づけられていなかった。

⒂在日朝鮮人に対する宣伝施策

中央協和会が刊行していた『協和事業彙報』『協和事業』『協和事業研究』『興生事業研究』は、協和会の指導機関、指導者（警察署員・特高課員）によって読まれていたが、一般、在住朝鮮人に対しては『協和叢書』（全一八冊）や『協和国語読本』、創氏改名時には改名手続を書いたリーフレットが会員個人にまで配布された。大阪では天皇誕生日、その他の祝日にはそのつどチラシが配布されたりして在日朝鮮人教化をはかった。協和事業に関する映画「日の丸綴方」や、神奈川県の場合各支部の活動状況を映画にしているところもあり、講演会の時などに利用されたりした。

以上のような施策の他にも、在日朝鮮人学生対策や学校教育において協和教育がおこなわれた。とくに小学校入学奨励と入学後の日本人化——皇民化教育は徹底しておこなわれた。

＊以上、特に出典を付してない引用、数字などは『協和事業年鑑』一九四一年版によった。

〔注〕

（1）『兵庫県社会事業』各月別協和会活動報告による。各支部で競争するような形で報告されている。

（2）内務省警保局『協和事業関係書類』所収。

（3）『大阪朝日新聞』一九三九年三月二〇日付。

第九章　協和会体制下の在日朝鮮人の抵抗

1　在日朝鮮人部落の積極的役割

一九四五年以前の在日朝鮮人は、その住宅差別、賃金差別から分散して生活することが困難であり、多くが大小はあったが、朝鮮人のみの居住区を形成して生活を営んでいた。むろん、混住している場所もあったが例外的で、そこも朝鮮人多住区であることが多かった(1)。

この朝鮮人多住区―朝鮮人部落は、一般的な評価―日本人側からすれば、そこは貧しく、不潔であり、その状況は「悲惨」とさえいえる状態であった。とくに官憲側の資料、協和会の側からの評価でいえば朝鮮人部落は好ましいものではなく、不良住宅地区として、あるいは治安上の理由から部落自体の撤去が望ましいとされていた。協和会の課題としても住宅改良などがあげられていたのもこのためであった。

たしかに朝鮮人部落には生活の貧しさが存在していたが、それのみではなく、そこには朝鮮人、朝鮮民族としての生活や朝鮮人同士の助け合いが存在したのである。

(1)民族的伝統を保持しつづけた朝鮮人部落

日本各地の主要都市には必ずといってもいいほど朝鮮人部落があるが、これが成立したのは戦後混乱期に大都市を中心に集住地区ができた場合もあるが、多くは一九四五年以前である。

渡航してきた朝鮮人にたいして就業先の企業、あるいは政府が住宅についての保障をしなかったことも朝鮮人部落成立の条件でもあったが、もっと基本的な要件としては、日本人家主が朝鮮人に家を貸さなかったことをあげることができよう[2]。

住む所がなかった朝鮮人は多くの場合、日本人が住めない場所、土地の所有関係が明らかになっていない所、国有地や河川敷などに住宅を自身の手で建てていく。都市土木工事にともなって作られた飯場にそのまま住みついた場合もあるが、自力で建てたといっても資材もなく、寄せ集めた材料であったため、バラック、掘立小屋といった建物が多かった。数戸の朝鮮人が定住すると、そこに他から職業をもとめて来た人々が加わり、職業が確保されるかぎり戸数が増大し、朝鮮人部落として形成されていくのが一般的傾向であった。

こうして成立した朝鮮人部落に日本人住宅が入りこむことは少なく、いわゆる混住するような状況はあまりみられないのは現在の状態と大きく相違している点であろう。この朝鮮人によってのみ構成された条件の中で朝鮮人としての生活が営まれる。朝鮮での生活の延長線上に、その風俗、習慣、言語が活かされていた。一九三七年六月の『改造』に「朝鮮人聚落を行く」というルポルタージュを書いた張赫宙は多摩川沿いの砂利労働者の生活を次のように表現している。

「砂利の山かげにうずくまっている人影がある。黒い裳衣に白い上衣のは女だ。上下とも白いのは男である。よくみると子供もいる……」

として、さらにこの風景は張赫宙の郷里、大邱と同じで、あたかも大邱にいるような錯覚をおぼえ、朝鮮人部落の中に踏みこんだときには、朝鮮にいるかのような感じをうけ「会話は全くの朝鮮語だ。朝鮮漬物も、唐辛味そもある」と朝鮮人部落に朝鮮の風俗と習慣が生きている様子をきわめて明るく表現している。こうした情景は全国に共通してみられ、そこに住む人々は朝鮮の文化と伝統を保ちながら生活していたのである。

このごくあたりまえともいえる朝鮮人としての生活それ自身が積極的な意味をもつようになる。意味をもたせたのはほかならぬ日本政府の内鮮一体という言葉に表現される皇民化政策であった。

大阪府内鮮融和事業調査会が発行したレポート『在住朝鮮人問題と其の対策』（一九三六年刊）の中では、在日朝鮮人部落について次のような評価をくだしている。

「大阪では五十戸以上の集団朝鮮人部落は一三七ヶ所あり一戸平均八人余が密住し、而も集団的に居住し、朝鮮在来の特異なる風俗・習慣を保有し、低級なる生活を営むもの大多数をしむるが、故にこれが生活圏は内地人の生活圏と益々分離し、内鮮人間の精神的阻隔を一層増大しつつあり、いわゆる朝鮮人部落、朝鮮人市場、朝鮮人料理屋街等の発生は其の著例なり」としている。続けて調査会の方針としてこうした朝鮮人部落の状況を根絶するために明確に内鮮一体化＝同化の方針をうちだしている。いうまでもないが同化は、朝鮮人民衆の伝統と融合するなどということでなく日本の風俗・習慣に同化させるという一方的なもので、朝鮮人の風俗・習慣の一切を否定するところから出発している。朝鮮人の風俗・習慣を最もよく保持していた朝鮮人部落は「内鮮人間の精神的阻隔を一層増大」させるものとして位置づけられているのである。

したがって協和会体制下におこなわれたのは朝鮮人名を日本人名とすること、にんにく常食禁止、朝鮮式食器、朝鮮服、朝鮮語……など朝鮮と名のつくような習俗はいっさい認められなかった。かわりに日本人名や、日本料理講習会、和服講習会、神社参拝……が活発に実施され朝鮮人の上におしかぶされたのである。

このような日本政府下の協和会の政策過程は、当然のことながら朝鮮人からさまざまな形の抵抗を呼びおこす。この拠点となった朝鮮人部落について朝鮮人民衆のもっていた風俗・習慣という伝統と政府の同化政策とのからみあいを検討するなかでその果たした役割についてふれてみよう。

(2)助け合いの場としての朝鮮人部落

言葉も十分に使えず、不案内な日本に渡航したとき、頼ることができたのは同じ同胞としての朝鮮人以外になにもなかった。日本渡航直後から就業できるとはかぎらず就職情報を得るためにも朝鮮人部落はなくてはならない存在であった。これを一九四五年以前の在日朝鮮人調査報告のなかでは、ユニークな評価をくだしている『在神半島民族の現状』（一九二七年刊・神戸市社会課）によってみれば、渡航者は「第一におちつく先は、職業紹介所でもなければ市立の宿泊所でもない。言い合わしたように一斉に鮮人相手の労働下宿へ流れこむ」としている。労働下宿はいうまでもなく朝鮮人部落に必ずあったもので、当初はここを経由して就職・生活をしていったのである。ここにいれば金がなくなっても、飢えて死ぬことはなかったし、故郷に送金するためには朝鮮人部落ほど生活を安くあげられる所はなかったのである。特に慣れない日本で病気になったり、働いてケガをした場合が多かったが、何の保障もなかったので、部落で知った仲間に助けてもらうことが一般的であった。将大根（三七歳）は渡航後、山梨県で雑役などをしていたが病気になってしまい貯金はなく、困窮した後に飯場の主人（朝鮮人）から一五円を借りやっと朝鮮に帰りつくことができたし、長崎で就職をさがしているうち、持ってきた金がなくなった金成信（二四歳）は帰りの旅費五円五〇銭を朝鮮人から借り朝鮮に帰れた。多くの朝鮮人が日本で金をかせぐことなどができずに帰国せざるを得なかったが、部落を拠点にした朝鮮人の助け合いによってその帰国が保障されたのである。この朝鮮人部落の助け合いの発展した形の一つが朝鮮人部落の人々を中心にした無産者消費組合の結成であった。先にあげた多摩川沿いの朝鮮人部落の人々で作られた多摩川無産者消費組合は、全協神奈川土建の指導のもとに一九三一月九月ごろから活動を開始し、地域生活に大いに役立つ存在となったし、湘南地区消費組合も朝鮮人部落の会員を基礎に作られている。

この他にそれぞれの会の性格は不明の点が多いが同郷者を組織した団体や、親睦会が数多く結成されていた。それなりの活動を展開していくがこれら諸団体も協和会の結成とともにすべて解散させられてしまう。理由は朝鮮人の独自の組織で朝鮮人の伝統を保持していたためである。

また、協和会は朝鮮人に横の連絡はとらせず協和会を中心にした縦の組織以外は認めないという原則にもとづいていたからである。

(3)部落を中心にした朝鮮人子弟教育機関

朝鮮人が定住するようになり、家族を呼びよせ生活を営むようになると、その子供たちの教育が課題となった。全国各地の朝鮮人部落で、それぞれが授業料を負担して自主的に学校を作る。

愛知県には一九三五年当時八七六六名の学齢児童がいたが、このうち、日本人学校に入学していないものは五〇六五人と高い比率をしめていた。このため朝鮮人自身が経営する学校は多くなり、愛知県内の一九ヶ所で夜学校がひらかれ、一〇四二名が学んでいた。この中には日本の学校に昼もかよい夜学校に来ている者もあったが、これは主に朝鮮語を学ばせるためのものであったと思われ、前記一九校のうち六校が朝鮮語のみを教える学校で、全国各地に広がりかつ増大する傾向にあった。朝鮮人部落の中に芽ばえたこの動きは、警察によって好ましくないものとして廃止・解散させられていくが、朝鮮語教育が朝鮮人にとって積極的意味をもっていたことについて、『特高月報』一九三五年九月号から紹介してみよう。

「学齢児童を民族的偏見に基づく潜在意識より、小学校に就学せしむることを嫌忌するに非ずやと推測せらるるものあり、又、内地在留児童等に対しては左程緊要ならざる朝鮮語を偏重し、之を教授するものの如く擬装し、陰に鮮語教育のみをなす傾向あるもの少なからず、更に教師中、言動注意を要するもの相当ありて純真なる児童に対し民族域は共産主義思想の注入に努むる等、其の弊害相当顕著なるものあり」。

この資料から解釈してみると、朝鮮人部落の中では日本の学校に行かせることを民族的立場から「嫌忌」する風潮があり、朝鮮語教育こそが朝鮮人にとってもっとも重要であるということを朝鮮人自身が感じていたということであろう。朝鮮人部落大衆は朝鮮人としての教育を望んでいたし、これが警察の眼をぬすむような形での朝鮮人部落を中心にした朝鮮人としての教育がなされていたことの動機になっていた。政府のおしすすめようとしていた同化政策にとって大きな障害になることが予想されたため、以後、全国で朝鮮人経営の学校は認めないこと、朝鮮語教育は、「絶対行わしめざること」、特に朝鮮人部落（密集地方という言葉を使っている）では「国民教育の準備訓練をなさしむこと」として日本人になる＝同化教育が徹底しておこなわれるようになる。

このような政府の方針にもかかわらず各地に夜学校が作られていく。しかし、多くの場合すぐ解散させられていくが、朝鮮人大衆の民族教育に対する強い要求をうかがい知ることができると同時に、朝鮮人部落の存在がそれを支える基盤であったといえよう。

以上のような助け合いの場としての朝鮮人部落や、民族教育を守る場としての役割の他にも、朝鮮労働組合総同盟（一九二四年設立）、あるいは日本労働組合全国協議会（全協）の活動の拠点となっていたし、戦時下についていえば強制動員労働者の逃亡を助ける有力な其点にもなっていたことも見逃してはならないであろう。

また、朝鮮人部落では禁止されていた朝鮮語で自由に会話ができたたし、官憲が入り込んでこない時はチマ・チョゴリの民族服ですごすこともできた。

この朝鮮人部落に対しては、たえず撤去、移動解消の動きがあった。

(4)朝鮮人部落撤去と朝鮮人部落大衆の動き

朝鮮人部落そのものが撤去された原因をあげればおおよそ次のように分類できよう。

①日本政府の政策にもとづくもの

例えば戦時下、米軍の爆撃から重要工場地帯を守るために周辺に成立していた朝鮮人部落を防災地帯を設置するという名目で撤去（神奈川県川崎市）した例や、あるいは同じ川崎市における内務省の多摩川砂利採取禁止処置と関連して、これに従事している者で構成されていた朝鮮人部落の撤去などに示されている。

②行政処置によるもの

代表的な例としては東京における枝川町のように都市の美観をそこねるとして都内各地域にあった部落を撤去し枝川町に集中させたことをあげることができよう。

③河川敷や海岸など国有地・私有地の「不法」占拠、借地借家の追い立てによる場合

いわゆる借地借家紛争として官庁資料に数多く報告されている中には部落そのものの撤去という結果を生むものもあった。(3)

④日本人住民による朝鮮人部落撤去要求

風俗・習慣のちがい、「不衛生」を理由に行政当局に撤去を陳情した場合がある。

⑤朝鮮人自身の転職等による自然消滅

山中での土木工事や特定工事のため一時的にできた部落が、工事終了とともに廃される場合があった。

ここでは④にあげた日本人住民による部落撤去要求とそれに対する部落朝鮮人の対応について検討し、朝鮮人部落の積極的な役割を見出したい。

神戸市林田区重池町の一部は神戸市の市有地であったが、ここに朝鮮人部落が成立したのは一九二七年の新湊川改修工事に従事する朝鮮人が掘立小屋を作ったのにはじまり、住民から立退要求が出た一九三四年には三三戸一五五名が居住するようになっていた。この事件を報告している『特高月報』一九三四年一二月号によれば、日本人住民は「町民一般は鮮人の風俗・習慣異り衛生思想低劣なるを嫌忌し……」市に立退くように陳情している。神戸市当局はこれに応えて、この場所を遊園地

とすることを決定し、これを朝鮮人各戸につたえた。神戸市林田区の朝鮮人側住民はただちに協議し、現状維持を嘆願することに決定し代表者が市役所に社会課長をたずねて陳情し、市長には嘆願書を提出した。この内容は「立退は居住民二百名の生死の分岐にあるを以て徹底的死守を申し合せ官公署の御諒解の許に居住存続したき旨を嘆願す」といった内容であった。周辺の日本人の圧力がつよい時に示された朝鮮人部落のまとまりの強さを示しているとはいえないであろうか。同じころ金沢市犀川堤防にできていた朝鮮人部落に対する立退要求に対しては、陳情をしようとした日本人住民に対し直接三〇名がおしかけて陳情をやめるよう動きかけている。全協の煽動がおこなわれようとした等と報告されているが、むしろ、全朝鮮人部落住民の参加という状況に警察が神経をとがらせ「厳重警告」をするという状況になったとみてよいであろう。この朝鮮人の部落住民全体のまとまりこそが先にふれたような民族の伝統と言葉を守ることにも役立っていたことを忘れてはならないであろう。

「不衛生」「悲惨な状態」といわれた朝鮮人部落には、朝鮮人としての生活の営みがあり、協和会を中心にした皇民化政策が進められるもとで、その民族的立場を守る積極的役割を果たすことに役立っていた。これを朝鮮人部落の中の輝《かがや》きであったと評価してもよいのではないだろうか。ファシズム体制下の日本社会の中にあって、こうした朝鮮人部落が存在したことの歴史的意味は大きいといわねばならないであろう。

日本人にとってこの朝鮮人部落は「悲惨」としてのみ映じ、「同情」をよせる対象ではあっても、その輝きの中から学ぼうとした姿勢はごく稀で、ほとんどの場合輝きをみる眼をもちえなかったのではなかろうか。

2　協和会施策と在日朝鮮人の抵抗・非同調

協和会体制下の皇民化政策が具体的な形で朝鮮人すべてに強制されていくなかで、これに朝鮮人自身はどう対応したのであろうか。

そして、協和会を通じておこなわれた「日本人化」政策が、もし、一定の「成果」をあげているとすれば、それは日本人にとって戦時下においておこなった戦争犯罪の一つの要因として考察することをせまられよう。また、「日本人化」政策が、在日朝鮮人にとって全く形式だけの存在であったとして受けとめられたとすれば、戦時下日本ファシズム体制化の虚像を明らかにできると同時に、ファシズム体制下にあって、朝鮮人としての世界を守りつづけた在日朝鮮人の抵抗の姿が明らかになり、日本人としてそこから学ぶことが少なくないのではなかろうか。

以下にいくつかの施策をとりあげ、それに在日朝鮮人がどう対応したのかについて検証してみたい。

(1)神棚設置施策と朝鮮人家庭

協和会の組織は矛盾をもちながらも、その組織的な特徴である縦割りの直線的な指導によって、強力な皇民化（日本精神をもつ人間づくり）政策をおし進めていく。この日本精神を学ぶためにとられたのが、神社参拝等にみられる敬神政策であった。「皇国臣民ノ精神涵養ニハ敬神崇祖ノ念ヲ厚カラシムルヲ以テ第一トシ」とされて、協和会組織を通じて全在日朝鮮人に神社参拝と神棚の設置が強要された。そもそも朝鮮人家庭には神棚などというものは皆無であったし、新たにそれを設置しなければならないような必然性は全く存在しなかった。

にもかかわらず、朝鮮人家庭への神棚の設置は進められ、愛知県の一九四〇年現在の神棚設置数は六二七五戸、未設置数は七一二四戸あったと報告されている。この神棚設置数は各県協和会が集計報告していること、各県とも「極力」設置を指導し、かつまた購入を斡旋し、加えて、それを説くのが特高課内鮮係の警察官であったとすれば、もはやそれは義務化されたものとしてみてもよい神棚設置政策であった。しかし、このような強要にもかかわらず「労働階級等ニ徹底セザル状況」(愛知県協和会)や、極力意を用いているが「尚徹底セズ」(京都協和会)という状況であった。これは、少なくとも朝鮮人の側から積極的に望むかたちでは、受入れられるような状況ではなかったことを示しているといえよう。むしろ、「本運動ハ自覚ニ基キ自ラ奉斎セシムル様指導セザレバ却テ不敬ニ当ル処モアリ」(愛知県協和会)としているように、その「自覚」が進まなかったことを示している。さらにこの実情を神奈川県協和会の神棚奉斎運動状況の報告では、

「懇談会、幹事会竝ニ幹部ニ通ジテ敬神崇祖ノ念涵養ニ務メ居ルモ、未奉斎者中ニハ真ノ肇国精神ニ則リ敬神ノ観念ニ乏シク、指導者ヨリノ受動的観念ニヨルモノ大部分ニシテ、尚一層ノ積極的指導ヲ要スルノ実情ナリ」

としている。(4)
すなわち、敬神崇祖の念を涵養しようと努力しているが大部分は受動的であったと述べているのである。これを神棚がおかれた側の、すなわち朝鮮人家族の側からみた感想を在日朝鮮人作家李恢成は次のように語っている。

「……親たちの生活からして民族的なものがかき消えたわけではありませんでした。これは完全に同化できるわけがないんです。たしかに親たちは協和会という翼賛団体に組み入れられて家には神棚なんか飾ってあったけど、その家の中で親たちは禁じられた朝鮮語をしゃべっていました。そして山奥のタコ部屋から朝鮮人が逃げてくればかくまって逃してやったりする。つまり家の中は絶対に同化しない朝鮮人の何か強いものがあったと思います(5)」。

まず、むずかしい精神訓話より形式から、「日本人のまね」から学ばせるというのが協和会の基本姿勢であったが、まさに朝鮮人家庭のなかの神棚は義務化された形式としてのみ存在していたにすぎなかった。神棚設置はさらに広く朝鮮人家庭に設置させるようになっていった。しかし、その神棚も敗戦という日本の権力の背景がなくなり、協和会が解体されると同時に、朝鮮人の家庭から消滅してしまったのである。神棚になんの愛着をももちえなかったためである。家庭という朝鮮人の世界は戦時下においても健在であったといえようが、この朝鮮人世界を支えたものに朝鮮語の世界が存在したことをあげることができよう。

(2)日本語強要の実態

朝鮮語の使用禁止が厳しく実行されたことには、それなりの理由があった。それは朝鮮語が民族の心を表現する手段でもあったし、朝鮮人としての共通の認識をもつ上で欠くことのできない要素であったためで、朝鮮語を朝鮮人からとりあげないかぎり、協和会の目標たる日本人化政策は考えられなかったことによった。したがって協和会事業のなかでも日本語教育は特別の意味をもっていた。日本式な食事のしかた、髪の結いかた、神社参拝等は、形式そのものを何度も反復しておこなわせることによって、日本精神を学ばせることができると考え、実行されたが、日本語教育は、そのような形式を覚えることからでは何の効果もあげることができなかった。それは、日本人の思想、伝統等すべての徹底した日本人化の総体として表現されるものであった。日本語学習の程度は権力にとって日本人化の度合をはかる基準ともなった。

したがって「国語普及」には並々ならぬ努力がはらわれた。『協和国語読本』というテキストやパンフレットが作られた。無数の講習会が開かれた。

しかし、朝鮮人から朝鮮語を取り上げてしまうことはできなかった。

この理由はこの時期の在日朝鮮人が朝鮮で生まれ、育った人々であったこともその一つの理由ともいえようが、基本的には日本における在日朝鮮人の存在形態が朝鮮語から彼らを引き離さなかったためである。先にもふれたが、在日朝鮮人の生活（居住形態）や、労働形態から、その朝鮮語の使用形態について検討してみよう。

まず、居住の形態からいえば、それぞれの地域で特定地区に集中して居住していた。この最大の理由は、日本人側が、朝鮮人に対して「朝鮮人と沖縄人はおことわり」という貸家の看板が公然とかかげられたことに示されるように、その住居を貸さなかったことによる。このため、特定地区、すなわち、所有関係が明確でなく、低地等条件が悪い場所、あるいは河川敷に集まることになり、いきおいそこに他の者も来て住居を広げていった。あるいは、土木工事の飯場、工場の社宅、無人で放置されてしまった家などを中心に朝鮮人が住み、朝鮮人部落が成立していく。大阪の鶴橋、下関の東大坪、神奈川県の桜本町などがそういった地区であり、東京都の枝川町は行政処置によって作られた朝鮮人の町であった。全国の大都市周辺にはこのような朝鮮人部落が数多く成立した。このような朝鮮人人口が主流をしめる部落で生活するうえでは、日本語は不要であったし、生活上の相談や、仕事のこと、世間話は朝鮮語で十分であった。また、料理の材料も朝鮮式のものが置かれるようになっていた。具体的に「国語習得」事業をすすめていた神奈川県協和会の実践の中でも、

「真に必要を感じて習得する者は案外少く、また国語を習得せずとも生活していける様な暮らし方をしている者が案外に多いのである……密住地区に住んでいる老人や婦女子は一日中一言も内地の言葉を使用せずに生活していけるということである。又、砂利採取や土木工事に従事している人々などは僅々五語か十語位の言葉を利用できればそれで何年も不自由しないということである[6]」

とされていることにも証明されよう。

次に、労働の形態でいえば、朝鮮人が職業を得る場合、多くが官庁のおこなっていた職業紹介所などをたよるより、親戚、知人を頼って就業していたこと、朝鮮人の職業のなかで最も高い比率を占めていた土木工事に従事している場合は、朝鮮人親方を中心にまとまって就業し、集団として行動しており、特に日本語が話せなくとも労働・就業にはさし障ることはなかった。他の労働についても必要な一〇語・二〇語の単語を覚えればそれでよかった。日本の労働市場で日本語が堪能にこなせることは就業条件をよくする場合もあったが、多くの場合、朝鮮人に対する就業差別があって決定的な要因とはならず、朝鮮人の側から日本語を系統的に学ばなければならない必然性はなかった。

したがって、協和会が日本語の「理解程度低級ニシテ、タメニ内地人間ノ精神的疎隔ノ素因ヲナセリ」(兵庫県協和会)としながらも、この時期においてその居住形態と労働形態をそのままにしながらでは、日本語の講習会をいくら徹底しておこなったとしても、内鮮一体＝日本人化はいっこうに進まなかった。山口県協和会における日本語強要の状況は次のようなものであった。

「国語ノ普及徹底ニ付テハ本会並ニ支会ニ於テ極力努力シツ、アルモ一般ニ未ダ十分ナル成果ヲ見ルニ至ラズ、殊ニ老人及婦人ノ指導ハ困難ナル現状ニ在リ、……町内会、隣保班常会等ニ出席ヲ督励シ内地人トノ接触ヲ密ニスル等其ノ指導ニ努力シツ、アリ」(7)。

ここに示されているように、日本人と接する機会が少ない者ほど日本語学習は進まなかったため、朝鮮人家族、集団のなかでは朝鮮語禁止処置にもかかわらずその使用はいっこうに減少しなかった。協和会が総力をあげておこなった「日本人化」政策の柱としての「国語学習」は、多少理解できるものが増えたとしても、朝鮮人の朝鮮語を媒介とする朝鮮人の世界はなくならなかった。

少なくとも皇民化、内鮮一体化のために朝鮮語を学ぶという積極性がみられず、その施策に同調、協力はしていなかったのである。

(3)造り続けられた濁酒(マッコリ)

濁酒というのはいわゆるドブロクのことで、にごり酒ともいわれている。小規模に家のかたすみのかめに簡単に作ることができる。在日朝鮮人が多くなるにしたがって朝鮮人の住む部落が形成され、そこで売買されるようになったのがこの濁酒であった。みつからなければ酒税もかからず、比較的に安価に作ることができた。在日朝鮮人の生活では、諸々の差別をうけて苦しく、はげしい労働をいやすには、濁酒は数少ない楽しみの一つとなっていた。濁酒そのものの製造は禁止されていたのだが、ことさら「犯罪」として取締りの対象になっていくのは、ファシズム体制下における在日朝鮮人に対する「生活刷新」「生活改善」という名の皇民化政策が強化されるようになってからである。濁酒取締りで各部落ごとに検束される者が出るようになるのは、協和会がすべての在日朝鮮人を組織するようになった一九三九年ごろからである。

ここで濁酒取締りの事実をあげるだけであれば、わざわざとりあげる必要はないのだが、次のような点に注目したいのである。

濁酒取締りを推進した協和会の支部では、在日朝鮮人有力者のなかから指導員（補導員ともいわれた）という名の協和会への協力者を指名していた。この指導員を集めおこなわれていたのが指導員会である。この会は各警察署の特別高等警察内鮮係が直接指導し、いわゆる協和事業の第一線に立ち、一般会員を指導するという役割を負わされていた。この活動を示す資料はほとんど残されていないのだが、部分的に残されている資料として『兵庫県社会事業』（月刊）の「協和覧」に協和会の事業がとりあげられ、指導員会に対する「注意・指示事項」があるのでこれによってみよう。この「注意・指示事項」は毎号のように掲載されているのだが、その中に必ず「濁酒取締」「濁酒密造禁止」の一項がとりあげられている。しかも、一九四〇年から確認できる範囲である一九四八年までの指導員会の指示事項の中にくりかえしこの一項が含まれているのである。そしてこの指導員会の指示にそって濁酒取締りが実施される。

一九四〇年二月一五日、兵庫県協和会芦屋支会では指導員会が開催されたが、その協議事項の中に「賭博濁酒禁止の件」があった。そこでは「之に就ては屡々《しばしば》注意を促すも未だ励行されないので違反者は連行する位の気持をもって厳重注意せられ度」と、まさに「連行」という警察用語を使い取締りを命ぜられている（『兵庫県社会事業』一九四〇年四月号）。

また、兵庫県協和会伊丹支会では、一九四〇年四月に一五〇名の在日朝鮮人が銀輪（自転車）をつらねて神社参拝におこなったことと併せて次のような濁酒取締りの実情が報告されている。

「濁酒密造の検挙　四月十二日

幹事長・幹事三　指導員三名

指導員として協力して管内居住朝鮮人の密造酒の検挙を為したるところ　長田村里山李順徳外二名を検挙せり」（幹事長・幹事は警察官、管内とは警察署管内のことで、協和会の活動といっても、単なる指示、協議ではなく、実体は「検挙」という実質的な警察の取締りそのものであった）。

その後、アメリカと開戦し、挙国一致体制・ファシズム体制が強化され、在日朝鮮人も動員され諸取締りは強化される。だが、『兵庫県社会事業』の協和覧にみるかぎり、濁酒取締りについての指示はいっこうに減少していないのである。一九四二年の毎月の協和覧の「指導員会における指示ならびに協議事項」には必ずとりあげられている。在日朝鮮人はいくら指示を受けても濁酒製造をやめなかったのである。この濁酒製造をやめないという事実に着目したい。濁酒製造をやめなかった在日朝鮮人社会には、日本の支配政策・日本人化や生活改善指導を受けつけず、むしろ否定した次元にその生活の基調があったのではないか。たしかに濁酒製造はその朝鮮人にとってみれば生活を維持する手段であったという面もあるが、それを支えていたのは朝鮮人社会・部落であった。

反面、同じファシズム体制下にあった日本人の社会にあっては、濁酒をつくり、それを密かに楽しむことをしたり、また、仮に濁酒を作ってもそれを実際に売買するということはなかったのではないか。むしろ、戦争協力に励んでいたというのが実情ではなかったのか。明らかに日本人社会と在日朝鮮人社会の間には戦争協力に対する対応のちがい、距離があり、在日朝鮮人社会には非同調の部分が存在したとはいえないであろうか。

この在日朝鮮人社会の非同調行動について、東京府の有力な協和会指導員であった金鐘在は、その自伝的記録『渡日韓国人一代』の中で次のように語っている。金鐘在は日本の大学に入学し、日本人との交流が多かったが、協和会補導員（指導員と同じ）になってから在日朝鮮人部落を訪れるようになり、そこで濁酒を楽しむ人々と接したのである。

「補導員という役目の手前もあって私はしばしば同胞たちの集落をおとずれるようになった。私の前には意外に新天地がひらけた。日本人の世界から隔絶していたためもあって、そこには太平洋戦争下で緊張しきっている日本とは、まったく世界を異にする素朴でゆたかな生活がくりひろげられていた。とくに夜は別世界であった。密造したマッカリ（朝鮮のドブロク）がありニンニクとトウガラシのきいた漬物があり、酔いがまわるにつれて口をついて故郷の民謡がつぎつぎに湧いて出た。日本の虐政を嘆きかなしむ青春歌も出れば、アリラン、トラジ、ノートルカンベン、遊ぶ川辺、蘇上八景、春香歌などありとあらゆる歌がつづいて、夕方六時ごろから飲みはじめた宴が午前二時、三時までつづくことがめずらしくなかった」（傍点は筆者）。

ここでは禁止とされていた濁酒はいうにおよばず、朝鮮語が公然とつかわれ、トウガラシのきいた漬物、日本軍歌ではなく朝鮮民謡が歌われていたのである。協和会が全力をあげて取締っていた諸行事が半ば公然と生きつづけていたのである。金鐘在は日本の敗戦の直前に厚生省直属の身分で長崎等の強制動員労働者に戦争協力を鼓吹するための講演に出向くなど、いわば補導員の中でも有力な人物であった。その彼をして、濁酒を楽しみ、「新天地」と認識させるような在日朝鮮人社会が存在し、それを否定しては、協和会補導員としての役割を果たし得なかったのである。この記録は、一九七八年に書かれたもので、金鐘在自身の行動を合理化している側面があると思われるが、こうした在日朝鮮人社会の「新天地」の存在が、日本の強力な同化政策にも動じない非同調部分を構成していたことの証明であるといえよう。

以上のようにごく簡明に素描を試みた濁酒をめぐって示された在日朝鮮人社会の社会的行動は、どちらかといえば「男」が中心の非同調行動であるといえようが、以下に女性に対する和服の強要をめぐって女性たちが示した行動について検討してみたい。

(4)和服強要政策の中で

当然のことともいえるが、ファシズム体制のもとでは、民衆に対する服装の統制も次々と実施されていった。一九三九年に厚生省と国民精神総動員中央連盟によって国民服が制定された。さらに一九四二年からは衣料の切符制度が布かれて服装統制は厳しくなった。この場合男子の服装はそれほどの抵抗もなく身につけられていったが、女子の場合は簡単にはいかなかった。もともと女性を労働力として役立て、戦時体制確立に動員するにはそれまでの伝統的和服では不適当であった。このため、国民服の制定以前から婦人服の統制が試みられていた。一九三七年には非常時婦人活動服展をひらき、愛国婦人会でも国防色（カーキ色）の木綿の上っ張りにあらため、これをモンペと組み合せる制服を作った。厚生省でも一九四二年に女性用の標準服を発表した。一九四三年には戦時衣生活簡素化要綱を制定し服装の統制を強化していった。

だが、長い伝統に支えられた女性の和服愛用はかわらず、一九四三年にいたっても断袖運動（袖をきって短くする）を展開しなければならなかった。また、モンペの着用についても民衆の評判は良くなかった。服装改善の政府案はいずれもそれまでの和服を「改善」したものにすぎなかった。それはあくまでも和服であって洋服や、ズボンの着用とは違っていた。

こうした日本人民衆に対する服装の統制が実施されるなかで在日朝鮮人女性に対しても和服着用が強制されていく。だが、こうしたファシズム体制下においておこなわれた日本人民衆に対する抑圧と在日朝鮮人女性に加えられた抑圧とは同質のものとして位置づけてよいものであろうか。

在日朝鮮人女性の服装に対する政策の基本は朝鮮服そのものの否定であった。在日朝鮮人女性はあくまでも和服（日本服）の着用を強要されたのである。それも協和会の在日朝鮮人女性に対する日本人化政策の要は和服の着用であったから厳しくその実行をせまられたのである。それはとりもなおさず朝鮮民族の服チマ・チョゴリを否定した次元ではじめて可能なものであった。日本人女性の和服着用（改善されたものであっても）とは基本的に異質な要素を含んでおり、在日朝鮮人女性にとってみれば異民族の服装を強要されたのであり、日本人女性のそれとは同列に論ずることはできない。より大きな負担を在日朝鮮人女性に強制していたことを前提に和服強要の歴史的素描を試みてみよう。

(5)和服着用の強制

在日朝鮮人女性に具体的な和服強要が始まったのは大阪であった。大阪は在日朝鮮人が最も多く居住し、全国にさきがけて各協和事業が整備され、組織化されていた。女性たちを「日本人化」させる第一の方途として和服着用が強調された。

大阪府では一九三四年九月以降、各警察署ごとに矯風会（協和会支部の前身）を設置し、在日朝鮮人の統制活動を実施していた。この会の大阪府全体の一九三六年度の事業計画の中には「精神作興に関する事業」ほか六項があげられているのだが、この中の第二項に「風俗改善に関する事業」がとりあげられている。この内容は「和服の奨励　色服の奨励　白服着用又は特異なる装身具着用禁止　火葬の励行・特異なる儀礼改良　内地作法の講習　内地儀礼の講習」などである。すでにこの段階で和服の強要が始まっていたとみるべきであろうが、これが、さらに在日朝鮮人女性大衆のあいだに広がっていくのは一九三八年頃からであったとみてもよいであろう。

一九三八年一一月一七日付の『大阪朝日新聞』によれば在日朝鮮人の投書という形をとってはいたが、「鮮服をぬげ」という投書が掲載され、「内鮮融和」を讃える主張がなされている。

この投書に呼応するかのように一九三八年一一月二七日付の『大阪朝日新聞』は朝鮮人女性の和服着用の様子を次のように報じている。

「鮮服にさようなら　艶やかな和服での半島婦人達の総会

二十六日午後一時から大阪旭区域北小学校で綱島署内半島婦人総会が開催され、一八〇〇余の婦人達が伝統の白衣をすててあでやかな和服に着がえて出席、さる七日から八日にわたって着付講習をうけ、なれないながらも明日から和服をきての日常生活などの細々と注意をうけ……」

と報じられ、いかにも朝鮮女性たちが日常的に和服を着るようになったかのように表現されている。

これが翌年の六月六日付の同上新聞には協和会泉尾支会の実践目標として「服装は八月末までに全部簡単服程度に改め九月から後は内地服（和服）に転換しないものは厳重に励行させることになっている」ということになる。ここで「厳重に励行させる」ということは「近所の同胞がチョゴリを着て歩いていたら、後から来た日本人に墨かなにか汚い水をひっかけられて、白いチョゴリをだいなしにされてしまったことがあったよ。やったのはおまわりだって……」ということであった。[8]「おまわり」が墨をかけたということは、協和会の各支部の幹事はすべて各警察署の特別高等警察課の内鮮係であったからありうることであった。こうした経過をたどりながらついに「半島婦人国民服」が作られる。「半島婦人の国民服　こんな型はいかが」という見出しで次のように発表されている。

「私達半島女性の国民服を作りましょう、と大阪府下の半島婦人十万の声に府協和会では、その型を考案中であった矢先、協和会天満支会から『こんな型はどうです』と三つの型を府協和会本部へと提出し、天満書では去る十一月中旬から従来の朝鮮服をそのまま日本式にしかも活動的に『なんとか改善できぬか』と半島同胞独自の立場から管内半島婦人千名と、また一方、堂島ビル女学院、大阪ドレスメーカーに頼んで新体制国民服型を募集中であったが二十三日までに五十着が集まったので同日午後一時半から堂島ビル女学院本間ヒデ女史、大阪ドレスメーカー瀬戸すが女史を招聘、府協和会本部から林主事、以頭主事補、特高課坂本警部補、原天満署長が同署訓示場で厳密な審査会を開き三つの型を半島婦人国民服に決定することになった。

三つの型は、一、二、三等と定め、来春一月管内一千人の半島婦人に改善仕立の講習会を開き管内全半島人が一斉に着用することを申合わせ大阪府はもちろん、内地在住半島婦人及び、全半島婦人にこの型を普及することになった」。

本格的な和服強要が始まったのである。協和会の各支部では必ず和服着用講習会が開催され、女性たちはそこに動員されていく。

(6)和服着用講習会

大阪府とならんで協和事業が早くから実施されていた兵庫県でも「和服着用講習会」は実施されていた。『兵庫県社会事業』（一九三八年四月号）によれば、伊丹支会（伊丹警察署管内）では、一九三八年三月二〇日から二八日まで、毎夜七時から一〇時まで和服着用講習会が開かれている。この出席者や講師は表1のようになっているが、「協和会ではこれを好参考として今後の施設に一層万全の策を講ずる方針であ

表1　兵庫県伊丹協和会和服着用講習会開催状況

場所	出席員			講師
	男	女	計	
伊丹町小学校裁縫室	12	33	45	伊丹裁縫女学校長校長 山下たつ先生
稲野村小学校裁縫室	26	147	173	稲野小学校裁縫教師 正木ヨシコ先生
園田村第二校裁縫室	17	35	52	園田第二校裁縫教師 倉垣八重子先生
神津村小学校裁縫室	32	173	205	神津小学校裁縫教師 岸本梅路先生
川西町裁縫女学校	42	131	173	川西裁縫女学校教諭 沢村ハナ先生
合計	129	519	648	

る」としている。

　こうした和服着用講習会は、多くは他の諸課題、すなわち、日常生活における日本式作法、日本料理（食器も含む）、日本の習慣（ひなまつり等）……と組み合わされて実施された。兵庫県の場合、一九四〇年四月から翌四一年三月までの間に、兵庫県内各支部で礼儀作法講習会が五八回開催され、四九二一名が参加し、生活風俗改善婦人講習会は四六回、二三七八名が講習をうけている。(9)

　それを兵庫県芦屋支会（芦屋警察署管内）において一九四〇年八月に開かれた講習会の概要についてみるとおおよそ次のとおりであった。(10)

半島婦人講習会　八月二十七日　自午前九時至午後一時　於小学校　支会長外二百八名出席
会議概要
　一、開会の辞　二、感謝黙祷　三、支会長訓示　四、講習
　1　和服の着付
　　各区毎に希望者三名乃至五名を教壇に於て国婦会員持参の衣類を着せ、夫れ説明を加え最後には一人に着付をなし半島婦人を介して懇切に説明を加えたるが同日和服着用の婦人十余名ありて之に対する一般出席会員の認識を昴めたり
　2　作法
　　国婦会員の和服着用の半島婦人に対し座り方、歩き方、道路上に於ける歩行挨拶の方法につき説示す

3　料理方法

料理に就ては材料、器具不揃の為単に栄養価値のある食物を摂る様に会員より説明せり

4　一般的説明

深山会長より半島婦人を通して和服の着付、作法、料理（節米）等に付き総括的に説明ありたるが会員は終始緊張し聴講せるが和服の着付に就ては試服会員より区内に於て夫れ夫れ着付の稽古をなす様督励せり

終って会員表玄関に於て記念撮影をなし散会せり

この芦屋支会の講習会の特徴をあげてみると、まず、協和会の集会で、しかも和服着用が主眼でありながらわずか一〇余名しか和服着用で出席していない。これは和服着用がこの時点ではまだスローガンで終わっていた実情を示している。また、二〇〇名近くの出席者も支会長（警察署長）の出席にみられるように警察力によって動員された女性たちであったということは、この講習が、〝あたり前のこと〟かもしれないが上からの権力によって組織されたことを示している。講習会そのものが強要されたものであった。こうした講習会は何度もおこなわれて和服の着用が推進されていくのであるが、朝鮮人女性たちの反応はどのようなものであったのであろうか。

(7)朝鮮人婦人会たちの動き

まず、『協和事業年鑑』の和服着用状況の各県別報告の中から兵庫県、大阪府、山口県の場合をと

りあげてみよう。

○「女子ハ男子ニ比シテ朝鮮服着用者甚ダ多シ但シ二十一、二歳前後迄ハ朝鮮服着用者ナク五十歳以上ハ如何ナル指導奨励ナスモ充分ナル効果ヲ収ムルヲ得ズ、其ノ着用状況ハ次ノ如クデアル

兵庫県下半島婦女子ノ総人口（三四、二六六）

内訳　内地服着用者　一二、二七二

　　　朝鮮服着用　一九、九九四（以下略・兵庫県）

○男子ハ殆ド内地服ヲ着用セルモ女子ノ内地服着用者甚ダ少シ、但シ概ネ内地服ヲ所持シ夏季ニ於テハ簡単服ヲ着用スルモノ八〇％ニ達セルモノト推量セラル（大阪府）

○強制的ニ内地服着用セザルモ……女子ノ内地服着用ハ極メテ僅少ナリ（以下略・山口県）

以上在日朝鮮人の多い三府県で共通なことは、女性に限っていえばいずれも「朝鮮服着用者甚ダ少シ」とされているようにほとんどは和服着用を実行していなかった。

兵庫県や大阪府の場合は数字をあげて和服着用者が多かったことを示しているのだが、この実態はどのようなものであったのか。これを協和会兵庫県伊丹支会の協和会書記と女性協和会員との対話を紹介することによって明らかにしてみよう。

> 服装改善に付強行手段を要望　伊丹支会（月例班長会に於ける会員と福本書記の問答抄）
>
> 福本書記　服装の改善は協和事業の根業を為すものと思うが之が改善の良策なきや。
>
> 某会員　服装の改善は協和会に於て強行手段を以て指導するの他なし、半島人婦人中には無学者多く彼等は従来の風習を棄てる事が出来ず故に和服の着用を命ぜられるも聴入れざる状態なるを以て協和会に於て全国的に中年以下の婦人は全部和服を着用せしむべく指導せられ度い、最初の中には少々不平を申立てる会員もあるであろうが之等を聴入れて指導する時は永久に協和事業の進展を妨げるであろう。（中略）
>
> 福本書記　会員婦人中には和服を所持して居乍ら常用せざるは何故か。
>
> 某会員　全国的に和服の着用が実施されない為に和服を着ると年長者達から生意気なと後指を指されるからである。
>
> 某婦人会員　私は町外に出る時は必ず和服を着て外出しますが、帰って来ると近所の者に見付からない様に早速鮮服に着替えます、内地の学校を卒業した婦人は鮮服を着ることを非常に嫌っていますが、親に奨められて何時かの間にか鮮服の常用者になって行きます。(11)（後略・傍点は筆者）

ここに浮かびあがってくる朝鮮人女性たちの「和服着用」の実情は「和服の着用を命ぜられるも聴入れざる状態」であり、朝鮮人部落に住んでいれば公式の場所へは和服を着て行っても、朝鮮人部落や社会の中では朝鮮服でなければ生活ができずに和服を「早速朝鮮服に着替え」なければならなかったというのが真相であったと思われる。先にあげられている兵庫県における和服着用者の数字はそれが正しかったとしても「公式」の場での数字と考えられ、日常的なものとは思われない。それも、学校の父兄会に参加する際に和服で行かねば教員に説教されたり、どうしても必要であった「一時帰鮮証明書」を警察でもらうためには和服姿の写真を貼付することが「奨励」されてもいたから、その一時に利用するために和服を所持していた朝鮮人女性もあった。これをも含んだ数字が和服着用者数であったといえよう[12]。

　以上は官側資料によって和服強要に対する在日朝鮮人女性たちの行動をとりあげたのであるが、和服強要に対する朝鮮女性たちの回想をとりあげてその行動が、単なる和服は「着なれていないから」「高価で買えないから」という理由ではなかったことを示したい。数多くの手記があるのだが、その一つをとりあげたい。

> 「私は日本に来ても朝鮮服を着、朝鮮の髪かざりをつけ、ゴム靴[13]をはきとうしていました。その私がはじめて朝鮮服を脱いだのは、空襲が激しくなってきた頃の防災訓練の時でした。隣組の奥さん連中がズラーッと並んで水の入ったバケツを手渡す訓練がしょっちゅう行われていて、それには朝鮮服は邪魔で仕方ないから訓練の時だけモンペをはき、家に帰るなり朝鮮服に着がえたものです。前々からモンペをはくよう近所の朝鮮人からも勧められていましたが、そのつど私は『モンペが朝鮮人になんの関係があるのですか。私はいま日本に住んでいるけど、日本人ではないでしょう。』といってやりました」（朴又連「チョゴリと着物」『季刊三千里』二一号所収）。

朝鮮服を着つづけたことをほこりをもって語り、朝鮮人であることを朝鮮服を着つづけることで守りつづけた女性の姿がここにあるといってもよいであろう。女性たちは朝鮮服を着ていることだけで日本社会の諸差別を受けることが明白でありながら和服を否定しつづけたのである。日本ファシズムが総力をあげて取組んだ在日朝鮮人の日本人化政策の中で、女性ほど朝鮮民族の伝統を守った存在はないといってもよいであろう。戦時下の朝鮮人部落の中で朝鮮語を守りつづけたと同様な意味が和服着用を拒否した女性たちにもあったといえよう。こうした女性たちの行動は日本のファシズム運動に対する「非同調」行動という側面を含みながらも、和服着用の強要を受け付けなかったという点についていえば明確に「抵抗」の姿勢をその内容としていたといえよう。[14]

以上のような神棚設置施策、日本語使用の強要、濁酒製造禁止、和服着用運動の検討を通じてみてきた在日朝鮮人の不服従、非同調、抵抗は必ずしもこれらの事例だけにみられる行動ではなかった。兵庫県の協和会の活動の事例をとってみてもさまざまな非同調、抵抗の姿を読みとることができる。神社参拝の事例でいえば芦屋支会では神社参拝の動員を強化するために〝出席簿を備付け〟ねばならなかったことに示されるように、協和会幹事（特高課員）の動員・指令がないところでは神社参拝の参加者が少なかったのである。[15]

戦費増加を支える貯金、献金についても毎月、毎回のことであるから抵抗も強く、ついに兵庫県出石支会では各会員に強制貯金をすることに決定し、しかも最低額を五〇銭とすることにしたところ、「会員中にはこの額に拘泥する傾向ありて実績が振わず会員は現下の時局を認識」してさらに貯金をするように決議されている。すなわち、在日朝鮮人は強制貯金を最低基準額しかしないものが多かったということであり、生活の苦しさもあったであろうが、こうした事実はまさに時局認識が日本人と相違していたことを示すにほかならないであろう。[16]加古川支会では協和会会員は「一口三十銭の国民貯蓄組合に加入せしめ毎月指導員が徴収」することを決めている。[17]さらに山崎支会では強制貯金はいうまでもないことであるが「通帳は指導員に於て保管し濫りに引出しせざることに決定」したとあるように毎月徴収され、さらに預金の引出しの自由もなくなったのである。その後の国債購入についても同様な趣旨の処置がとられたが、「強力」な指導がその前提になっていたのであり、自発的なものとはいいがたい例が多い。

また国旗の掲揚についても国旗を購入させ、買えない世帯には配布して国旗掲揚を進めていたが、協和会市村支会では幹事長（巡査）が春季皇霊祭の当日に国旗掲揚状況などの視察をおこなったところ、「実施者稀にして」というありさまで、さらに指導員を通じて徹底させたと報告されている。[18]

こうした協和会の施策に対するさまざまな非同調行動、ないしは抵抗ともいえる行動の背景には民族的立場からくる朝鮮人の世界と、協和会体制下にもなくならなかった差別に対する抵抗という側面が、明確に存在したといいうるであろう。

3　強制動員労働者の抵抗

戦時下の在日朝鮮人社会を検討する場合、強制動員労働者や、在日朝鮮人徴用労働者を抜きにして考えることはできない。ここでは、強制動員とそれにともなう労働者の状況については別の諸研究にゆずることにして、もっぱら協和会の内鮮一体化政策に対する朝鮮人の対応が、どのような形で展開したのかについてのべてみたい。

鉱山、土木工事、軍需産業等に動員されていた強制動員労働者に対しても協和事業が実行にうつされたが、この場合はあくまでも生産を阻害しない範囲でおこなわれたもので、働かせることを先行させ、神社参拝等がごく形式的なものに終わっていたと思われる。しかし、この形式的に終わっていたかにみえる神社参拝等も、協和事業を推行する側にいわせれば、「形式」から日本精神を学びとり、肉体的な朝鮮人の強制労働にとどまらず、その精神を戦時体制に順応させ、生産の増強をはかろうとした一面があったことを忘れてはなるまい。権力の側は、それなりに力を入れて協和事業に取り組まざるを得ないような労働力不足がその背景にあった。ここでくわしく強制動員労働者に対する協和事業の実施状況にふれる余裕はないので、『特高月報』の一九四三年七月号に報告されている強制動員労働者の「紛争議」の検討を通じて二、三の特徴をあげ、朝鮮人の対応をあとづけてみる（表2）。

表2　強制動員労働者の抵抗（『特高月報』一九四三年七月号から）

府県別	種別	事業場名	稼働朝鮮人数	同上参加人員	概要	措置
長崎	集団暴行事件	日鉄北松鉱業所 発生　六月　十五日 解決　六月二十二日	51	51	平素より朝鮮人通訳に不満を有りし居りたる朝鮮人労務者某は夕食に際し偶々飯	主謀者十名を検挙し其他の者は厳諭就労せしめたり。

					量の少きを発見し、同僚朝鮮人を煽動ハンストを決行せるを右通訳が論示したる処、肯んぜず反って之に暴行を加え、更に事業主に対し即時帰鮮其他要求事項を突き付け不穏の情勢に至りたり。	
広島	怠業	呉市阿賀町所在 広島瓦斯株式会社 阿賀工場 発生 六月二十三日 解決 六月二十四日	50	27	賃金値上を要求一斉に怠業せり。	所轄署員の説得により解決せり。
福岡	罷業	小倉市許斐町所在 小倉製鋼株式会社 発生 五月 二十日 解決 即日	170	48	事業主の地下足袋配給不公平なりと一斉に罷業せり。	所轄署員の説得により即日就労せり。
	集団暴行事件	鞍手郡宮田町所在 貝島大之浦鉱業所 発生 五月 十五日 解決 即日	35	35	時間外喫食を労務係員に申出でたる際其の態度冷淡なりしは不都合なりしと激昂し右労務係員に暴行し食器等多数破壊せり。	主謀者を検挙すると共に其他の者は厳諭就労せしめたり。労務係員に対し将来の労務管理に付警告をなしたり。
	〃	嘉穂郡上穂波村所在 嘉穂鉱業所 発生 六月二十二日 解決 即日	110	110	労務係員が、逃走労務者を殴打したるを聞知したる同僚朝鮮人は、大に激昂し一同喊声を挙げて事務所を襲撃し電話機、窓硝子多数を破壊し且労務係員社宅内に	主謀者十三名を検挙し暴力行為等処罰に関する法律違反として取調中なり。

				煉瓦、木片多数を投入したり。	
〃	田川郡赤池町所在　明治鉱業所赤池炭坑 発生　六月二十九日 解決　即日	61	7	朝鮮人労務者某が点呼に先ち舎監に食券の交付方請求したるを以て右舎監は点呼終了後、交付すべき旨言渡したるも肯んぜず執拗に請求するを以て同人を殴打したるより、之を目撃し居りたる同僚朝鮮人と共に水筒を以て該舎監の後頭部を乱打卒倒せしめ踏む蹴る等暴行の限りを尽したり。	主謀者六名検挙取調中なり。
警察官の公務執行を妨害せんとしたるもの	鞍手郡宮田町所在　貝島大之浦鉱業所 発生　六月二十七日 解決　六月二十八日	260	260	朝鮮人訓練班長が、飲酒泥酔の上同僚隊員に暴行し、あまつさえ指導員に抗争を挑む等其の行動穏当ならざるより駐在所巡査が説諭すべく駐在所に同行せんとしたる処、同僚朝鮮人は之を阻止せんと不穏の動向を示したり。	首謀者十三名検挙取調中なり。
集団暴行逃走事件	遠賀郡中間町所在　九州採炭新手五坑 発生　六月十五日 解決　六月十六日	37	37	隊律を乱したる朝鮮人労務者某を舎監が懲戒したるを同僚朝鮮人が同情し、大挙して事務所の窓硝子一七九枚を破壊し右舎監に傷害を加え全員逃亡したり。	(イ) 手配により三五名発見せり。(ロ) 内、主謀者数名検挙取調中なり。

集団暴行事件	大牟田市所在　三井三池鉱業所　発生　六月　十日　解決　即日	45	45	事務所外にて内地人指導員と朝鮮人訓練隊長との喧嘩を目撃し居りたる右訓練隊長所属朝鮮人労務者は隊長に加勢、右指導員に暴行すべく事務所を襲撃し、窓硝子多数を破壊したり。	主謀者七名を検挙厳諭釈放せり。
舎監の更迭を要求したるもの	嘉穂郡碓井町所在　九州採炭笠原鉱業所　発生　六月　十三日　解決　六月　十四日	149	149	飯米量の少きは舎監が飯米の一部を転売し私腹を肥しつつあるものと誤解し、舎監の排斥を企て之が更迭を事業主に要求したり。	所轄署員の説得により解決せり。

この「紛争議」は、この年の五月から六月にかけて報告されたもののうちの一部が紹介されているにすぎないし、その評価も朝鮮人の動きを正しく伝えていない面があるという点を考慮に入れておくことが必要であろう。したがって、表2・表3のなかからいくつかの共通の特徴をあげることによって朝鮮人の対応を知る手がかりとしたい。

特徴の一つは「紛争議」として紹介されているもののすべてが「集団暴行」「罷業」「怠業」「舎監更迭要求」（強制動員労働者の多くは逃亡をおそれて宿舎に集団で、監視付きで生活していた）等で、挙国一致体制下にある日本社会では生産を阻害するような「罷業」「怠業」などは考えられないような中での闘争だったことである。明らかに日本人とは別の戦時体制の受けとめかたがなくてはおこない得ない、朝鮮人でなければできないような闘争であった。

表3　強制動員労働者労働争議等一覧（1944年1～11月）

種別 月別	発生件数	参加人員	同上内訳			
			労働紛争議		日朝闘争事件	
			発生件数	参加人員	発生件数	参加人員
1月	34	2,330	22	1,882	12	448
2月	25	1,064	14	736	11	328
3月	27	854	17	799	10	55
4月	28	781	16	525	12	256
5月	19	685	7	337	12	348
6月	51	1,945	23	1,175	28	770
7月	30	1,729	14	975	16	754
8月	22	955	11	608	11	347
9月	21	568	7	403	14	165
10月	22	2,390	13	1,882	9	508
11月	24	2,479	12	1,616	12	813
計	303	15,230	156	10,938	147	4,792

＊『特高月報』1944年11月号から。

第二に、その闘争がおきた地域が全国にまたがっているということである。通信の自由もなく、ましてや組織的なつながりなど全くない朝鮮人が、北は樺太から京都・山口・鹿児島まで、種々の形態をとりながらも広範囲にわたって闘われていた。表3は、およそ一ヶ月の間の報告であるが、報告されなかったものや、年間を通じた闘争を含めればその地域的広がりと、そのもつ意味は非常に大きなものといえよう。

第三に、「紛争議」のすべてが、その職場の全稼働朝鮮人労働者の参加のもとに闘われている点である。突発的に起った事件の場合は、その場に居合わせた者すべてが参加している。日常的な抑圧を背景とした突発的・自然発生的な紛争議のため、居合わせた者すべてが参加したのであろう。

こうした争議は毎日のように、強制動員労働者のいる事業場でおきていた。表3によれば一九四四年の一月から一一月までの争議は総計三〇三件発生しており、一件が一日で解決したわけではないので、毎日のように日本のどこかで朝鮮人による闘いがくりひろげられていたことになる。しかも参加人員が一万五二三〇人にも達している。争議の内訳はいわゆる労働条件の改善を求める労働争議と、この時期の最大の争議の特徴である日本人による差別、主に指導員、会社側の労務係に対する抵抗の二つに分類されているが、両者はほぼ同数となっている。労働争議がやや多い一五六件、日本人労務係と朝鮮人労働者の対立は一四七件になっている。後者の内容の多くが民族的差別処遇に対する不満、抗議が主なもので〝朝鮮人〟としてのそれは民族的自覚にもとづくものであったといえよう。これは協和会がおこなっていた皇民化政策が、強制動員労働者にはさほどの効果をあげていたとは思えない事態であるといえる。

戦時下、すでに二百数十万人に達していた朝鮮人労働者の存在は、その労働力がなければ戦争遂行さえ危ぶまれるほどになっていたから、(19)さらに皇民化——協和事業の強化——によって、こうした危機をのりきろうとしたのである。しかし、強制動員労働者に加えられた処置は一方的暴力による抑圧を背景にした「説得」といった方法がとられることが多かった。

この三〇三件という争議の数字は、表出した一部のみが報告されているものと考えられ、実質的争議はさらに多かったことは確実である。

朝鮮人の労働者の闘いは戦時下の日本人社会にはみられないものであり、日本ファシズム体制をおびやかしかねない要素をもっていた。このファシズム体制をおびやかすような朝鮮人労働者の行動が労働現場からの逃亡であった。

表４　協和会会員証無所持者処置表（東北地区分）

計	宮城	福島	山形	岩手	秋田	青森	北海道	樺太	県別／種別		
	〃	〃	〃	〃	〃	〃	〃	自4・14 至4・30	執行月日		
35,534	2,878	3,689	2,009	2,585	2,595	3,858	10,049	7,871	調査総人員		
3,406	152	204	67	435	190	152	1,669	537	同左中会員証無所持者の発見		
213	11	5	1	14	21	18	120	23	従前の職場に引渡したる者	逃走者	会員証無所持者処置状況
519	6	22	2	6	—	—	394	89	現職場に就労せしめ会員証を交付したる者	逃走者	会員証無所持者処置状況
355	—	—	—	—	12	6	336	1	他の重要職場に就労せしめたる者	逃走者	会員証無所持者処置状況
1	—	—	1	—	—	—	—	—	送還したる者	逃走者	会員証無所持者処置状況
1,088	17	27	4	20	33	24	850	113	計	逃走者	会員証無所持者処置状況
154	8	5	1	—	5	4	121	10	現職場に就労せしめ会員証を交付したる者	不正渡航者	会員証無所持者処置状況
—	—	—	—	—	—	—	—	—	送還したる者	不正渡航者	会員証無所持者処置状況
154	8	5	1	—	5	4	121	10	計	不正渡航者	会員証無所持者処置状況
742	33	41	16	15	6	—	554	77	現職場に就労せしめ会員証を交付したる者	其他（会員証未交付）	会員証無所持者処置状況
—	—	—	—	—	—	—	—	—	送還したる者	其他（会員証未交付）	会員証無所持者処置状況
1,422	94	131	46	400	146	124	144	337	其他の措置をしたる者	其他（会員証未交付）	会員証無所持者処置状況
2,164	127	172	42	415	152	124	698	414	計	其他（会員証未交付）	会員証無所持者処置状況

＊『特高月報』1944 年 10 月号から。

表5　強制動員勤労者の抵抗―逃走（東北地区分）

1,088	17	27	4	20	33	24	850	113	発見者数	
108	—	—	—	5	—	—	71	32	石炭山	発見場所
79	—	—	3	—	3	—	72	1	金属山	発見場所
5	—	—	—	—	—	—	5	—	鉄鋼及造船関係	発見場所
53	—	—	—	—	—	—	53	—	航空機関係	発見場所
700(3)	9(3)	26	—	5	18	2	570	70	土建関係	発見場所
20	—	—	—	—	—	—	17	3	荷役関係	発見場所
—	—	—	—	—	—	—	—	—	商業	発見場所
50	2	—	—	—	—	—	47	1	農業	発見場所
—	—	—	—	—	—	—	—	—	運送	発見場所
3	—	—	—	—	—	1	2	—	無職	発見場所
67	3	1	1	10	12	21	13	6	其他	発見場所
585	8	8	—	4	7	14	478	66	石炭山〃	逃走状況 事業別
75	3	2	1	—	15	6	45	3	金属山〃	逃走状況 事業別
9	—	2	—	—	—	2	5	—	鉄鋼造船関係〃	逃走状況 事業別
—	—	—	—	—	—	—	—	—	航空機関係〃	逃走状況 事業別
386(7)	1(5)	12	3	15（1）	11	—	309	35（1）	土建関係〃	逃走状況 事業別
—	—	—	—	—	—	—	—	—	荷役関係〃	逃走状況 事業別
—	—	—	—	—	—	—	—	—	商業関係〃	逃走状況 事業別
26	—	3	—	—	—	2	13	8	其他〃	逃走状況 事業別
4	—	—	—	—	—	—	4	—	斡旋ブローカー	逃走状況 手段別
50	1	—	—	—	—	—	33	16	其他の引渡事業関係者	逃走状況 手段別
1,034	16	27	4	20	33	24	813	97	自発的逃走	逃走状況 手段別
940	16	8	4	20	33	22	727	110	独身者	家族有無
148	1	19	—	—	—	2	123	3	家族持	家族有無

＊『特高月報』1944年10月号から。

逃亡者の調査は逃亡直後に会社の労務係などによっておこなわれたが、全国あるいは各地区別に協和会会員証の有無の調査、協和会会員証無所持者検査が実施され、この無所持者が職場からの逃亡者として「処置」されたのである。協和会会員証の最も〝有効〟な使用の方法がここにもみられるのであるが、樺太・北海道を含む東北地区で一九四四年の四月一五〜三〇日にかけておこなわれた結果が表4・5のとおりの実態であった。調査人員は三万五五三四人で、このうち一割弱の三四〇六人の人々が会員証無所持者であった。このうち、実に一〇八八人が逃亡者であるとされている。

この逃亡者のうち、石炭山から逃亡した人々が半数をこえており、逃亡後に発見されているのが軍関係などの土木工事場が圧倒的に多く労働密度や処遇、危険度、賃金などの差があったためであろう。最も注目していいのは逃亡者の圧倒的多数、すなわち一〇三四人が〝自発的〟に逃亡していることである。与えられた職場から逃亡する、しかも〝自発的〟にそうするということは戦時下の日本人社会にはそれほどあったわけではなく、朝鮮人社会のこうした動きは戦時下在日朝鮮人抵抗のなかでも重視されてよいことである。

この強制動員労働者中に占める逃亡率の大きさは表6によってみてもその大きさがわかる。その実質的な強制動員労働者に対する

表6　1945年3月末における強制動員労働者数の状況

強制動員計画数	907,300
強制動員割当数	711,505
実質動員数	604,429
減耗数	328,540
満期帰国者	52,108
不良送還者	15,801
逃走者	226,497
所在不明	209,750
発見送還	4,121
復帰者	14,626
その他	46,306
現在労働者実数	288,488

＊『在日本朝鮮人の概況』1953年8月刊から作成。必ずしもこの数字が正しいとはおもわれない。なお本資料では一般在住者は敗戦時には1,693,030人に達していたとされている。

〝減耗数〟は半数以上になり、その主要な要因は逃亡によるものであった。総計三二万に達する〝減耗数〟の存在はそれ自体大きな意味をもつといえよう。なお、表中の満期帰国者は一応二年間の契約期間がすぎた人々で帰国を強く希望し、例外的ともいえる帰国を認められたと思われる人々で、不良送還者は病気、負傷、抵抗した人々などが含まれ、その他には死亡者などが含まれていると思われる。

また、逃走者のうち、所在不明者が二〇万余もいたとされているように協和会会員証の所持検査では発見できない人々が朝鮮人部落や、軍関係工事場などで一般在住朝鮮人に守られて生活していたものと思われる。

強制動員労働者と一般在住朝鮮人は厳しく分断され、接触できないような状況におかれていたが、逃亡者はそれをつなぐ大きなパイプの役割をはたしており、全体としては強制動員労働者を含めた在日朝鮮人社会を形成していたといえよう。

在日朝鮮人部落の積極的役割や、協和会の諸施策に対する在日朝鮮人の非同調行動、強制動員労働者の職場での抵抗と逃亡は日本ファシズム体制下にあって特筆できる抵抗であったといいうるであろう。この背景となっていたのは朝鮮民族としての伝統・文化であったし、日本における賃金、住宅差別に示されるような差別体制に対する抵抗であった。この民族的な立場と差別に対する抵抗が戦時下において在日朝鮮人社会、あるいは在日朝鮮人の世界を形成していたといえよう。

強力におしすすめられた協和会体制下にもこの朝鮮人の世界は存在し、皇民化政策は朝鮮人民衆の対応で虚構化されてしまっていた側面があったといえよう。

この皇民化政策の虚構化のなかで協和会体制の崩壊がはじまる。

〔注〕
（1）拙稿「在日朝鮮人部落の成立と展開」『近代民衆の記録10　在日朝鮮人』所収。
（2）この事実については戦前期の大阪市社会部調査報告書中の在日朝鮮人生活実態報告書に多く証明されている。
（3）一九二九年の官庁統計によればこの年の一月から九月までの日本人と朝鮮人の住宅をめぐる紛争は一六一〇件に達した。
（4）以上の各県協和会の状況は『協和事業年鑑』一九四一年版による。
（5）李恢成『参加する言葉』講談社。
（6）「朝鮮出身者の国語習得について」『神奈川県社会事業』一九三九年一〇月号。
（7）一九四一年版『協和事業年鑑』。
（8）アンヒヨシム「手ミシン一つで子供育てて」『身世打鈴』。
（9）一九四一年版『協和事業年鑑』。
（10）『兵庫県社会事業』一九四〇年一〇月号。
（11）『兵庫県社会事業』一九四一年三月号。
（12）和服着用者が協和会の〝努力〟にもかかわらずそれほど増えなかったため、朝鮮服そのものの販売を抑制、業者を廃転業させ、流通を停止する処置がとられた。
（13）ここでいうゴム靴は朝鮮式のゴム靴で、一般婦人は日本国内でもこれをはいていたがこれも禁止され、日本のゲタをはくよう強制された。
（14）なお、衣料切符制度ができてからは朝鮮服の点数は低くおさえられ、和服の点数は高かったため、和服の購入は困難であったと思われる。

（15）『兵庫県社会事業』一九四〇年一〇月号。
（16）『兵庫県社会事業』一九四〇年八月号。
（17）『兵庫県社会事業』一九四〇年五月号。
（18）『兵庫県社会事業』一九四〇年五月号。
（19）戦時下主要エネルギー源であった石炭生産では、三～四割に達する労働者が朝鮮人によって占められる事業場が多くなっていた。

第一〇章　協和会体制の崩壊

1　興生会への転換

一九四四年、すでに戦局は日本に不利になり、戦時体制を維持するための新しい対応をせまられていた。この年から実施されることになった朝鮮人に対する徴兵、また徴用の強化など朝鮮民衆に対する抑圧は強まるばかりであった。これに対する朝鮮人民衆の抵抗も強くなり、日本国内における朝鮮人の非同調行動、逃亡、労働争議の増大は政府にその新たな対応をせまるものであった。もう一つの要因として一九四三年一一月のカイロ宣言で朝鮮の独立が確認され、これが広く朝鮮人の間に知られるところとなっていた。これも朝鮮人施策の変更をせまる要因の一つとなっていた。一九四四年七月、東条内閣が崩壊し、朝鮮総督をしていた小磯国昭が首相となり、第八五帝国議会で「朝鮮、台湾」出身者の処遇改善をはかることを言明し、一一月四日に「朝鮮および台湾在住民の処遇改善に関する件」[1]を閣議決定した。これは朝鮮人に政治参与の機会を与える――貴族院議員・衆議院議員の選任方法を決める調査会を設置することを決定したのである。

さらに在日朝鮮人との関連でいえば、同年一二月二二日「朝鮮及び台湾同胞に対する処遇改善に関する件」が閣議決定された。

その処遇改善要領では次のような事項があげられている(2)。

一、一般内地人の啓発
　朝鮮同胞を包摂して、これを完全なる皇国民として、同化融合し、真に一億一心の国民的団結をはかるは、朝鮮統治の窮極の目的なる所以を国民各階層に徹底認識せしめ、これを内地人の朝鮮同胞に対する日常の処遇に反映せしむること。
二、内地渡航制限制度の廃止
　朝鮮同胞の内地渡航制限制度はこれを廃止すること。なお、これに関し、労務の計画的配置の確保等のため、必要なる措置を講ずること。
三、警察上の処遇改善
　警察上の処遇については各般にわたり極力改善の方法を講じ、つとめて差別感を生じせしめざるよう配慮するとともに他の保護指導機関と協力し朝鮮同胞保護の万全を期すること。
四、勤労管理の改善
　内地に来住する朝鮮人労務者をして、その職域に安住し、生活に満足して勤労に最高の能率を発揮せしむるよう、勤労管理に刷新改善を加うること。

五、興生事業の刷新
　内地在住朝鮮同胞の皇民化をいよいよ促進するとともに、一般内地人の啓発につとむるため、興生事業の刷新をはかること。
六、進学の指導
　内地定住朝鮮同胞の子弟教育については、内地人子弟と同様に取り扱う趣旨を一層徹底せしむるとともに、朝鮮在住者子弟の内地専門学校以上への進学および朝鮮同胞の育英についても、適切なる措置を講ずること。
七、就職の斡旋
　朝鮮同胞の有識層に対し、その人物才幹に応じ、就職向上の機会をあたうるため、各官庁における学校卒業者の採用方針をさらに積極的ならしむるとともに、民間会社等においても、能力、学歴等に応じ、就職ならびに昇進のみちをひらくよう指導斡旋すること。
八、移籍のみちをひらくこと。
　内地に定住する朝鮮同胞に対し、その希望により一定の条件をもつて、内地へ移籍のみちをひらくものとすること。
第二、内地在住台湾同胞に対する処遇改善要領（略）
第三、朝鮮および台湾内における処遇改善
　朝鮮および台湾内においては、朝鮮および台湾同胞の皇民化を一層徹底すべき諸方策を強化するとともに、内鮮、内台の一体化をさらに促進するごとく、諸制度の改善、その他本件決定の趣旨に則り、適切なる措置を講ずること。

以上が要領の紹介であるが、これを補なう具体的な処置として六項をあげている。

この六項は要領の具体的な指示事項であるが、これは次のような内容と特徴をもっていた。

第一項では「内地人の啓発」があげられているが、これは日本人に「皇民化の実相」を知らせ、「親愛すべき」ことが必要であること、「朝鮮人児童と日本人児童との融和一体」をはかることがあげられている。これは在日朝鮮人とその児童に対する蔑視、差別があり、これは戦時体制下に好ましくないので認識を改めるように指示しているのである。協和会体制下に在日朝鮮人側から指摘されていた「内鮮一体と言いながら差別している」という指摘に応えるという性格をもっていた。

第二項は渡航制限の廃止をあげているが、就労目的の場合は徴用を原則とし、身分証明が必要であること、不逞分子の潜入、策動の防退につとめることが指示され、実質的にはそれまでと変らない処遇であった。

しかし、これも「朝鮮同胞が最も不愉快に感じていたところ[3]」であったために一応廃止というたてまえがとられたのである。

第三項では、警察官は日常の職務執行にあたり「愛情」と「理解」をもってあたり、とくに知識人には自尊心を傷つけないようにして、空襲などの非常時には朝鮮人保護をするように決められている。これは「第一線の警官の中には度をこして不必要な処置をあたえた者が少なくなかった[4]」ためにとられた処置である。

第四は勤労管理の改善で、強制動員労働者に対し、係官の増員と愛情ある管理、同一職場の日本人の理解を高めること、送金、文通などで「差別的感情を誘発するがごとき」処置をしないことを指示している。

第五には中央協和会を改組拡充し興生会、興生事業とすることであったが、これは「警察行政の一環としておこなわれた事業を広く市町村、その他公共団体、婦人団体[5]」などが力を合せておこない、朝鮮人有識者を役員とすることを決めているのである。

第六は児童生徒の進学を統制し、就職を拡大し官庁、大会社でも採用するよう決定、指示しているのである。

以上の六項に共通していえることは在日朝鮮人側からの強い不満、不合理であると「改善」要求のあった施策を手直しせざるを得なくなったという背景がある。その第一が日本人の朝鮮人に対する差別を問題としている朝鮮人側からの発言である。兵庫県では毎年協和事業指導者養成講習会が開催されているが、そこでの座談会で出た主要意見がまとめられているが、最も多い意見が「朝鮮人の認識を新たに願いたい」「協和事業の趣旨を内地人にも認識願いたい」という意見が最も多く、「内地人は内鮮一体という意味を理解していない」という意見すら見られるのである。次には「一時帰鮮証明書の発給の緩和を願いたい」という要求が多い[6]。

また警察のはたしている役割についても「警察の方へ行った場合、何か叱られるために行くようなものです」とか「一億の国民を指導していかねばならないときに朝鮮人だけを集めて協和会をつくり何故に別に指導せねばならないか[7]」といった指摘まで朝鮮人側の指導員から出されているのである。

労務管理的な面からいえば兵庫県篠山支会の指導員から出た意見として「硅石採掘夫に対し軍手の配給を何とかして戴きたい」「電灯なき飯場に石油を配給して戴きたい」「米の増配をして戴きたい(8)」というような要求すら出ているのである。協和会の論理を逆手にとって「要求」しているのである。このような兵庫県協和会指導員の意見、要求は全国で共通したものであり、これに屈するような形で協和会事業の〝刷新〟が考えられたのである。この背景には先にふれたような朝鮮人部落での朝鮮人としての生活、戦時下非同調行動、強制動員労働者の争議や逃亡といった事情があったためである。同時に、この時期になると戦時労働力不足はさらに深刻になり、戦時体制を支えるためには朝鮮人労働力はなくてはならない存在になっており、かつ、その処遇改善なしには朝鮮人側からの抵抗をおさえることができなかったためでもある。

この「処遇改善」のなかで中央協和会は一九四四年一一月二〇日に中央興生会と改組されたのである。

2　中央興生会の誕生

「興生」という言葉の意味のなかには「内地在住外地同胞の皇国臣民としての物心両面にわたる生活を振興し、一層完全なる皇民たらしむるにある」という意味が含まれていると解説されているが、これは、協和会の事業目標と特に変わっている点はなく、それを強調しているにすぎない。

興生会と名称を変えたのはむしろ、その組織的強化、抑圧体制の整備に力点がおかれたためとみるべきであろう。

興生事業の刷新・改善としてあげられている課題は、一、中央、地方の興生事業の推進機関として厚生省内に民生課、府県にも民生課をおき専管事業とさせたこと（一九四五年はじめに協和官が一名であったものが二名に、専任の属が四人とされている）。二、在日朝鮮人の中から中央、地方協和会の役職員にする人物を選び任命すること。三、言語・風俗を内地化するための施策をたてること。四、日常生活に役立たせるために生活相談所のような施設を作ること。五、在日朝鮮人に対する錬成を強化することなどが課題としてあげられている[10]。しかし、中央協和会と最も相違する点は厚生省に専門の課が設けられたこと、在日朝鮮人のなかから協和会の役員（指導部長に権赫周がなった）、あるいは指導員的な役割をはたす人々が選ばれた点ぐらいである。なお、中央興生会の役員は軍人の中村孝太郎大将（前朝鮮軍司令官）がなり、近藤駿助（警察・内務官僚、石川・熊本県知事などを歴任、前南洋庁長官）が理事長となったが武田行雄や、坪内庄太郎、大久保徳五郎といった協和会のイデオローグたちはそのまま在職し、その内実は変化がなかったものと思われる[11]。

以上のような諸点から、注目すべき変化といえる点は興生会の上部指導層に在日朝鮮人を組み込んだことである。これは、先にみた在日朝鮮人の処遇改善、すなわち、渡航証明制度のたてまえとしての廃止や、朝鮮人警察官の処遇の改善と表裏一体のものであったといえよう。しかし、なぜ万全の治安体制下にあった朝鮮人の処遇を〝改善〟しなければならなかったのであろうか。

その原因は戦時末期の戦時体制の崩壊と戦局の推移から日本の敗戦が必至とみられたことを背景と

表1　在日朝鮮人総数に対する戦災者の比率

	在日朝鮮人総数（1944年末現在）	同戦災者数	総数に対する比
東京	97,632	41,300	42%
神奈川	62,197	10,100	16%
愛知	137,411	22,000	16%
大阪	321,484	83,900	26%
兵庫	139,179	20,500	15%
広島	81,863	12,900	16%
山口	139,164	7,500	5%
福岡	198,136	10,200	5%
長崎	59,573	7,900	13%
全国	1,911,307	239,320	13%

＊米軍接収文書マイクロフィルム『協和会関係資料』中の「内地在住朝鮮人戦災者概数」から被害の大きい都市部を含む府県のみを掲載した。上記9府県平均では17％の戦災率となる。

した在日朝鮮人の動向にあった。

　在日朝鮮人の逃亡や民族主義的傾向、待遇改善要求は減少することなく継続していたこともあるが、新しい要件が加わったのである。それは日本国内に対する米軍による空襲の強化という外的要因によってもたらされたことと、国内食糧生産力の減退、朝鮮、台湾などからの移入米の減少などにより、生活上の不安が強くなったことによって決定的になった。

　もともと在日朝鮮人の大多数は大都市に集中して居住し、強制動員労働者も炭山、鉱山、ダム工事など以外は重要国策産業に働いていた。米軍の空襲は都市に集中したから朝鮮人の被害もきわめて大きかった。在日朝鮮人戦災者は敗戦直後の内務省調査によれば二三万九三二〇人[12]にも達している。

　この被害の主要府県の状況は表1に示されているとおりであり、このうち死亡者はどの位であったかについては不明であるが、広島、長崎におけるそれはほぼ死傷者とみても良いであろう。在住朝鮮人総数に対する戦災者も東京の四二パーセントをはじめきわめて高いものとなっている。

こうした深刻な被害状況のなかで協和会がおこなってきた協和会活動がいかに空疎なものであったかを示すような行動を在日朝鮮人がとりはじめる。

その一つは在日朝鮮人の帰国者増大である。韓国併合以降、増加しつづけていた渡航者は一九四五年にいたってはじめて減少する。これは敗戦、八月一五日以前からはじまり、四五年三〜五月間の朝鮮への帰国者は実に二万二四六六人に達し「関門地区における鮮人滞留客は一時数千名に達し相当の混雑をきたした」[13]とされている。このありようを次のように『特高月報』では表現している。

「依然として帰鮮は旺《さか》んであって阪神関門方面の渡船場、船着場等を物色し朝鮮行漁船、機帆船に便乗せんと狂奔し或は漁船を法外なる価格で買入れ、或は又兵役徴兵に関する各種の公文書を数々偽造し帰鮮に狂奔する鮮人仲間に暴利を貪り買却せる者もあるが、帰鮮の為めには手段を選ばざる有様である」。

第二の特徴は貯金払戻しの増加である。すでにみたように在日朝鮮人に対しても貯金を強制し、国債を買わせるような処置がとられ、しかも通帳は協和会で預かり、自由に払戻しができないような処置すらとっていた所もあるが、この時期になると払戻しが著しく増大する。これは多くの在日朝鮮人は土地や家をもっておらず、またいわゆる空襲があっても疎開できる場所はなかったため、頼りになるのは現金であったことにもよるが、この現金所持傾向の状況は、

「最近大阪府に於て調査するに最低五、六百円より、五、六千円を普通とする状況にあり。又罹災を契機に預金の払戻をなす者多く、六月十七日大阪市内罹災鮮人密集地域の某郵便局に付調査するに預金口数は僅か四十に対し払出口数二千四十にしてその金額に於ても払出は預金の六十四倍である。又鳥取県下に於ては農業組合蓄金の払出制度に対する不安より鮮人の払出簇出し手持現金に替えんとする傾向を示し警察当局の適切な指導により改められたる事例もあり、罹災者の転出移動に際し携行の安易等より再び現金尊重の気風へ移行しつつあるは闇行為の横行、インフレへの助長等戦争経済面より見るも注意を要する傾向を示して居る[14]」

とされているほどであった。

第三にあげることができるのは、空襲にともなう都市工場労働における労働動向の変化である。空襲では重要工場はねらい撃ちにされており、その危険を察知した在日朝鮮人工場労働者（強制動員労働者、徴用者）がそこからのがれようとするのは当然ともいえた。例えば、

「七月十日の大阪府下の大規模空襲の際の一例を重要四工場に於ける鮮人工員の出勤率を見るに内地人工員の出勤率六三％に対し四九％に当り内地人工員の七七％に過ぎない。之等欠勤者の多くは所在不明者又は長期欠勤者にして、出勤中の者も府下郡部等の安全地域の工場に転労を希望する者簇出しあるは労務管理上特に注目すべき点である」

としているほどである。

つづけてこの問題を次のようにまとめている。

「一般的には勤労意欲極めて乏しく罹災工員等の一部には全く周章狼狽し重要労務者、徴用工員等にありても帰鮮又は安全地域へ逃避せんとする傾向強く空襲後の出勤率は概ね内地人工員より低位にして都市に於ける勤労生活を嫌悪し重要労務者たるの信念を失い自己の安全を策する所より戦災を好機とし罹災証明書等により地方に転出せる者或は職場を移行せる者相当数に上り之等工員の全員就労復帰は至難なるものと考えられる」。

以上のような特徴の他にも逃亡者の著しい増加、四五年一月から三月までの三ヶ月間に二万三〇〇〇余人もが逃走してしまっていること、学生のなかには勤労動員先に出勤しない者、学籍を残し所在不明なものが相当数に達していると報告されている。さらに一部朝鮮人有識者たちの間では日本敗戦後の「朝鮮処理問題を論議する者すらあらわれてきた[15]」という。

これらの戦時末期になってからの在日朝鮮人の動向は、日本国内におけるファシズム体制・協和会体制がゆるみはじめていたことを示し、それを補強しようとした興生会もなんらの対応もできなかったことを示している。興生会は、協和会の本質たる抑圧統制組織という基本的な組織形態や、皇民化という基本路線を変更することなく引き継いでおり、興生会の崩壊過程はすなわち協和会の活動の理念と組織の崩壊過程であったことを示している。

なお、中央興生会が設置され地方協和会も興生会とその名称の変更をするが、それまでの協和会活動にはそれほどの変更が加えられることなく名称だけが変えられたのみであったと思われる。

神奈川県協和会の場合も一九四五年四月になってはじめて興生会と名称を変えており、すでにこの時点では大都市空襲が激化しており、各支部段階までが興生会と名称を変更していたかどうかは疑問である。神奈川県興生事業委員会規程は次のようなものである。

昭和二十年四月十九日

神奈川県知事　藤原孝夫

神奈川県興生事業委員会規程

第一条　神奈川県興生事業委員会ハ知事ノ監督ニ属シ其ノ諮問ニ応ジテ興生事業ニ関スル重要事項ヲ調査審議ス

第二条　委員会ハ会長一人及委員若干人ヲ以テ之ヲ組織ス

特別ノ事項ヲ調査審議スル為必要アリタルトキハ臨時委員ヲ置クコトヲ得

第三条　会長ハ知事ヲ以テ之ニ充ツ

委員及臨時委員ハ関係各課高等官及学識経験アル者ノ中ヨリ知事之ヲ命ジ又ハ嘱託ス学識経験アル者ノ中ヨリ嘱託セラレタル委員ノ任期ハ二年トス但シ特別ノ事由アル場合ニ於テハ任期中之ヲ解嘱スルコトヲ妨ゲズ

第四条　会長ハ会務ヲ総理ス

会長事故アルトキハ会長ノ指名スル委員其ノ職務ヲ代理ス
第五条　委員会ニ専門委員ヲ置クコトヲ得知事之ヲ命ズ
専門委員ハ会長ノ命ヲ承ケ専門ノ事項ヲ調査ス
第六条　委員会ニ幹事ヲ置ク知事之ヲ命ズ
幹事ハ会長ノ指揮ヲ承ケ庶務ヲ整理ス
第七条　委員会ニ書記ヲ置ク知事之ヲ命ズ
書記ハ上司ノ指揮ヲ承ケ庶務ニ従事ス

附　則

本規程ハ公布ノ日ヨリ之ヲ施行ス(16)

他府県でも全く同様な規程が作成されたと思われるが、ほとんど具体的な〝興生会〟としての活動は展開できずに終わったと思われる。

しかし崩壊過程にあったとはいえ、抑圧統制機能はその特別高等警察体制が存続するかぎり継続し、従前と同様のそれなりの活動も展開していた。例えば強制動員労働者逃亡防止のための定着指導に朝鮮人を含む指導班を編成して全国各地に派遣している。

協和会体制の全面的崩壊、朝鮮人にとっての解放は一九四五年八月一五日の日本の敗戦をまたねばならなかったのである。

3　朝鮮人統制機能の解体

日本の敗戦は朝鮮での独立を前提とした政権確立の動きを表出させ、日本国内の朝鮮人のあいだには独自な組織づくりがはじまり、しかもその動きは八月一五日以後九月にかけて全国的に展開され、その流れが一つにまとまり一〇月一五日、在日朝鮮人連盟が結成され運動を展開していく。こうした早期の朝鮮人の動きは、戦時下協和会体制下でも朝鮮人の権利を守る闘いや独立への志向が強かったことの証明であると同時に、敗戦、すなわち八月一五日直後にはすでに在日朝鮮人は協和会というくびきから解放されていたといえよう。神社を参拝するといった、皇民化の諸政策のくびきから解放されたのである。しかもそれは協和会側—特高警察側からの〝許可〟などといったものではなく独自な朝鮮人としての動きであった。まだ特高体制までは崩壊していないにもかかわらずである。

この事実上の協和会体制の崩壊のなかで興生会を担当している厚生省健民局、内務省警保局は「終戦に伴う内地在住朝鮮人及台湾人の処遇に関する応急措置の件」と題する通牒を各地方長官宛にやっと九月二八日になって通知する。

この通達は「共栄和親」という以下の前文に表現されているように、事態の進行を正確に受けとめているものではない。

「朝鮮人及台湾人ト内地人トノ間ニ最モ緊密ナル関係ヲ確保維持スルヲ旨トシ道義ヲ重ンジ

益々相互ノ信頼ヲ昂メ永遠ニ亘リ共栄和親ノ実ヲ挙グルニ努メ新事態ニ対処スル左ノ応急措置ニ万遺憾ナキヲ期シ苟モ両者間ニ罅隙《かげき》（すきまの意）ヲ生ジ禍根ヲ将来ニ胎スガ如キコトナキ様特段ノ御配意相煩シ度」

左の応急措置とは三項に分けられ、その第一項は「人心の不安動揺を除去し、軽挙妄動を防止する」。第二は「帰鮮保護」で在住継続希望者には従前の処遇をすることなどを決めている。「帰鮮」希望者に対する保護は生活費の「特別配慮」や「遊費の負担」を内容としている。この施策はほとんど実施されなかったと思われる。また第三項には興生事業について次のように述べている。

興生事業ハ概ネ左ノ方針ニ依リ実施スルモノトス

イ　時局ノ急変ニ即応シ興生事業ハ人心ノ安定、帰鮮帰台者ノ保護斡旋並ニ失業者救済、職業指導、生活相談其ノ他内地在住者ノ保護ニ重点ヲ置クモノトス

ロ　興生事業中終戦ニ伴ヒ不必要又ハ実施不可能ト為リタル別紙事業ハ之ヲ停止シ其ノ他ノ既定計画事業ハ之ヲ継続実施スルモノトス

ハ　中央及地方興生会、興生委員等ハ猶其ノ侭之ヲ存置スルモノトス

（別紙）

時局ノ急変ニ伴ヒ停止スベキ興生事業ノ概目

第一、地方庁ニ対スル興生事業国庫補助中停止スベキ事項

一、教育施設ノ実施ニ関スル事項
(1) 興生教育講習会費国庫補助
(2) 皇民教育施設費国庫補助
二、保健施設ノ実施ニ関スル事項
(1) 衛生思想普及費国庫補助
(2) 保健指導費国庫補助
第二、興生会ヲシテ実施セシムベキ国庫補助事業中停止スベキ事項
一、壮丁錬成
二、兵事思想普及
三、興生勤労訓練所設置
四、移入労務者定着指導（指導班派遣、勤労者代表郷土派遣、家族代表内地招致）
五、会員章・国語読本等作成交付
六、勤労報国隊訓練
七、服装改善指導
八、指導者修錬会及補導員講習会ノ開催（但シ別途新規事業トシテ時局対応協議懇談会ヲ開催スルモノトス）
これらの事項はすでに在日朝鮮人によって八月一五日以後、一切おこなわれていなかった施策であ

り、いわば追認にすぎなかったが、協和会—興生会へと継続してきた皇民化政策の破たんを自身でみとめた通牒であったといえよう。

また、この通牒が出された直後の一〇月四日付の「政治的、公民的及び宗教的自由の制限の除去」に関する総司令部覚書によって特高警察は解体された。またそれにかかわっていた特高警察官など六〇〇〇名余は追放された。これによって特高警察体制下にあった協和会—興生会は名実ともに解体されたのである。

4 協和会と戦後在日朝鮮人社会

戦時下の在日朝鮮人が協和会体制のなかでも朝鮮人としての主体性を失なわず、一面で協和会体制に協力しているかのようにみえても、その朝鮮人としての世界、非同調行動、あるいは逃亡などの抵抗が存在し、それは戦時下に在日朝鮮人が積極的な役割を果たしていた証明であり、それは高く評価すべきであろう。

しかし、協和会のおこなった皇民化と抑圧・統制が全く在日朝鮮人に影響を与えなかったとするのは誤まりであろう。創氏改名による徹底的な日本人名のおしつけ、隣組への参加などの諸施策は日本人名使用を一般化させたし、隣組、日本人社会との強制的交流は日本社会を〝理解〟させる要因にもなった。朝鮮式の食器の使用禁止、和服着用などもそれなりに影響を与えたといえよう。問題は、それが戦後在日朝鮮人社会にも作用している部分があると思われることである。

解放後、朝鮮で成長し、朝鮮での生活、言葉・使用を経てきたいわゆる一世世代では、朝鮮語からその生活習慣を朝鮮人式に復帰させることは比較的に容易であったと思われる。だが、戦時下の軍国主義教育下の日本の学校で育った人々は、朝鮮語を話すことができない朝鮮人とされ、その生活習慣を知らない朝鮮人が育ち、それは量的にも少ないものではなかった。とくに協和事業が推進されていくなかで在日朝鮮人の皇民化は朝鮮人子弟の教育からはじめなければならないという協和会の方針にもとづき、日本人学校への入学を積極的に進め、学費補助までするというほど徹底していた。反面先にみたように民族主義的教育には弾圧を加えていたから就学率は高かった。なお、在日朝鮮人の日本人学校への入学については一九三〇年三月、大阪府知事が在日朝鮮人子弟の教育の必要について文部省に伺いをたてたところ、その入学の必要を認めるという通牒を出し、全国都道府県もこれにならい在日朝鮮人教育を実施していくことになった。官側の統計によれば全国の学校に在学していた児童数は表2のとおりである。

表2　在日朝鮮人児童数

	児童数	朝鮮人人口	人口との対比
1933 年	12,724	425,876	2.9%
1935 年	44,285	625,678	7.1%
1937 年	63,060	735,689	8.6%
1939 年	102,029	961,591	10.6%
1944 年	201,190	1,936,842	10.4%

＊坪江豊吉『在日本朝鮮人の概況』1953 年刊から作成。

この表によっても在日朝鮮人児童数の増大ぶりは大きく一九三五年には四万四〇〇〇であったものが三九年には一〇万をこえ、四四年には二〇万人にもなっている。

むろん、この児童数のすべてが就学していたとは思われないが、かなりの高率であった。兵庫県の場合、一九四二年、就学すべき児童数一万五二六七名のうち就学していたのは一万四一九六名に達し、この就学率は九二％になっている。その学校でおこなわれていたのは日本人と同様の教育であったし、敬神崇祖の皇民化教育であった。ここで育てられた在日朝鮮人子弟に対する皇民化＝協和教育の影響は大きかった。

日本で学校教育をうけた高史明はこれを次のように語っている。父は労働者として働き、高史明は学校に通学していたが朝鮮で生れ育った父との対立、それがもたらした状況は、皇民化教育、日本人として教育された結果としての矛盾であったといえよう。

高史明が生活していたのは下関近くの朝鮮人部落で、母を亡くし父と二人の生活過程のなかでのことであった。

「そのころになってはじめて気づいたのですが、父とわたしは同じ家に住んでいながら、それぞれまったく別の世界を生きるようになっていたのでした。父の世界は、一言で言うと、朝鮮の世界です。なるほど、わたしの食事の世話をして、土方に出かけ、一日じゅうトロッコを押している父の生活は、この日本における生活ですが、その心とことばは、日本と縁の切れた朝鮮にあったのです。

そしてわたしの生活は、その父に守られているものでありながら、日本語を軸にして、日本の世界にあったのでした。このわたしが、自分でもよくとらえきれない悩みを、日本語で話すのですから、それがどうして正確に父に伝わるでしょう。もし、わたしの悩みが、ほんとうに深刻なものであったら、それを感じとったときの父は、それが朝鮮語で言われないことにいらだち、おこり出すに決まっているのです。

それを考えると、わたしは、父になにも言えなくなってしまうのでした。結局、わたしは、一人で考えていくほかありませんでした。そしてわたしには、考えていく力がなかったのです。わたしにわかっていることは、ただ一つ、どうしたら朝鮮人だからといって、ばかにされないですむか、ということです」。

父が朝鮮人の世界で生活していたにもかかわらず子供は日本人、皇国少年として育っているのである。この日本人として育った人々が日本の敗戦時には多数育てられていたのである。敗戦後、在日朝鮮人のなかで、皇民化を否定し、民族をとりもどす教育が活発にくりひろげられた。しかし、少年期にたたき込まれた教育は日本で生活をつづけることになった人々にさまざまな形で影響を与え、それがとりもなおさず現在の在日朝鮮人社会にも影をおとしている。

これは戦時下に日本が犯した他民族に対する協和会という組織を通して実施した皇民化と抑圧・統制が大きな傷としていまに残っているといえよう。よって協和会という名は日本人には忘れられても、在日朝鮮人にとって忘れられない「憎悪の語句」としての存在なのである。[18]

〔注〕

(1) 日本国内についていえばこの時点で「台湾」出身者は全国で二万八〇〇〇人といわれ、実質的には二〇〇万人をこえていた在日朝鮮人対策であった。
(2) 森田芳夫『在日朝鮮人の処遇の現状』一九五四年。
(3)『毎日新聞』一九四四年一二月二五日付。
(4) 前掲『毎日新聞』。
(5) 前掲『毎日新聞』。
(6)『兵庫県社会事業』一九四一年一月号。
(7)『兵庫県社会事業』一九四二年一二月号。
(8)『兵庫県社会事業』一九四二年八月号。
(9) 森田芳夫『在日朝鮮人の処遇と現状』一九五四年。
(10)『朝日新聞』一九四四年一二月二四日付。
(11) 厚生省『職員録』一九四五年三月。
(12) 拙稿「在日朝鮮人戦災者二三万九三二〇人」『在日朝鮮人史研究』四号所収。
(13)「特高月報原稿」一九四五年。朴慶植『在日朝鮮人関係資料集成』第五巻所収。
(14) 前掲「特高月報原稿」。
(15) 前掲「特高月報原稿」。
(16)『神奈川県公報』一九四五年四月一九日。
(17) 米軍接収文書マイクロフィルム　内務省警保局『協和事業関係書類』から。
(18) 朴慶植「日帝時期における『協和会』について」『季刊現代史』一九七四年一一月。

第一一章　興生会体制の解体と敗戦後への移行

戦時下の在日朝鮮人統制組織の協和会について、その設立と展開を中心に過去にまとめたのが本書の旧版である。しかし、一部については不十分であった。そこで追記・加筆し増補の章を書くことにした。この一環としてここでは戦時末期の一九四四年になって実施された興生会体制と崩壊、興生会の戦後の役割について改めて考えてみたい。ここから興生会という戦前期の在日朝鮮人統制機構がどのような形で戦後在日朝鮮人統制へと引き継がれていったかについて考えるための道筋を探す手がかりとしたい。協和会機構の要になっていた特別高等警察体制は敗戦後の一九四五年一〇月に解体された。この時点で特別高等警察体制は解体したことは事実であるが、朝鮮人に対する抑圧と統制は敗戦後も継続していたのである。興生会を含む協和会体制はこの過程で戦後朝鮮人抑圧体制に一定の役割を果たすのである。本章では戦後在日朝鮮人抑圧体制との関連づけの中で興生会を検討し、戦後抑圧体制について考えておきたい。

興生会体制への転換は一九四四年末に実施されたが、この時期に実施されたのは、朝鮮人、中国人（台湾出身者。以下同様な意味で使用）に対する処遇改善政策の一環として位置づけられる。それは朝鮮人と中国人に対する更なる戦時協力を強制することを前提としての機能を持っていた。この政策は処遇改善という朝鮮人への政治的な処遇、在日朝鮮人に関する政策転換にとどまらず、朝鮮における三反歩以下の農民に対する供出免除、田地の畑作転換などを伴う朝鮮農業政策に対する方針転換を含む、広い範囲での処遇改善政策をおこなうなかで実施されたのである。朝鮮では一九四四年には三年連続の凶作が明らかになり、同時に戦況は日本に決定的に不利となり、日本の帝国主義体制が崩壊に瀕していたなかで日本政府が「改善」を前面に出す必要に迫られて実施されたのである。

在日朝鮮人に対する処遇改善政策の決定経過概要は、

一九四四年一一月四日　「朝鮮および台湾在住民の処遇改善に関する件」を閣議決定（朝鮮・台湾の政治処遇を含む）

一九四四年一一月二〇日　「中央協和会」を「中央興生会」へ改組

一九四四年一二月二二日　「朝鮮および台湾同胞に対する処遇改善に関する件」を閣議決定（在日朝鮮人対策が中心的内容）

一九四四年一二月三〇日　内務、司法、文部、厚生、軍需各次官名で地方長官に対して上記在日朝鮮人・台湾出身者処遇改善政策の内容について通達（内務省発管第六三号）

の通りであった。これらの指示内容については前章で述べているので省略するが、基本的には以下に見る事業計画内容が指示されている。ここでは、まず中央興生会と地方興生会の設立と活動について述べておきたい。

1　中央興生会事業計画と地方興生会の結成

中央興生会についての研究は、存立した期間が短いこともあってほとんどなされてこなかった。資料としては『協和会関係資料集』第五巻に関係資料を四点および中央興生会寄付行為資料を収録してある。本稿ではここに収録しておらず、これまで紹介されていない、「財団法人中央興生会昭和二十年度事業計画」に基づいて中央興生会の性格付けをおこなっておきたい。このことによって、戦時末期の在日朝鮮人政策と戦後在日朝鮮人処遇にどのような影響を与えていたのかを明らかにする一助にしたい。

(1)中央興生会の事業計画

中央興生会の改組は協和会内部で準備・検討されてからおこなわれたのではなく、処遇改善政策の中で急遽実施されたと考えられる。戦時末期の体制維持と動員強化を背景とした政治的理由からであったと考えられる。改組自体はおこなわれたものの、事業は中央協和会事業を引き継いでおこなわれていたと考えられ、興生会を支える組織が警察署特高課であること、厚生省の管轄で協和官、武田行雄など幹部は変わっていないこと、皇民化という基本路線が変わっていないことなどからである。新たに課題となっていた戦時動員体制強化政策が付け加わったと思われる。この中央興生会の事業計画が具体的に示されたのは一九四五年になってからであると思われる。後掲資料は三月末に提出されているが予算要求に伴う資料として作成されており、これ以前から興生事業方針が提示されていたと考えられる。この資料に示されている中央興生会事業の特徴は次のような諸点であろう。

・組織・統制の実質的な要は内務省警保局、すなわち特別高等警察課にあり、厚生省内には興生会の事務所が置かれていた。それは地方の具体的な支会は警察署単位に組織されて特高課が担当していたことがそれをよく示している。警察による在日朝鮮人統制という機能は協和会から興生会になっても変わっていないのである。後に見るように事務所を新しく設置するという方針も提示されているが、在日朝鮮人の統制・管理は特別高等警察であることには変わりはなかったのである。

・「出動労務者」すなわち戦時強制労働動員者に関する対策に重点が置かれており、事業計画には労働者の訓練強化と共に動員者の郷土派遣、家族の「内地招致」、表彰などが盛り込まれていることに示されている。同時に指導に従わない者、逃亡者については主要地域に「特殊労務者勤労訓練所」を造り「悪癖」を矯正するという方針を打ち出している。この特殊訓練所がどこに設置されたか、設置されなかったかは明らかではないが、興生会では逃亡戦時強制労働動員者に対する「強制収容所」の設置を考えていたのである。

・一九四四年度から始まっていた徴兵制度に対応して在日朝鮮人に対する徴兵適用のために対象者の錬成が課題として取り上げられている。兵事思想の普及や女性に対する教化指導などが政策の柱として取り上げられているのが協和会と相違していることである。

・すでに協和会時代にも「協和教育」が取り上げられていたが、朝鮮での朝鮮人に対する義務教育化が発表される中で在日朝鮮人に対する皇民化教育を徹底しようとしたのである。日本人に較べると極端に低かった在日朝鮮人に対する就学率を上げるため、その奨励が徹底して実施するように指示されているのである。

・協和会時代には警察署単位に組織されていた支会事務所はすべて警察署に置かれていたが、興生会では在日朝鮮人が多い地域での独立事務所の設置を進めているのである。都道府県の事務所は各県庁社会課などに置かれていたが、実質的な事務は各警察署特高課で担当していた。大阪などでは独自の隣保館などが設置されていたところもあったが事務所は警察署の中にあった。これを、独自事務所の設置を奨励しているのである。内鮮一体といいながら日本人は市町村・隣組の統制下にあり、朝鮮人だけに警察が行政的な管理を実施していたことに批判が存在したのである。また、独自事務所に警察官と共に有力朝鮮人指導員を配置して統制する方法を採用しているのである。なお、朝鮮人が最も多かった大阪府ではすでに一九四四年末に大規模な協和会館を建設中で、これには天皇の「御下賜金」もあり、建設されたのである。

・興生会になってから会員などに向けた『みたみ』新聞の刊行に力を入れて教化活動の中心的な

手法としたのである。興生会は新聞事業特別会計を組み、独自の体制で新聞発行を実施したと考えられる。この新聞については発見されていないのであるが、何号かは刊行され、配布されたと考えられる。

個別テーマではこのような特徴を持っていたが、興生会を全体的に位置づけるとすれば戦争末期の「時局」に対応するための対処方針であったと指摘できよう。また、一方では戦時動員のための管理強化の方針を維持しながらも朝鮮人に対する「表彰」、指導員などへの格付け、戦時動員労働者に対する家族招待、労働者自身の郷土訪問など懐柔する政策を前面に出しているのである。抑圧・統制という側面が強かった協和会からの処遇改善の転換が表現されているのである。この方針の下で興生会の各機関への朝鮮人有力者の取り込みも盛んになり、朝鮮人が前面に出て活動するというスタイルへの転換が盛んになったのである。内務省、特別高等警察を中心にした基本的な活動形態を維持しつつ前面に朝鮮人を立てる方策を採ったのである。

なお、事業計画では興生会役員名簿も付されているが、以前と相違する点は会長に陸軍大将中村孝太郎を当てて軍主導の形を取っていることである。理事長は近藤駿介とされた。また、四人の副会長には一名の朝鮮人が就任する形式が採られている。朝鮮人副会長は李家軫鎬である。

中央での興生会の組織改組活動を基本としながらも、地方協和会も興生会への転換をおこなっていく。具体的に神奈川県の改組の事例を揚げておこう。

(2)地方興生会の改組——神奈川県を事例にして

神奈川県協和会は在日朝鮮人が一九四四年末の時点で五万四七九五人、世帯数八六一二世帯に達していた。[1]

神奈川県内には京浜工業地帯を形成する横浜・川崎を中心に工場地帯が広がっていた。さらに横須賀海軍基地、海軍厚木飛行場の建設、相模原には陸軍の大規模工場等が設置され、工場地帯と海軍艦艇への水の供給の必要から相模湖ダムの建設が始まり完成が間近になっていた。そこには在日朝鮮人と朝鮮人戦時労働動員者が多く動員されていた。戦時体制を支える重要な地域であった。

興生会への改組に関する資料は十分発掘されてはいないため、ここでは概要を報じている新聞に依拠して改組の実状を明らかにしておきたい。この新聞記事は、

「県興生会新発足

県協和会では中央本部の改組に伴い今回県興生会として新発足することになった。これを契機に従来の内地在住外地同胞の保護指導並に皇民化を更に強化するため興生委員として県下に一三〇名の委員を県知事より任命する。新事業としては国語習得を中心とする興生修練所を工場、事業場、町内会に設置、各警察署毎にある協和会支会を廃止し同警察署単位に独立した興生事務所を設置し事務所内に相談所を設け皇民化保護指導に当たる[2]」

としている。

まず、興生会としての新しい側面として取り上げられているのは興生委員の設置である。それまでも指導員が設置されていたがその追認と補充がおこなわれ、補充の中心が在日朝鮮人を対象に「任命」され、県知事が辞令を交付したと考えられることである。辞令対象人員は一三〇人に達していた。重点地区を優先的におこない、選出基準は一〇〇世帯から一五〇世帯に三人を配置するという方針であった。それまでは警察署長などの依嘱に依っていたのが知事に格上げされたのである。在日朝鮮人統制に在日朝鮮人を動員する方針を具体化したのである。すでに指導員として活動していた人の追認と新しい興生委員に辞令が交付されたと考えられる。このことは朝鮮人社会の中に官の指導に従わざるを得ない人々の集団を新たに作ったことを意味していた。委員手当予算は一人一〇円にしかすぎなかったが、このような興生委員制度は解放後にも影響を与えていた(3)。

次の重点施策とされているのは朝鮮人の興生修練所の設置である。戦時労働動員者や在日朝鮮人多住地域に日本語などの講習をするための場所を設定するという方針であった。これがどの程度設置されたかについては疑問であるが、日本語などの「修練」はそれなりに実施されていたと考えられる。

各警察署ごとに興生事務所を設置するという方針は先に見たような中央興生会の重要な指針を受けたもので、実際に設置された事務所も存在したと思われる(4)。「内鮮一体」と言いながら朝鮮人だけが別の住民管理下に置かれている実態をごまかし、警察が管理している団体であると思われないようにしたのである。

県の興生会設置と並行して、各警察署毎の興生会も設置され予算が編成され活動を始めていた。また、組織的には一九四五年四月一九日付で、知事名で「神奈川県興生事業委員会規程」を制定し中央に対応する組織体制とした(5)。

しかし、一九四五年になると日本各地、神奈川県内共に都市空襲により興生会活動も著しい制約を受けたと考えられる。四月には川崎市が、五月末には横浜市が、七月には平塚市など主要都市中心部はすべて空襲で焼き払われていた。神奈川県の朝鮮人は都市居住者が多く、戦時動員労働者も大工場に集中していた。このため朝鮮人自身は厚木飛行場の拡張建設など農村部に疎開しており、統制自体も混乱しはじめていた。こうした混乱から統制組織体制は維持されていたが都市部の興生会の活動は方針通りにはできない側面があったと考えられる。

2　興生会の組織崩壊と戦後朝鮮人抑圧体制の維持

(1)興生会に対する敗戦後政府の基本方針

戦時労働動員労働者に対する政府の基本方針は一九四五年九月一日付、警保局保発甲三号による各省局長による地方長官に対する指示「朝鮮人集団移入労務者等の緊急処置の件」によって対応が示され、その六項には「帰鮮者の世話は地方興生会をして極力之に当たらしむると共に下関の宿泊施設には中央興生会運営の移入労務者教養施設を利用せしむる方針なること(6)」とされている。当初帰国者たちの担当は行政的にも興生会であったことを示している。

この段階では興生会は存続しており、こうした指示が出されたのである。この指示と前後して在日朝鮮人についての処遇の方針が示された。「終戦に伴う内地在住朝鮮人及台湾人の処遇に関する件」である。方針としては「内地人との間に最も緊密な関係を維持」する必要から「両者間に罅隙を生じ禍根を将来に胎するが如き」ことがないようにするという内容であった。このために帰国者に対しては(3)項に「中央及地方興生会統制会台湾協会等をして帰郷者の乗車乗船券の購入宿舎休息所の斡旋其の他」に当たらしむることとしている。日本に居住する希望を持っている者に対しては、

・中央及地方興生会並に興生委員等の指導機構は之を存置し以上の事業実施の機関たらしめること

・興生事業中戦争遂行を目的とするもの或は時局の急変に依り不必要となりたるものは之を廃止し其の他の事業は継続実施すること

・興生事業は情勢の急変に即応し失業者救済職業補導生活相談等に重点を置くこと

としている(7)。

ここから見えてくるのは日本政府は興生会を解散させるという意図はなく、組織を温存し利用したいと考えていたのである。戦争賛美などはおこなわないとしているものの、統制組織そのものを残すという方針であった。このことを具体的な文書として指示したのが九月二八日付けの厚生省健民局・内務省警保局通牒「終戦に伴う内地在住朝鮮人及台湾人の処遇に関する応急措置の件」である(8)。

この前文では朝鮮人・台湾人に対しては「共栄和親」の精神で臨むこととして「両者間に罅隙を生じ禍根を将来に貽するが如きことなき様」注意するように指示し軽挙妄動を防止すること、「帰鮮保護」を実施することについて指示し、次に興生会について具体的な指示を出している。これによれば人心の安定、「帰鮮保護」生活相談などをおこなうこと等を上げた後に「中央及地方興生会、興生委員等はなお、そのまま之を存置するものとす」としている。廃止する事業としては興生教育・皇民化教育、衛生思想普及、壮丁錬成、勤労訓練所「移入労働者定着指導」会員証や国語読本の配布、勤労報国隊の訓練、服装改善指導、指導者訓練などの国庫補助を停止することを指示している。これは戦時動員関係、精神動員、統制の象徴であった会員証の交付などは廃止したものの、興生会の根幹になっていた警察組織そのものの中央興生会と地方興生会の組織は存続するように指示しているのである。日本政府の朝鮮人統制の組織は残すという意志の表れであった。

しかし、連合国最高総司令部は一〇月四日の特高警察の廃止の指示を出したのである。

(2)興生会の組織的解体

興生会を支えていたのは内務省警保局指揮下の特別高等警察であった。労働運動、経済統制など戦時体制を支え、治安維持法を適用して戦時体制を維持していた組織であった。この特別高等警察は連合国最高司令部によって戦時体制を支えるものとして一九四五年一〇月四日に解体された。解体の具体的な内務次官通達が地方長官（知事）にあったのは一〇月六日で同日付をもって特別高等警察制度は廃止された(9)。

各警察署の特別高等警察課も同時に解体されたと考えられる。興生会の組織的な中核は特高課内鮮係であったために、この時点で興生会は解体したというべきであろう。しかし、建前上は警察組織とは関係ない外郭団体であり興生会が具体的な対象にされたのかは明確ではない。一応、特別高等警察は組織的には解体されたものの朝鮮人と台湾出身者は存在し続けていたので、業務は他課などに引継がれるという形態をとり、朝鮮人・台湾出身者への対応は続いていた。前記香川県の場合は解体したものの「但し分掌事務中外人の保護に関する事項は之を警務課に、帰鮮斡旋の援助等朝鮮人厚生事業の指導協力事務は内政部厚生課に夫々移管す」[10]としている。ここでいう厚生事業は帰国者保護などを示唆すると思われるが何を意味するかは明確ではない。その後の推移から見ると朝鮮人に関する帰国等の事務であると考えられる。同じ警察が朝鮮人の担当であることは変わりがなかったのである。警察官は特別高等警察課内鮮係に永続的に勤務していたわけではなく、警察内の異動を繰り返しており、一九四五年一〇月の時点で特別高等警察課に所属していなくても、特別高等警察課勤務経験のある警察官は多数勤務を続けており、対朝鮮人政策は変わらずに実行できたのである。警察組織全体は温存され解体したわけではないのである。連合国最高総司令部は軍隊の解散は指示したが警察の一部、すなわち特別高等警察を解体したにすぎず、警察組織を用いて日本国内の治安維持の任務を占領当初から持たせていたのである。また、外郭団体の体裁を採っていた興生会について連合国軍最高司令部が具体的な指示をした資料は発見されていない。

3　新たな朝鮮人対応

香川県での対応は内務省の指揮下に全国で共通しておこなわれていたと考えられる。政府は朝鮮人対応政策を新たに設定したわけではなく、連合国最高総司令部もそうした対応組織の結成は日本政府に指示していない。

では警察はどのような形で解体した興生会体制から新たな朝鮮人対応へと移行したのであろうか。このことを神奈川県の場合でいえば次のような方針で臨んでいたのである。知事事務引継書では次のように述べている。

「朝鮮人、台湾人の指導問題

朝鮮人並に台湾人の不法行為を防止する為平常の指導は絶対必要な事であるが、しかしながらこの方法は嘗ての特高警察に於いての方法だったので終戦後に於いては単なる視察と事件処理等の消極的取扱に止まっている為依然として不法行為は絶えない状況にある。故に此の際治安維持絶対確保の観点より積極的に事前指導（特高警察の方法を技術的に変える）は絶対必要なるにつき朝鮮人台湾人の登録制、又は外の適切なる方法により事前指導を為すべく考慮中である[11]」

としている。

この時期は在日朝鮮人、台湾出身者に対する明確な政策が日本政府には存在せず、基本的には帰国促進が基本的な政策にすぎなかった。この意図は植民地支配や在住者の処遇の改善などの基本的な政策は見あたらずに治安維持を絶対視する戦前期の朝鮮人観を前面に出した内容であった。また、「特高警察の方法を技術的に変える」ということはどのようなことであるのか判然としないが、特高警察の精神は変えずにやり方を変えるということであろう。外国人としての権利、職業の保障、生活の確保などの政策展開ではなく治安対策を目標に登録制など新たな朝鮮人管理・統制方式を導入を検討しているとしているのである。具体的には朝鮮人連盟は神奈川県内で警察署単位に二〇ヶ所の支部を結成し「保安隊」を組織し活動していたが、これを治安を乱すものとして取締まっている。朝鮮人を治安対象とすると同時に再渡航者[12]を密航取締対象として一九四六年一一月には神奈川県内で五五名を逮捕し、二八名を強制送還している。このことから警察当局は治安維持と渡航管理という二つの柱を流れとする戦後在日朝鮮人対応の流れをつくり出していったといえる[13]。

大阪府の場合は協和会、興生会の規模が大きく、全国の朝鮮人対策の見本とされていたが、一九四六年一月三一日に興生会理事会を開催し正式に組織の解体をおこなった。大阪府の場合は組織を維持しようと考え、新たに日鮮協会を設立することとした。大きな財産を持っていた興生会の処分については、

1　不動産は大阪府に寄付

2　役員並びに関係者に対する退職金、解散手当、謝儀等は清算人に一任すること

3　預金及現金は後継団体大阪府日鮮協会へ寄付
4　什器は詳細調査の上一部は後継団体大阪府日鮮協会へ寄付　その他は大阪府へ寄付

としている。預金については「進駐軍」と調査中としている。重要なのは新たに「日鮮協会」を設立し「日鮮親善」が必要であることから「日鮮協会」を設立し、「援護送還等に付き万遺憾なきを期す」としていることである。新たな融和団体を組織して朝鮮人対策を考えたのである。具体的な活動については明らかでないが、こうした処置について「進駐軍第一〇七師団ハートマン少佐と連絡済み」という事項が含まれている。このことは検証しなければならないが、少なくとも連合国軍はこうした処置を認めていたと事実の推移からは考えられる。また、完成したばかりの大規模な「大阪府興生会館（北区中崎町45）は在日本朝鮮人連盟並に朝鮮人国際労働同盟に朝鮮人送還中無償貸付をなす」とされている。[14]

こうした大阪府、神奈川における対応と同時に一九四五年一一月の在日朝鮮人人口調査、一九四六年に開始された帰国調査などに際しては市町村役場でおこなうことになった。しかし戦前の日本の役場は徴兵事務、就学事務以外については朝鮮人社会と隔絶した関係にあり、関係文書ではこれらの実行にあたっては「警察の協力を得る」ことが指示されており、警察が戦後朝鮮人管理に一定の役割を持つに到った要因になったと考えられる。先の神奈川県の事例に示されているように朝鮮人に対する登録制度については第一回目の実施は一九四七年に試みられており、戦前から引き継がれた朝鮮人管理、統制方針が生かされていたといえよう。治安確保という基本路線は協和会・興生会から戦後の在日朝鮮人管理に生き続けているのである。在日朝鮮人を治安対象として見るような体制が戦後継続したのである。戦後都市を中心にできた自治体警察は財政難から廃止され、国家地方警察に統合されていくが、これによって警察による治安管理的対応は統一され、同時に朝鮮人に対する抑圧も、むしろ強化されるようになった。

協和会・興生会は組織的には解体したものの、警察の中に公安警察という名の朝鮮人管理機構と治安対策機能は残されたのである。

なお、戦後日本社会の中で興生会機能を継続・発揮させなかったのは、朝鮮人側の民主的な運動と興生会に対する朝鮮人民衆側の批判が強かったためである。この点については別に論じたい。また、戦後日本人社会からは戦前期の協和会・興生会体制についての批判的な発言は全く見られなかった。この協和会・興生会体制についての戦後改革の不徹底さは、その後の日本政府の在日朝鮮人政策に大きな影響を与えるものとなった。

資料紹介「財団法人 中央興生会昭和二十年度事業計画」

一 連絡協調

1 全国協議会　地方興生事業主務職員の協議会を開催し重要なる問題に就いて討議研鑽を為し事業の進展に資す

2　地方協議会　地方別興生事業関係者の協議会を開催し壮丁錬成並びに勤労訓練の徹底及び中央及地方相互間の連絡緊密化を図り且事業に必要なる事項を協議す

3　勤労関係連絡会議　出勤労務者の勤労管理　定着指導援護等に関し完璧を期する為関係官庁及関係諸団体との連絡会議を開催す

4　興生教育協議会　国民学校に於ける興生教育の普及徹底を期する為関係学校長其の他の参集を求め興生教育協議会を開催す

5　学徒指導職員懇談会　青少年教化如何は興生事業の成否に関係あるを以て之等を指導する職員（主として中等学校）の懇談会を開催してその指導方針の検討を図る

6　宣伝機関の関係者連絡会新聞　雑誌　演芸等を通じて興生思想の普及徹底を図る為連絡懇談会を開催し積極的協力を求む

7　対外地連絡会議　朝鮮との連絡を緊密にし事業の円滑なる進展を期する為内地及び朝鮮に於いて関係者の連絡会議を開催す

8　その他必要なる事項を行う

二　調査研究

1　興生事業研究　内地在住朝鮮人の現状の社会的経済的文化的研究を専門家に依嘱し事業の企画推進上の参考に資す

2　出勤労働者に関する調査研究　出勤労務者に関する調査研究を為し必要なる対策を為す

3　壮丁に関する調査研究　壮丁に関する調査研究を為し徴兵制施行上の完璧に資す
4　外地事情の調査研究　興生事業関係職員並に教育関係職員等を派遣し外地事情を調査せしめ斯事業遂行上の参考に資す
5　その他必要なる事項に付き調査研究を為す

三　**指導奨励助成**

1　地方指導員の錬成並びに錬成奨励　地方興生会並びに支会指導職員の素質向上を図る為全国主要地に於いて錬成講習会を開催すると共に支会補導員の錬成を奨励し之に必要なる経費を助成交付す
2　指導階級修錬会の開催奨励　地方興生会に於いて指導的地位にある者の修錬講習会を開催せしめ之に必要なる経費を助成交付す
3　壮丁錬成の指導奨励　壮丁錬成の徹底を期する為之に必要なる経費を助成す
4　壮丁錬成の査察と督励　壮丁錬成内を充実せしむる為査察督励班を派遣し適宜当なる指導を為す
5　学徒の保護並指導　内地在住学徒に対し錬成並に勤労報国を通じて皇国臣民たるの本分を完うせしめ且必要に応じ適当なる保護並に指導を為す
6　講師の派遣　地方主催講習会其他の会合に際し講師を派遣す
7　選奨並弔慰　興生事業に功労ある者・優良なる労務者及優良なる団体等を旌表《せいひょう》しまた職務の

為に殉じあるいは空襲による罹災者に対しては霊位を弔いその遺族を慰むる為に弔慰金を贈呈す

8　会員章交付　地方興生会を通じ会員章を交付して会員たる身分を証せしめ保護の万全を期す

9　興生教育の研究奨励　国民学校に於ける興生教育の適否は興生の成否に重大なる関係あるを以て各都道府県中殊に朝鮮人子弟多数在籍する学校に対し奨励費を交付し興生教育の研究に当らしめ其の振興を図る

10　婦人の教化指導奨励　壮丁錬成子弟教育等総ての根源は家庭婦人の自覚教養の有無に存するを以て地方興生会をして母子簡易学校婦人教育講習会等を開催せしめ指導講師を派遣する外必要経費を交付して其の奨励を為す

11　服装改善・奨励助成　婦人服装の内地化を勧奨する為既製の朝鮮服を婦人標準服に改造縫製講習会を開催せしめ之に要する経費を交付す

12　支会事務所設置奨励助成　多数の会員を有する地方興生会支会に独立事務所を設置せしめ専任の指導職員を置き支会事務並に会員の指導に当たらしむることとし之に必要なる経費を助成交付す

13　興生相談所設置奨励　多数会員を有する支会に興生相談所を設置せしめ会員の身上其他生活一般の相談に応じ適当なる指導誘掖《ゆうえき》に当らしむるのに之に必要なる経費を助成交付す

14　興生指導員設置奨励助成　地方興生会に興生指導員を設置せしめ会員の指導に当らしむる為之に必要なる経費を助成交付す

15　兵事思想普及奨励助成　地方興生会に於いて壮丁並に父兄母姉に対し兵事思想の普及徹底を期

する為講演・映画会開催、一日入営等の行事を実施せしめ之に必要なる経費を助成交付す
16　地方興生会助成　地方興生会に対し事業奨励の為本会の予算の範囲内に於て補助金を交付す
17　其の他必要なる事項を行う

三《ママ》　勤労対策

1　出動勤労訓練所の開設運営　出動労務者の勤労管理に当るべき指導職員の新規養成並に出動労務者中の中堅幹部錬成を為す為の全国主要地方に興生勤労訓練所を設置す
2　特殊労務者訓練所の開設運営　出動労務者中特殊の性癖を有する者に対し訓練を加えて悪癖を矯正し皇国勤労者たるの自覚を深め優良労務者として更生せしめん為全国主要地方に特殊訓練所を設置す
3　出動労務者訓練指導員講習会　出動労務訓練の指導監督に当る地方興生事業関係職員（支会・分会職員を含む）並に事業場職員に対し現地に於て短期の講習会を開催し勤労管理の改善向上に資す
4　興生館の運営　出動労務者下関・博多到着時に於て其の心象を明朗にし産業戦士としての士気を鼓舞し休養を図る為下関及福岡に設置せる興生館を運営す
5　出動勤労者訓練状況査察　工場・事業場に於ける出動労働者訓練の如何は生産増強及び皇国臣民化の徹底に至大の影響あるを以て関係各省関係団体の協力の下に之が状況を査察し其の向上改善を督励す

6　勤労者郷土派遣　出動労務者中成績優秀なる者を選抜して適当なる指導者引率の下に父兄等との連絡に当らしめ内地勤労事情を紹介せしめると共に決戦下の鮮内事情を深く認識せしめ以て出動労務者の勤労精神の向上と労務供出の円滑化に資す

7　労務供出関係者並に家族代表の内地招致　出動労務者供出関係職員並に家族代表を内地に招致し工場事業場の施設労務者の勤労挺身の状況、生活の実際等を視察せしめ安心感を与うると共に出動労務者の慰問に資せしむ

8　勤労報国隊の出動及之が予備訓練の指導奨励　時局に即応し勤労報国隊を組織せしめ之が予備訓練に必要なる経費を助成す

9　その他必要なる事項を行う

四　普及宣伝

1　興生思想普及促進　新聞、雑誌、演芸会方面の協力を求め其の機関を通じて興生思想の普及促進を図る

2　移動展覧会の開催　普《あまね》く今日の朝鮮及朝鮮同胞の姿を充分に理解せしめ興生事業の促進を図る為各地に移動展覧会を開催す

3　移動演劇隊の派遣　興生事業の理解促進を図ると共に朝鮮人労務者の慰問激励の為移動演劇隊を組織し各地に派遣す

4　幻灯画及紙芝居の作成頒布　興生事業に必要なる幻灯画及紙芝居を作成し会員指導及本事業の

普及宣伝資料として頒布す
5　映画購入貸付　興生事業に必要なる映画の作成購入を為し映画会の開催及貸付を為す
6　興生事業の趣旨普及パンフレット配布　興生事業趣旨宣伝の為簡易なる宣伝印刷物を頒布す
7　ラジオ放送及放送劇作成　興生事業に関する講演の放送及放送劇を作成して之が放送を為し事業の普及徹底を図る
8　文芸作品の推薦　興生事業の目的達成に有益なる文芸作品を推薦す
9　交歓座談会の開催　内鮮同胞相互の理解と融和とを徹底せしむる為交歓座談会を開催す
10　その他必要なる事項を行う

五　雑誌図書の発行

1　雑誌「興生事業研究」の発行　「興生事業研究」を発行して地方職員及関係者の研究に資せしむ
2　興生叢書の刊行　指導並に宣伝上参考となるべきもの又は会員に修養慰安とすべき印刷物を随時刊行頒布す
3　興生国語読本の改訂及発行　従来の読本の形式内容を検討改訂し之を作成して地方興生会及関係工場工事場に頒布し国語の普及並に皇民精神の涵養に資せしむ
4　興生文芸作品の刊行　興生事業目的達成に必要なる文芸作品を選定刊行す
5　参考資料の刊行　興生事業に関する有効なる資料を蒐集し之を刊行して斯業の参考に資せしむ

6　其他必要なる事項を行う

六　みたみ新聞の刊行拡充

「みたみ」新聞の発行部数、発行回数を拡充し会員を指導啓発して真にに皇国臣民たるの資質の向上を計ると共に地方内地諸官衛市町村当事者、町内会・部落会・国民学校其の他必要なる方面に頒布して半島同胞に対する認識を深めて興生事業の発展に資す

七　戦災対策

「戦災空襲」其他戦時災害を受けたるものに対して応急の保護指導を為す

八　その他必要なる事項

昭和二十年三月二十七日提出
財団法人　中央興生会
理事長　近藤駿介

＊この文書には中央興生会の各事業予算書、役員名簿、寄付行為文書が付されているが省略した。
＊本文書は「中央協和会理事会書　興生会関係　昭和十八年、十九年に含まれ、この一部から作成した。
この資料は宮本正明氏から教示していただいたものである。

＊資料の（　）内については筆者注である。

〔注〕

（1）この数字には戦時労働動員者は含まれていないと考えられる。「昭和十九年度追加予算調書」『神奈川県参事会議案原稿』一九四五年一月による。

（2）この数字については神奈川県内務部庶務課『県参事会議案原稿』一九四五年一月の「興生事業拡充強化実施計画」による。

『神奈川新聞』一九四五年二月一日付。この記事は一九四五年二月一日の記事で二月に県興生会は組織整備され活動を始めたと考えられる。

（3）解放後も帰国しなかった人々の一部には指導員をしていた人も含めて、新朝鮮建設同盟（川崎市浜町）、朝鮮建国促進青年同盟（横浜市西区藤棚）へ参加していた。朝鮮人連盟と対立する要因の一つになっていくのである。

（4）確認できていないが一部事務所が設置されたと思われるのは、解放後設立された朝鮮人連盟支部事務所は警察署単位で開設され、戦前のそれを利用した場合もあると思われる。

（5）本書二七六頁に規程全文を紹介してある。

（6）この文書は大野緑一郎文書　一三一六、国立国会図書館蔵に含まれている。

（7）前掲大野緑一郎文書　一二七〇号文書による。この文書には日付が付されていないが地方興生会の組織存続を決めていることから一〇月四日の特別高等警察廃止の指令以前で九月一日前後の文書であると思われる。

（8）この通牒については本書二六六頁以下に大要を紹介してある。

（9）一九四五年一〇月元香川県知事木村正義から田中省吾知事への『事務引継書・警察部』による。
（10）前掲香川県『事務引継書』による。
（11）神奈川県『知事引継書』一九四七年、内山知事から臨時知事代理への文書による。
（12）再渡航者、戦後渡航者は植民地支配末期に起きた三年連続の凶作、戦時労働動員による労働力不足による農業の疲弊、朝鮮内インフレ、朝鮮外からの帰国者の著しい増加、南北分断の経済的影響などにより朝鮮内の混乱は深刻となっていた。このため帰国した人も日本への再渡航を試みる人も増加していた。
（13）一〇月四日の特別高等警察の解体に伴う以後の特別高等警察官の追放はこの時点で在職していた者が中心で、以前に特高課内鮮係勤務者はそのまま警察官として勤務していたので朝鮮人管理・統制の伝統は生きていくこととなっていた。追放者は正確には一九三七年七月七日から四五年九月二日までの間二年以上特別高等警察に在籍していた者との総司領部の指示がある。しかし、各県でどの程度正確に実施されたのかは明らかではない。
なお登録制に関しては「朝鮮人」、中国人、琉球人、台湾人の登録に関する覚書が一九四六年二月一七日に総司令部から提示された。登録は一九四六年三月一八日までに引き揚げに関する登録をすることになり実施されている。この調査によって引揚数と残留数を確定した。

（登録については終戦連絡中央事務局政治部内務課『警察に関する連合国指令集』による。この時点では継続して在留する者に対しての登録証についての指示はされていない）。
（14）大阪府『知事事務引継書』一九四六年一月、大阪府公文書館蔵による。この資料は鈴木久美氏の提供による。大阪府は新たな朝鮮人対応組織をつくり、当面する連合軍の指示による組織的な帰国指令を円滑におこなおうとしたのである。

補章

1　日本人の在日朝鮮人対応(1)——幸田タマと八幡市丸山学院

はじめに

近代の植民地支配が日本人や日本社会にもたらした問題は多く、それなりの議論もあるが、それにかかわった人々＝人間たちの記録の多くは企業家の伝記や、県人の活躍記録といったたぐいのものであり、その行動を賛美、合理化しているのが目立つ程度である。とくに、在日朝鮮人にかかわった日本人の記録は全くないといってもよい。在日朝鮮人が抑圧国内の、この日本で果たした役割からいっても、彼らと接した日本人の姿はもう少し解明されてもよいと思う。

一方、最近の在日朝鮮人問題についての関心の高まりもさることながら、朝鮮の植民地支配、〝過去〟の在日朝鮮人抑圧についてはこれまでの評価とは異なる見解をみることが多くなった。

それは植民地支配や、抑圧については反省し、誤りをみとめ、新しい日韓関係や、在日朝鮮人との関係を展望している議論である。それはいわゆる「善意、良識」を内容とするような論理である。それをどう評価するかはきわめて注意しておこなわねばならないが、最近は現況を展望する論理が「注目」してよい論文であるとか、歴史を正しく評価している、というような見方から肯定的な評を与えられており、その評価は「進歩的」と称される人々のなかにも存在するようにもみられる。しかし、その主張の本質は、日本の海外経済進出を保障するための論理であったり、国内向けには国際化にともなう外国人国内管理体制強化という課題を担っているものである。むしろ、柔軟で、善意にみちているると思われる在日朝鮮人対応や評価こそ、抑圧国国民・民衆にとって危険なものではなかったのか。

こうした意味で、ここでは、日本に在日朝鮮人社会が形成されたころ、ごく初期に在日朝鮮人問題に取り組み、八幡製鉄所に働く朝鮮人労働者を相手に活動した幸田タマという女性に焦点をあて論じてみたい。[1]

(1)八幡製鉄所争議と在日朝鮮人

八幡市の高見尋常小学校の訓導をしていた幸田タマといっても、全く知られていない人物であるが、私がこの人物に関心をもったのは、一〇年ほど前に国会図書館の憲政資料室にある斎藤実文書の中に幸田タマから八幡警察署長あての「鮮人労働者教化事業に関する件」という文書をみてからである。

もともと、一九二〇年二月の八幡製鉄所の大争議で活動した朝鮮人労働者の姿は浅原健三の『溶鉱炉の火は消たり』で見事に描かれており、注目していたのだが、幸田タマの活動は一九二二年九月からはじめられており、この争議となんらかの関係があるのではないかと思いメモをとっておいたのである。その後、八幡製鉄所争議の論文などを注目していたのだが、朝鮮人の活動については特にふれられていない。ただ、季刊『三千里』で岩村登志夫が争議での活躍を描いているのみである。[2] 幸田タマの活動は八幡製鉄所で働く朝鮮人と深いかかわりをもって展開されているので、まず、製鉄所で働く朝鮮人労働者の闘いの概要を紹介しておきたい。

一九一〇年に韓国併合がおこなわれ、その後、五年ほどは日本に労働者として渡航する朝鮮人はきわめて少なかったが第一次大戦をきっかけにした国内労働力不足による朝鮮人労働者の導入が盛んとなり、特に九州地方には距離的に近いこともあり、急速に増加した。[3] 八幡製鉄所も労働力不足は例外ではなく、一九一八年末の職工不足は深刻で各職場で二〇七一名が不足していたといわれる。[4] また、この導入された労働者は賃金、労働条件等が日本人より低くおさえられ、かつ民族的差別のなかにあったため、その権利を守るために朝鮮人労働者自身はストライキや、自然発生的な闘争をくりひろげていた。[5] こうした背景があり、八幡製鉄所にも〝人夫〟などで採用され働くようになっていた朝鮮人労働者は、一九二〇年の大争議の前からいく度か闘っている。例えば、

・一九一九年四月一四日から一五日にかけて製鉄所溶鉱炉鉱石運搬場で働く朝鮮人労働者八二名は待遇改善を要求してストライキに入った。
・同年八月二四日、製鉄所工事場朝鮮人労働者三三名が待遇改善を要求。

といった動きを示している。

むろん、こうした動きは日本人労働者の中にも活発にあり、別記の浅原健三が中心になり、同年一〇月には日本労友会を結成し、翌年の大争議を準備する。その後、日本人労働者と朝鮮人労働者は第一次大戦後の不況という共通の基盤のなかで一九二〇年二月の大争議をむかえるが、ここにおける日朝労働者の闘いの様子は前掲、岩村論文にゆずるが、争議後、会社側は争議に参加した朝鮮人労働者を労働者供給業者に命じて使用せぬよう指示していることからも、争議とのかかわりを伺い知ることができる。このためか、製鉄所内の朝鮮人労働者の動きは一時確認できなくなるが、幸田タマが八幡で活動をはじめる一九二二年になるといくつかの活動が記録されている。

六月に八幡市内の朝鮮人労働者一一七名は製鉄所内の貯水池工事場で懇親大会を開き、疾病救助や、結束をはかることを申し合わせている。組織的な活動を始めたとみられ、八月には三〇〇余名が賃金の三割増を要求している。同時に同貯水池工事の日々雇用をめぐり〝アブレ〟をさけるため労働者の対立(日本人も含む)もあったといわれる。幸田はこうした朝鮮人労働者の活発な動きのなかで、この年九月一二日に「鮮人夜学校」を設立する。この幸田の活動を紹介する前にまず、「鮮人集団地調」報告書から当時(同年一二月三〇日現在)の八幡市内の朝鮮人労働者の概要を記しておこう。(6)

在日朝鮮人戸数は一三六戸で人口は一五九一人、うち、男子労働者が圧倒的に多く、女子は一四七名にすぎない。職業は〝人夫・土方〟が一一九二人であり、この多くは、下請けに雇用される社外工として工事などに従事していた人々である。いわゆる製鉄所の職工として分類されているのは一六〇人にすぎず、これも直雇いかどうかはわからない。年齢も働きざかりの二六～三〇歳が六〇七人、二一～二五歳が三二〇人で半数以上を占めている。したがって八幡に住んでいた朝鮮人労働者はなんらかの形で製鉄所に関係した人々によって成りたっていたといえよう。なお、こうして働く人々のなかに製鉄所の守衛一名と警察には朝鮮人の通訳が一名おかれていたことは注目されよう。

以上のような二つの背景、すなわち朝鮮人労働者の急速な量的な増大、それにともなう朝鮮人労働者の抵抗は、権力側にもなんらかの対応をせまるものとなっていた。先の「鮮人集団地調」報告書のなかでも八幡署長はなんらかの対応をすべきだ、と述べ、「内地官吏の朝鮮知識の欠亡せる殊に下級官吏において甚しく常時連絡機関を置く」ことなどが提案されている。こうしたときに、かつて朝鮮に住み、子どものころから「東洋の永久平和の根源は日鮮の融和にある」と考えていた幸田タマが活動をはじめる。

(2)幸田タマと「鮮人夜学校」

実は、幸田タマの個人的なことについては、佐賀県唐津の出身であること、結婚するまでは朝鮮に住んでいたと思われること、結婚して幸田姓になったが、その夫の死後、八幡の高見尋常小学校の訓導をしていること、教えを受けた人物として金光教の佐藤範雄をあげ、かつ、その後も関係があったことから金光教の信者であったことがわかっているだけで、くわしい経歴についてはわかっていない。

ただ、彼女は積極的な人物であったようで朝鮮在住時代に総督府の古賀局長に手紙を出したり、斎藤実や、下田歌子とも連絡があり、事業にも支援をうけている。(7)

彼女は八幡に来て、かねてから「教化事業」に関心をもっていたことに加えて、その教師をしていた学校で「自分が教えている児童が鮮人をなぶったり、ひどい家主から善良な鮮人がいじめられていたりするのを実際に見、又、私の所へ物売りに来た鮮人が其等に対して怨嗟の声を発して居たのを実際に聞いて」、さらに朝鮮人に対する「教化」施設の必要を認めているのである。(8) この限りでは彼女は彼女の正義と善意であると思い行動しようとしていたのである。

こうした彼女の意向と、闘う朝鮮人労働者に対する対応の必要を認めていた八幡警察署の署長がきっかけは不明だが合意に達し、署長の推選する製鉄所に働く朝鮮人労働者を集めて「鮮人夜学校」をはじめる。この学校の設立運営資金は当初、全く彼女個人と、夜学校の教師たる彼女の二人の姉妹（小林ヤソ、伊藤小千代）の拠出金によっており、金額も年額五〇〇円余に達し、これは当時決して少ない額でなく、その熱意のほどが伺われる。(9)

こうして一九二二年九月一二日に八幡市前田長者町に建物を借りて「鮮人夜学校」が開校された。目的は次のようなことである。

一　鮮人の内地人に対する反感のため荒める心を知げ温き感情の持主となし鮮人個々の幸福を目覚せしめんとす

二　陛下の大御心を悟らしめ虐げられつつあるとの誤解を正し、兼ねて東洋平和の一助たらしめんため内鮮融和につとめ、国家観念を養成し、地理上、歴史上、東西西洋人の利害につき悟るところあらしめ人類幸福の根源を体得せしめんとすここに示されているのは階級観や、植民地支配の実態をかくし、民族的立場を捨てさせようとする意図がこめられていることである。こうした意図は、「鮮人個々の幸福を願う」ことを前面に出すことによって合理化されているという構図になっている。

したがって、幸田タマのはじめた「鮮人夜学校」は、警察署長、斎藤総督、製鉄所当局の支持、支援をうけた。学生は署長が推薦し、オルガンは製鉄所部長が寄贈し、図書は斎藤総督が寄贈している。もはや、幸田タマの意図をのりこえて、署長の治安対策に利用され、製鉄所当局の「安全」な労働力確保に協力するところとなっていた。それは、幸田タマがねらいとしていた「東洋平和」に役立ち、結果的には朝鮮の植民地支配にも役立つ存在となっていったのである。こうした実践は高く評価され、一九二五年一〇月には市内丸山町に市有家屋を無償で借り、名称を丸山学院と改め発展していくことになる。翌一九二六年一月、製鉄所から四三坪の朝鮮人労働者用の宿舎を建築したものの貸与を受けている。一九二七年、幸田タマは、製鉄所から「鮮人職工職夫」の教化事務を嘱託され、翌年、一九二八年、宮内省下賜金及び内務省奨励金の下附をうけている。一九三五年には宿泊部宿泊人四一人、幼稚部児童九七人、授産部一七人、夜間部六〇人をかかえる大きな教化施設となっている[(10)]。

むろん、幸田タマの活動について朝鮮人労働者組織の発展や活動が広がると、朝鮮人からの批判を受けるようになる。丸山学院を設立したころ、「乱暴な鮮人達が押しよせて白刃の閃くことも間々あった」り、収容している朝鮮人労働者に「赤化の手が引きこんで、只二人になったこともありました」といっているように、朝鮮人労働者側からの攻撃、すなわち、差別に反対し生活を守る立場に立つ人々の批判があったとみてよいであろう[(11)]。

しかし、大きく発展していくかにみえた丸山学院も以外に早く終息をむかえることになる。

(3) 丸山学院の終息

当時の報道によれば、幸田タマは大きく発展した丸山学院の状況に満足せずに次の計画に取り組んでいる。それは、朝鮮人少年たちを集めてソビエトと朝鮮の国境近くで農場を開設し、そこで新たに内鮮一体を具現すべく活動をはじめるという構想で、実際に移住したと思われる。これには朝鮮総督府の支持、支援があったことはいうまでもない。残された組織は解体し、一九三七年度から福岡県社会事業協会が所管するところとなり運営をはじめることになった。一九三七年、丸山学院は八幡協和館と名称を変え活動を始める。[12]すでにこの時点では戦時在日朝鮮人統制をねらいとする協和会組織を全国に作ることが決定され、政府予算もこの前年度から計上されて、朝鮮人統制、教化と抑圧がおしすすめられることになっていた。私的朝鮮人教化政策から国家的政策への転換点にあたっていたのである。幸田タマがこうした時流を見きわめていたかどうかはわからないが、客観的には〝転進〟を余儀なくされていたともいえよう。[13]

幸田タマは差別されていた在日朝鮮人の状況を憂い、その生活の窮状に対応し、算数や日本語を教え、全力をあげて取り組んでいたといえよう。こうした努力は、〝日鮮融和〟〝東洋平和〟という美名と結びついたときに在日朝鮮人対策という政治課題に応える形になったといえよう。彼女の実践は、当時の社会福祉施策の水準や、関東大震災前にとった日本人側の在日朝鮮人に対する対応としては、きわめて例外的であるし、早期の実践であり、この限りでは新しい帝国主義国の日本人の在日朝鮮人に対する反応であると「評価」してもよいであろう。

幸田タマの個人的意図は目前の〝朝鮮人救済〟にあったのであろうが、その背景に、東洋平和や、内鮮融和を掲げることによって論理づけをおこない、合理化したのであるが、初期においては八幡製鉄所の労務管理の一翼を担い、その後は、戦時国家統合のなかで、その中に組み込まれたのである。彼女の実践は、在日朝鮮人抑圧の一翼を担ったにすぎないのである。

今、日本とアジア、朝鮮との関係は、不透明な交流や、意識的な日韓相互理解や、〝進歩的〟にすらみえる歴史理解、なんでもみてやろうというかたちの韓国文化論、新しい在日朝鮮人論が盛んである。

在日朝鮮人についていえば、在日朝鮮人の多くが日本人名をもち、使用し、その子供たちも日本の学校へ入学するとき日本人名を使う。それは、朝鮮人名を使えば家を借りることはできず、就職はできず、銀行から金を借りれない。学校では差別されいじめられるから朝鮮人名は使えないのである。こうした事情は、日本人社会の問題とその対応による結果であるが、この事実にほとんどの場合、日本に住んでいるのだから当然であるとか、朝鮮人のためを思えば「帰化」すべきであるとかいう主張がある。いわば新しい同化への道である。こうした日本社会の体質と発想は「内鮮一体」という論理づけこそないが、それにかわる主張として新しい日韓関係論やアジア防衛構想のなかで新しく練りなおされ、新内鮮一体論ともいうべき日韓共同体論、同化傾向の合理化論がうまれているとみられる。こうした方向が直接的に幸田タマの実践とむすびつくわけではないが、しかし、進行している〝日韓新時代〟のなかで日本人のアジアや在日朝鮮人に対する新たな連帯が日本人民衆に求められているといえるのではなかろうか。

〔注〕

（1）本論は後掲「柳原吉兵衛と協和会」と同主旨のものである。

（2）岩村登志夫「八幡製鉄所ストと朝鮮人」季刊『三千里』一九七六年。

（3）拙稿「在日朝鮮人社会史論――一九一七年を中心に」『海峡』一一号所収。

（4）『北九州地方社会運動史年表』。

（5）拙稿「初期在日朝鮮人の闘い」『海峡』一三号所収。

（6）斎藤実文書「鮮人集団地調」報告書。

（7）これらのことは『福岡県社会事業史　上』に収録されている丸山学院関係資料によった。

（8）『福岡県社会事業史　上』収録の「現代社会美談・第一巻九州の部」。

（9）斎藤実文書の八幡市長に対する幸田タマの「鮮人労働者教化事業に関する件」一九二五年一月一五日付報告書による。

（10）『八幡市史』一九三六年刊、三六四～五頁。

（11）前掲『福岡県社会事業史　上』。

（12）木戸重光「八幡協和館の第一年」『共栄』一九三八年八月号。

（13）その後の朝鮮における幸田タマの活動については別の機会にふれたい。

なお、丸山学院などについては、福岡地方職業紹介事務局「管内在住朝鮮人事情」一九二九年刊にも部分的にふれられている。なお幸田タマ「鮮人の慈母、幸田女子」『斯民』二〇編一二号所収がある。

2 日本人の在日朝鮮人対応(2)——柳原吉兵衛と協和会

柳原吉兵衛といっても。はじめてこの名前を聞く人々がほとんどであろう。私がはじめてこの名を目にしたのは一九二四年に在日朝鮮人対策組織として官庁後援によって設立された、いわば官製の大阪府内鮮協和会設立に尽力した人物としてであった。吉兵衛は、官製といっても民間側の有力な人物として登場している。二度目に彼の名を知ったのは戦時下における日本政府の在日朝鮮人統制・抑圧組織として一九三九年に結成された中央協和会結成大会において在日朝鮮人「保護・善導」の功をたたえられ、表彰された人物としてだった。

この二度とも政府が在日朝鮮人政策を展開するにあたって大きな節目にあたるときに登場してくる人物であり、注目に値するといえよう。もっとも、彼のように在日朝鮮人「保護・善導」にたずさわった日本人は各都道府県に何人かは必ずいた。それらの人々は朝鮮で一儲けしてきた人物であったり、寺の住職などの福祉事業家、のちになると警察官が慈父とたたえられたりした。例えば、一九二八年一二月二九日付の『横浜貿易新報』に「鮮人の慈父」と紹介されている村山大仙師は神奈川県小田原の寺の住職をしている社会事業家で、やはり、大阪につづいて一九二五年に結成された神奈川県内鮮協会の小田原出張所長をつとめていた。この村山大仙師は「御大典」のさい社会事業功労者としての藍綬褒章を受けたが、「今回の社会事業功労者の中で、『内鮮融和』という肩書きは只一人師に於いて之を見出すの一事である」とされて美化されている。広島県の警察署長の場合も美化されて慈父などと表現されている。柳原吉兵衛にしても村山大仙にしてもいずれも社会事業家的性格をもち、かつ、町の有力者ではあったが、彼らの行動は在日朝鮮人に対する日本人の対応の一つのパターンとして考えることができよう。なかでも柳原吉兵衛の場合は朝鮮とのかかわりの深さや、在日朝鮮人同化政策過程を考えるうえで、抜きんでて活躍した存在であるといえよう。そういった意味で民間人が在日朝鮮人に接する際の一つの典型として彼の生涯をふりかえってみたい。

(1)在日朝鮮人問題への接近

柳原吉兵衛を一言で表現すれば「右で実業左で社会事業、朝鮮の柳原さんか染工場の柳原さんかと謳わる泉州堺の篤志家」だといわれている。これは、中央協和会が一九四〇年八月に発行した『協和事業彙報』の二巻七号に掲載されているが、ここで我々の関心をひくのは、彼がどうしてファシズム体制下の特高警察の在日朝鮮人対策組織たる協和会の機関誌といえるこの雑誌で、こうした評価をされるようになったのか、柳原吉兵衛はどうして在日朝鮮人とかかわりあいをもつようになったのかという点にある。そこで彼が在日朝鮮人にかかわりあいをもつようになった要因を次の三つにわけて検討したい。

(2)キリスト教信者として

一八五八年生まれの柳原吉兵衛が堺の聖公会・聖テモテ教会で洗礼をうけたのは一八九一年一月であったというから、日本にそれほど信者がいない時代でもあったし、それなりに勇気のいる行動であった。彼は妻子のすべてに洗礼をうけさせ、以後、彼がその一生を終わる一九四五年二月までキリストを信じることをやめなかった。また自分の三男・貞次郎を牧師となるよう育てていった。この強い信仰のきっかけになったのは、彼が拡大しようとした事業の失敗が直接の原因だったが、以後の彼の行動を大きく規定していく要因となった。好きだったたばこをやめたり、酒をやめただけではなかった。

彼の経営する大和川染工所にはキリスト教にもとづく、「克己団」という「労使協同」の団体が結成（一九〇七年）されていた。そして、この「克己団」なる組織の結成式は堺聖テモテ教会でおこなわれている。以後、工場では朝の仕事前に朝拝をおこない吉兵衛自身もこれに参加していた。克己団では山室軍平などを呼んで修養講話の会などをしたり、社会奉仕部をつくり、それなりの奉仕活動をおこなっている。このような彼とキリスト教の関係をくどくどと説明するのは、彼が朝鮮人と接する際の基調にはキリスト教的理解が存在したからである。彼が創立した大和川染工所の『大和川染工所七十年史』によれば、彼が「韓国人との友好」を考えたのは「キリスト教の人道主義」であったとしているし、また彼自身の筆になる「内鮮融和の将来」（『社会事業研究』第一六巻三号、一九二八年）という文章の中で「不肖は『内鮮融和の将来』を考えて、宗教的人類愛より発する精神的教育を強調し相互間の心と心の一つになる事を願うて止まざるものなり」と書き記している。後にみるように会社の経営や、労務管理のための合理主義的資本家としての立場から朝鮮人に接することが必要であったという側面もあるが、彼がその死に至るまで実に三四年間にもわたって朝鮮あるいは在日朝鮮人とかかわりをもった背景となったのは、やはりキリスト教であったといえよう。しかも吉兵衛は朝鮮に植民者として住んでいたわけではなく、大阪に住み、かつ、朝鮮人を対象とする仕事や、官僚でもなかったから、強い生活信条たるキリスト者としての思想的条件が存在していたといえよう。

(3)企業経営者として

吉兵衛は実業であった質業を親から引継ぐがこれに失敗し、新しい仕事として一八九六年に堺段通に染色を目的に大和川染工所を設立する。これも失敗するが日本陸軍の軍服をカーキ色に染める研究をはじめ、これに成功した。そして一九〇四年、日露戦争がはじまり夏の陸軍軍服をカーキ色に染色する仕事を受注し、経営的基礎を確立した。だが戦争の終了とともに注文は全く止まり、会社は危機を迎えた。新しい市場の開拓が会社にとって必須条件となった。活路を見出すために吉兵衛は紡績業界のグループの一員として「韓満」視察団に加わり、このときはじめて朝鮮に渡った。この朝鮮視察により、朝鮮に朝鮮人服用の晒加工綿布の輸出がはじまり会社は生きかえり、以後、文字通り輸出が会社の生命線となった。この視察はもう一つの重要な副産物を生んだ。朝鮮人とかかわりあいをもつきっかけを作ることになったのだ。

『大和川染工所七十年史』によれば、この時吉兵衛が朝鮮人にかかわりをもった動機として、「日本の同胞の一部の人々が韓国人に対しある種の優越感をもつ」ことに対し、キリスト教精神をもって朝鮮人に接することを決めたと記している。ここで注目しておきたいのは、企業経営にとっての生命線となった晒綿布の朝鮮輸出によって吉兵衛の会社が助けられていった過程で朝鮮人に関心をもったことである。そして関心だけでなく、それが具体化されるのが一九一〇年、つまり韓国併合の年だった。

この年、堺の街で朝鮮人飴売り金相鉄が日本人にいじめられているのを見てこれを家に引きとり、それから三年間生活をともにしたと社史に記されている。韓国併合そのものは彼の企業経営に朝鮮市場の安定性をもたらすものであった。こうしてみると彼の朝鮮人に対する接近のしかたは企業経営・朝鮮進出と密接に結びつきながら進んでいったと見られなくはないということができよう。事実、一九一九年の三・一運動の翌年に「内鮮融和」を目的に「李王家御慶事記念会」を彼の企業経営によって得た基金をもとにしてつくり、運営していったことや日本の中国侵略に対応するかのように結成した、「桜欄会」は「満州国」の留学生をその対象とするものだった。

吉兵衛の主観的な意図はどうであれ、こうした行動は経営者としての市場安定をはかるための方策であったと評価することもできよう。したがって彼が主張した「内鮮融和」もその経営者としての立場を出るものではなかった。

たとえば朝鮮人民衆が日本の支配に抵抗してたちあがった三・一運動に対し、日本政府は多数の警察官を派遣し、朝鮮人民衆を殺害抑圧したが、大阪府から選抜された警察官一二七名にたいして、吉兵衛は慰問品を贈り、「その労に深く感謝す」としている。彼と同じ信仰をもつキリスト教の朝鮮人信者が犠牲になっていることに少しも関心をもっていなかったのではなかろうか。彼の朝鮮とのかかわりはあくまでも経営者としての「武力」による抑圧を認めた、あるいは前提とした「日鮮融和」であったことを明記しておかねばならないだろう。

(4) 地域財界の指導者として

「昭和時代の吉兵衛は実業家ではあるが、事業は一切豊三郎（長男――筆者注）にまかし、自分は最も関心のある社会事業または公共事業に専念するという有様であった」と社史に記されているが、その活動は昭和期にかぎらず全生涯にわたり、かつ、地域社会に大きな関心をよせていた。

一八七九年、家督を引継いだ翌年に堺商業集会所設立とともにその議員として英語等を教える日進会という講習所をつくり自身が会長になったりしている。一八九一年の濃尾大地震に際しては事業の失敗直後であったにかかわらず、八名の孤児を引きとって堺実業孤児院を設立している。こうした彼の地域社会へのかかわりは、社会事業への高い関心を併せもたせることになった。

社会事業史のなかで大きな役割をはたした大阪府の『救済事業研究』、のちの『社会事業研究』の読者でもあったし、その研究会に積極的に参加していった。したがって、大阪府が方面委員制度を策定したとき吉兵衛は堺市を代表する二人の方面委員の一人となり、地域「細民」の実情にも明るかったといわれる。やがて形成されていった堺での在日朝鮮人部落――今池町など――のことにも詳しかったであろう。この他に廃兵保誉院や大阪の福祉法人博愛社の理事として活動している。ために、吉兵衛は一九二〇年に大阪府社会事業功労者として金盃を受けている。こうした吉兵衛の社会事業活動についての関心の強さと同時にとりあげておかなければならないのは、地域紛争にたいする事業家としての介入であろう。事業家として吉兵衛は堺を工業地帯にする希望をもっていた。が、「これを実現するためには小作争議のような面倒なものは早く片づけて」おくという意味から、「世紀の争議」などともいわれた堺にある松屋新田という開拓地に長くつづいた小作争議を積極的に調停し、一九一三年にこの争議を解決した。

一方、当時（一九一〇年代）としては珍しく、大和川染工所では週休制度の導入をはかっているという側面もあった。同様な意味をもつものであろうが、吉兵衛は経営者団体である大阪工業会の理事だったが、一九一九年ごろからようやく労働組合の設立が叫ばれるようになると、彼はこれを支持して、大阪工業会が「労働組合の積極的制定を要求する」ことを決定した際には、その働きは大きかったといわれる。

以上のような地域社会にたいする活発な働きかけをしている状況の中で、一九二〇年代になると大和川染工所には朝鮮人労働者が数多く働くようになっていた。彼の在日朝鮮人についての関心はいやがうえにも高くなっていった。また、大阪には全国で最も多くの在日朝鮮人が集まっていたし、量的にもさることながら、自身で権利を守る闘いに朝鮮人は積極的に参加していった。やがて、全協系のビラが大和川染工所付近にもまかれるほどになった。彼が在日朝鮮人問題を大阪地方における最大の社会問題として認識し、それに応じるような姿勢を持つようになったのは当然ともいえた。

以上ごく大まかに吉兵衛が在日朝鮮人に関心を持つようになった条件についてふれたが、キリスト教徒としての生きかたと日本資本主義のアジア侵略の中に自己の企業の生命線を見出した企業家としての立場、また地域社会についての積極的な働きかけが在日朝鮮人、朝鮮人に対する関心を持続してもち得た動機となっていたといえよう。

こうした吉兵衛の関心の具体的内容は、在日朝鮮人教育と朝鮮における教育、とりわけ女子教育にたいするものだった。

先にもあげた「内鮮融和の将来」という一文のなかでそれを彼は次のように言っている。当時、高まりつつあった社会主義運動を認識しながら「経済的困難来が国家にとって重大問題なる如く思想困難来は更に重要なる問題なり」として位置づけている。そして「治鮮の問題が思想困難来と大なる関係」があることを前提として「融和は形式的が如何に善美であっても精神的即ち思想的、信仰的に一に帰せざれば融和の意味をなさざるものなり……個々の人間的融和こそげに望ましきなり」としている。さらに教育について「不肖二十余年来朝鮮人問題に興味をもち、多年我家族の一員として起居を共にし之を学校に送りて教育をなしつつ彼等を育てる一小経験により将来融和相愛の事業はその指導者たるべきものをより多く養成して彼等に我国とその文化をよく理解せしめ、その思想を善導して彼等自身をして覚醒協一の域に達せしむるが肝要なりと信ず、これ教育第一を高調する所以なり」と主張している。こうした吉兵衛の基本的な朝鮮人に対する考えかたは二つの方向で具体化されていく。

一つは先にも紹介した李王家御慶事記念会の活動である。この会は、一九二〇年、「内鮮融和政策」の展開の中で実現された李王垠と梨本宮方子の結婚（一九二〇年四月）を記念し、堺の聖テモテ教会において結成された。吉兵衛自身が会長となり、財源を出し、その意図も朝鮮における指導的な立場に立ちうる女子に対する表彰だった。表彰の目的は「内鮮融和親善の精神高揚」であり、朝鮮各道の女子高等普通学校の優等生に記念品を贈ることなどだった。まさに朝鮮総督府の「文化政治」の展開と「内鮮融和」という政治課題に応えた行動だった。以後、一九四二年までこの李王家御慶事記念会から表彰された朝鮮人女学生は一〇四八名に達し、その中から日本国内留学を希望した者に入学の世話をしたものは八〇余名になるとされている。この会は、その他の活動もしているのだが、ここでは吉兵衛が力をそそいだもう一つの活動を中心にふれたい。それはいうまでもなく在日朝鮮人に対する「協和事業」への参加である。

(5)協和会と柳原吉兵衛

柳原吉兵衛ほど協和会に長くかかわった日本人はいないであろう。というのは彼は日本ではじめて大阪で作られた協和会に参加し、その死をむかえた一九四五年二月は、すでに協和会体制が崩壊する直前だったから、協和会がその生命をもっていた全期間にわたって関与していたといえるからである。以下に彼の協和会とのかかわりについて時代を追って検討してみよう。

日本国内で民間は別にして、官庁自身が在日朝鮮人対策にのりだしたのは関東大震災直後からだった。それも、日本の内務省の指導というよりも朝鮮総督府と密接な関係をもちながら組織されていった。この過程の中で柳原吉兵衛は大いに活躍する。

震災直後の柳原吉兵衛自身の行動は次のようなあわただしいものだった。

震災では数千余人の朝鮮人民衆が殺害されたのであるが、九月下旬、斎藤朝鮮総督は急ぎ朝鮮での対応を検討するため、朝鮮に帰任する途中大阪に立ち寄った。この時に吉兵衛は斎藤朝鮮総督から呼出しをうけた。大阪のホテルに、大阪府知事士岐嘉平とともに呼ばれ「鮮人の保護問題」について打合せをする。このとき、吉兵衛はその決意を斎藤朝鮮総督に「府下在住の鮮人情勢についての調査はいたしておりましたので直にその必至性と必要性を申上げて賛意を表すると共に微力を尽くす覚悟の程を固く御約束した次等であります」と述べている。こうして協和会結成へ直接結びつく下打合せができたのである。そうしているあいだにも行動的な吉兵衛はとりあえず「朝鮮人に危害を加えた地方を五回廻り」、遺族をなぐさめ「保護」した篤志家に「謝意」を表して歩いたという（『大和川染工所七十年史』）。震災の年の秋には朝鮮にもわたり、斎藤朝鮮総督の承認のもとに「対日感情の善導教化」を目的に朝鮮各地を遊説して歩いている。彼は、さらに震災後、朝鮮に帰ってしまっていた留学生に日本へ復び留学するように説得している。彼が朝鮮で遊説、殺害の事実を覆いかくすために走りまわっているあいだに、斎藤朝鮮総督の意をうけた有吉朝鮮政務総監と大阪府当局の打合せが進み、一九二四年五月には正式に大阪府内鮮協和会が結成される。むろん、吉兵衛はこの協和会の民間側の主要な役員として活動していくのだが、ここでは彼が生活し、かつ方面委員などをしていた堺における活動をふりかえってみることにしよう。

内鮮協和会の事業は宿泊所設備、職業紹介所・診療所・夜学校の開設などであったが、これらの諸設備は全く名目的に作られたにすぎなかった。この当時、堺には三〇〇〇人ほどの朝鮮人が住んでいたが見るべき協和会の設備といえば朝鮮人児童を対象にした夜学校が開設されていたにすぎなかった。

堺夜学校は一九二七年四月一日に開校されている。修業年限は三年、毎日七~九時まで普通教育をおこなっていたといわれる。一九二九年の生徒数六九名であったという。吉兵衛はこれに最大の力をそそいでいた。彼の、「内鮮融和」は教育からという信念からすれば当然のことであった。震災から数年たつと内鮮協和会設立当初のように寄付も集まらなくなり、協和会の各事業の経営が困難になり各地の夜学校も廃校の対象となった。だが、吉兵衛は夜学校の存続を次のように主張し、事実堺夜学校は存続された。

「先年内鮮協和会に於て諸事業改変実施の際教育施設面に於て各夜学校も槍玉に揚りかかったのであります。その事情は直に是認しても一向に差支えない正当なものでありました。それをまげて存続を進言いたしました。実は私の年来の所信、教育による自力向上の故であったのであります。甚だ以て迂遠のようには感じられますが教育による啓蒙と自力向上が根本の問題ではなかろうかと思うのであります」(「朝鮮人の保護問題」・柳原吉兵衛『社会事業研究』一九三五年一〇月号)。

このような立場から彼の経営する大和川染工所婦人会の活動として夜学校に通う朝鮮人児童を招待し、「交流」を深めたりしている。

内鮮協和会はこうした教育活動の他にも、多少の活動はしていた。日本人にとって大きな祝事であった「御大典」にあたって、堺において七名の「優良」朝鮮人を表彰したり、映画会を開催したりして、当局側の意図にそった形で朝鮮人を組織し、教化をはかろうとしていた。吉兵衛の内鮮協和会とのかかわりもそうした当局の意図にこたえながらも、彼の行動はキリスト教思想にもとづく個々の朝鮮人との心の交流をとく立場を主張していたといえよう。だが、彼のいう、「愛は融和の基調なり」などという主張は増加しつづける在日朝鮮人と、在日朝鮮人自身の権利を守る自主的な闘いの前ではひどく色あせたものになっていった。ここで堺における在日朝鮮人の自主的な闘いについて簡単にふれておこう。

すでに一九二五年五月の堺地区のメーデーは朝鮮労働同盟と総同盟泉州連合会の共催でおこなわれている。このときのスローガンには八時間労働制即時実施・失業防止徹底・治安維持法撤廃が掲げられたが、同時に東拓移民廃止・朝鮮総督府大正八年制令撤廃・朝鮮人労働者賃金差別撤廃の三項目を掲げている。これは朝鮮人労働者が多かったこともさることながら、全国的にみても特徴的なスローガンであり、以後のメーデーでも朝鮮人労働者の要求がスローガンとしてとりあげられていることからも、この地域での朝鮮人労働者の力量が高く、かつその広がりも大きかったことが示されていよう。一九二六年におきた吉原製油の争議では沖縄県出身労働者と朝鮮人労働者によってストライキが決行され、その争議は勝利したと伝えられている。その後、在日本朝鮮労働総同盟・大阪朝鮮労働組合泉州支部、朝鮮人借家人組合、朝鮮人消費組合などが結成され、活発な朝鮮人の権利を守る闘いがくりひろげられた。一つ一つの朝鮮人労働者の闘いについて紹介する余裕はないが、一九三〇年代に入るとすぐ堺今池町の朝鮮人居住地区立退き問題や、朝鮮人労働者を中心にした岸和田紡績堺工場の大争議は全国に知れわたった。また、組織労働者ばかりでなく失業朝鮮人労働者の闘いも取り組まれ、成果をあげていた。柳原吉兵衛がいうまでもなく朝鮮人労働者の自覚は高くなり、自身で民族的な学校を作るなどの動きが活発になった。そして、さらに朝鮮人労働者たちの全協への加盟と、彼らを中核とした非合法活動もおこなわれるようになった。すでに内鮮協和会のような組織では権力側は対応のしようもないほどに朝鮮人労働者は強くなっていた。

そこで、こうした動きに対応して、日本の内務官僚の指導のもとに結成されていた左翼朝鮮人労働者抑圧のための相愛会の堺支部が一九三〇年九月に作られたことは、官側の在日朝鮮人労働者対応策の一つであったといえよう。だが、こうした朝鮮人による御用団体相愛会というような組織では対応ができないほど在日朝鮮人大衆の意識は高く、運動がすすめられた。結局、警察自身がのりだして対応せざるをえなかった。警察の抑圧は一九三一年からの中国侵略戦線の拡大とともに強まった日本国内の教化総動員・国民精神総動員運動にそった形で実行されるようになる。このような動きは在日朝鮮人が最も多かった大阪で試行される。一九三四年、大阪市内各警挙署特高課内鮮係が中心になって作られた矯風会がそれである。一九三六年七月には堺警察署内に堺矯風会が設置され全在住朝鮮人が組織化されていく。のちに協和会と名称を統一されるこの組織は朝鮮人の日本人化と戦時体制への協力を目的に、一面では治安対策組織として機能しながら朝鮮人のうえにおしかぶさっていく。一九三八年二月、堺警察署長が伊勢神宮から持ちかえったお札と神棚を朝鮮人に配布したことなどはほんの一例にすぎない。こうした神社参拝について熱心なキリスト教徒であった吉兵衛はこれをどう見ていたのであろうか。また、彼が最も力をそそいでいた堺夜学校も一九三八年九月には解散させられて、矯風会という名のもとに警察が指導する国語学校などが堺各地で開催されていくようになる。吉兵衛はなんの矛盾も感じなかったのであろうか。

彼自身が直接この問題についてふれた文章を見出すことはまだできない。だが『協和事業彙報』にのった吉兵衛が協和事業功労者として紹介されている大谷繁次郎「内鮮協和と柳原翁」という一文によれば、一九三六年協和事業の推進のために政府が予算を組んだとき「我が事の様に満足して深く感謝して居られた」こと、あるいは一九三七年五月の内務省主催の全国から参加者を集めておこなわれた協和事業関係者の講習会は協和事業にとって重要な役割を果たすのだが、吉兵衛はこれに堺の名物を贈り激励している。一九三九年、彼は中央協和会結成大会における功労者として表彰されるのだが、喜んでこれを受け、答礼かのように協和会の事務局を訪問したりしている。さらに、最初からかかわりをもっていた大阪府協和会の一九四一年の事業報告書によれば、吉兵衛は筆頭理事としてその名をあげられている。こうしたことから吉兵衛は、在日朝鮮人に「敬神思想」を強要することに矛盾を感じていなかったと思われる。もう少し詳しく検討しなくてはならないが、一九四五年二月彼が没するまで協和会を通じて加えられた諸統制、日本人化政策には特に疑問をもっていなかったと思われる。ただ、吉兵衛が死をむかえた一九四五年二月は彼が最も信じ、その精神的支柱となり、彼が所属していたキリスト教の一派である聖公会が政府によって弾圧されるのだが、彼はこれにも何の疑いも持たなかったのであろうか。

ごく簡単に柳原吉兵衛の生涯を追いながら在日朝鮮人とのかかわりについてふれてみた。日本人として彼の生涯を語るときどうしても在日朝鮮人との関係でその評価を定めていかなければならないであろう。彼がもっとも力を入れた協和会での朝鮮人「教育」は、朝鮮人自身にどう受けとめられているかということが評価を定める一つの目安となろう。ここではただ一つだけ、『宗教弾圧を語る』（岩波新書）に収録されている、吉兵衛と同じ信仰をもった在日朝鮮人キリスト教徒の李仁夏牧師の告発をとりあげておこう。李仁夏牧師は日本の教育体系に組み込まれた自身をかえりみながら「いま思えぽ、まったく恥ずかしいことですが、自分の人格を限りなく蝕んでいった日々のことを思い起こしますと身の毛がよだつ思いでいっぱいです。それほど日本の教育体系が私どもの心のひだに染みこんでいたのです」と厳しく自身を見つめながら、日本の同化教育を批判している。

柳原吉兵衛のキリスト教精神にもとづく「善意」にみちた協和会をめぐる行動は、在日朝鮮人にとって、朝鮮人としての精神的生命を奪いさる非道の行為として朝鮮人の目に影じていることを明記しておかなければならないであろう。かつ、現在の日本人社会から過去の同化政策の中心的機関となった協和会について、その存在すら忘れさられている現状は、柳原吉兵衛がおかしたあやまりを再びくり返す危険をはらんでいるのではなかろうか。

なお、もう一つ書き加えておきたいことは、柳原吉兵衛はいわば日本の民衆と呼ばれるような立場にいたわけではなく、明白に資本の側にたって、その立場を堅持した人物である。日本人民衆の朝鮮人民衆との交流・連帯がプラスの遺産であるとするならば、彼のような朝鮮人との交流は負の遺産ともいえるであろう。日本人としてこうした負の遺産についても日本人民衆の側で消化しながら新しい交流連帯を考えていかねばならないのではなかろうか。

＊資料は文中に引用したもののほかに、『堺市史』続第三巻などを利用した。

3　「半島同胞」・「半島人」という言葉

朝鮮または朝鮮人、あるいは在日朝鮮人の呼びかたについては、これまでも部分的には論じられたり[1]、問題とされたりしてきている。[2]「北鮮」という言葉や、「鮮人」「不逞鮮人」といった表現にもいろいろ問題はあるが、ここでは主に太平洋戦争下の在日朝鮮人の呼び名である「半島同胞」「半島人」という表現に含まれる問題について歴史的に跡づけてみたい。

こうした言葉について検討する場合、個人の日記や手紙、あるいは公文書類のなかから選択していかねばならないが、この小稿では、主に新聞記事から無作為に集めた資料を中心に考えていきたい。

(1)「鮮人という」言葉

「半島人」という言葉が使われるようになる前は、ほとんどの新聞報道では例外なく「不逞鮮人」とか「鮮人」という言葉が使われてきた。朝鮮での民衆運動に対する弾圧を表現する際には、「不逞鮮人の巣窟たる学校を焼払う……龍井村迄討伐[3]」といった記事が多く見られるし、日本国内の、朝鮮人労働者が記事になるような場合は必ず「鮮人」という言葉が使われている。そして、その内容は、朝鮮人労働者が集団で暴力をふるったとか、労働運動に参加した人々をさしているのである。「鮮人がスト」といった表現である。この「鮮人」という言葉は、関東大震災のような社会的変化をともなう災害のなかで使われたのはよく知られている。関東大震災時には、「不逞鮮人」という言葉がいたるところで使われ、神奈川県の三浦郡郡長は役所の公文書で「不逞鮮人に関する注意の件」と題し、朝鮮人に対する警戒を呼びかける通達を各町村長に出しているのである。[4]震災後に、日本国内で「内鮮融和」が叫ばれ、「内鮮協会」などが結成されるときでも「鮮人」という言葉は使われていた。その後、一九三〇年前後の労働運動の昂揚期にも、朝鮮人労働者の民族差別や賃金差別に抵抗する闘いに対して、「鮮人」という言葉が使用されている。

以上のような使われかたをしていた「鮮人」という言葉を含む新聞記事は、その内容を大きくわけてみると、労働争議などの報道に際して使用される場合と、日本人と朝鮮人のなんらかの対立や争い、あるいは朝鮮人の「盗み」などの犯罪事例として新聞紙上に報道される場合とが多かった。こうした記事以外には、在日朝鮮人に関する報道は少なかったから、朝鮮人に対する報道の日本人側の受けとめかたが一方的にならざるをえなかったことはいうまでもない。したがって「鮮人」という言葉から受けるイメージは、朝鮮人を危険なものとして印象づけ、あるいは風俗、風習の違いから生ずる多くの「日鮮人の乱闘」事件報道などは、異質な文化に対する日本人の否定的な見方を増長させる傾向を強めた。

しかし、必ずしも新聞用語が「鮮人」という言葉に統一されていたわけではなく、「朝鮮人」という言葉も使われていた。この「朝鮮人」という言葉の使われかたは、特に「鮮人」という言葉と使いわけられていたわけではない[5]。まだ統一した新聞用語はなく、「鮮人」「朝鮮人」「半島同胞」などの言葉がそれぞれ使用されていたのである。

ところが日中戦争が本格化する一九三七年頃から「鮮人」という言葉から、「半島同胞」「半島人」「半島出身」という言葉への転換がはじまるのである。

(2)「半島人」への転換

この時期になると在日朝鮮人に関する記事は一九三〇年前後にくらべると量的には減少化してい

く。この傾向は、一九四五年八月一五日の日本敗戦を迎えるまで継続していくようである。この減少は、たんに記事にすることが無くなったというより、一定の報道統制、言論統制の結果でもあった。それは朝鮮人の居住が最も多かった大阪地方の新聞『大阪朝日新聞』の在日朝鮮人関係の次のような記事を挙げるだけで十分である。

一九三八年一月一七日付　「美しき内鮮融和……半島人街の真中に青年半島人有志が国旗掲揚台」
〃　年二月一〇日付　「半島人初の少年航空兵」
〃　年四月五日付　「半島青年千三百……志願兵制度感謝祭」
〃　年四月九日付　「半島青年にうれしい義務……青年学校で教育訓練」
〃　年七月一二日付　「半島少年の美挙」
〃　年八月八日付　「半島青年の主従美談」
〃　年一二月七日付　「美し半島の赤心……国旗掲揚や慰問袋」
一九三九年一月一六日　「半島同胞に……国語読本」
〃　年一月一七日付　「半島同胞から初の工学博士」
一九四〇年一二月二九日付　「半島人の産業報国会生る」

ここでは、朝鮮人が日本の侵略戦争に協力させられている姿が「美談」として紹介され、「内鮮一体」を示す事例が記事としてとりあげられているのがわかる。戦時体制の確立と、朝鮮人がそれに協力する行動を紹介するさいに「内鮮一体」を誉めたたえる時に使用されたのが「半島人」「半島出身」「半島婦人」という言葉であった。しかも、この新聞用語は統一的に使われていて、記事の内容も、朝鮮人の「美談」ばかりが多くなる。

(3) 報道統制と「半島人」

一九三九年一〇月二七日付の『大阪朝日新聞』に、「内鮮の差別根絶・新聞用語研究会」の開催が報じられている。この会の正式な名称は「朝鮮同胞呼称並新聞雑誌記事取扱座談会」であり、座談会の記録をまとめた「パンフレット」(6)は、会の目的がどこにあるかをつぎのように語る(以下とくに注記しない限り引用資料はすべてこの「パンフレット」所収)。

「新聞用語研究会は全国新聞、雑誌に朝鮮同胞の呼称区々且記事中ときに侮蔑的或は差別的な取扱いの多く現はれるを遺憾とし昭和十三年十月二十六日大阪土佐堀船町大新楼に座談会を開催、〔中略〕

殊に新聞、雑誌、関係者にありては当日の申合事項を厳守し一般社会の指導に協力善処あらんことを切望する次第である」。

この会議に参加したのは「大阪毎日新聞社会部長・大阪朝日新聞社会部長・新聞界経済会社長・関西新聞通信社社長・京城日報大阪支社長・同盟通信大阪支社長、同通信部長」といった主要新聞社の幹部たちである。行政当局からは大阪府社会課長の大谷繁次郎(7)や朝鮮総督府大阪派遣員、財界からも大阪商工会議所理事などが参加している。この座談会をもつ直接的な動機は、「朝鮮の人につきまして動《やや》もすると大新聞の大朝、大毎を始めとして全国の新聞雑誌は美事善行のあったときは非常によく取扱いますが、一度犯罪記事になりますと非常に侮辱的な或は差別的な取扱いが多く見える」から、「こうした呼称問題で民族的融和を阻害するとすれば積極的に努力し」なければならないことにあった。それをどう解決していくかがこの会合の主旨であった。

座談会では、「鮮人」という言葉は嫌うので、「如何なる場合においても鮮人ということは記事の用語上注意することが必要であります」とか、用語をめぐって「なかなか理想的な呼称はまだ発見されないようです」などの発言がなされている。

そのなかで、朝鮮総督府の派遣員である人物は、「半島出身者」を憤慨させることがあるとして次のように要望していることは注目されよう。

「私共の要望と致しましては成るべく内鮮人の区別をせずに扱って頂きたいのであります。見出しにも本文にも特に朝鮮の人だの半島出身だのと書かずに姓名により或は本籍地によって判る程度にして欲しいと思います美事善行に関するものならば差支ない場合もありますが犯罪其の他悪事の報道に際して半島出身者である事を特記されると何だか内地の人が半島出身の人に対して軽蔑感を以って臨んでいるように感ずるのでありましてこれは絶対に差控えて頂くよう切望致します。半島出身の人達が喜ぶような記事の場合に特に使用されるとしても朝鮮とか半島とか云うような呼称は好感を持たれぬようであります。六かしく考えると結局どう呼んで見ても差別的な表現になる訳ですから内鮮人を区別する為の呼称を無くするのが理想なのでありますが然し強いて使用するならば例えば『半島同胞の赤誠』とか『半島人達が挙って云々』と云うように扱って頂ければ好くはないかと思います」。

次に掲げるのは、戦時下に強力な朝鮮人管理政策を担当していた協和会の指導者であった大谷繁次郎大阪府社会課長が提案した大阪府協和会の意見である。

「朝鮮同胞呼称問題ニ関スル大阪府協和会ノ意見（文書により提出）

従来各新聞ニ於テ朝鮮人ニ関スル記事掲載ニ際シテハ多ク半島同胞朝鮮同胞朝鮮出身者等ノ字句ヲ用ヒ稀ニ鮮人ナル呼称ヲ用ヒタルモ朝鮮ハ既ニ合併以来三十年余ヲ経過シ帝国ノ版図トシテ帝国領域ノ一地方ト見做スモ差支ナク又近時ハ特ニ内鮮一体論ガ高唱セラレ民族的意識ノ排除ト内地同化政策ノ徹底ガ考慮セラレ居ル実情ニアリ

従ツテ新聞記事ニ於テ見出ノ文字ニ特ニ『半島同胞』等ノ言葉ヲ用フルハ朝鮮人ナルガ故ニ特ニ報道価値ヲ認メムトスルガ為メナラムモ如斯態度ハ既ニ放棄スベキモノニシテ之ヲ放棄セバ朝鮮人ノ呼称ニツキ特に研究スルノ要ナカルベシ

例ヘバ従来新聞記事ニ於テ特ニ九州人東北人ナルガ故ニ報道価値ヲ認メ記事ノ見出シニ『九州同胞献金ス』トカ『犯人ハ東北人』等ヲ用ヒタル例モ又必要ナカリシモノト思料セラル、如ク将来ハ朝鮮人ニ関シテハ斯ル呼称ヲ全然廃スベキモノニシテ何等特殊ナル呼称ヲ研究スルノ要ナカルベク又朝鮮人ナルガ故ニ之レガ見出シヲ附シテマデ之ニ関スル記事ノ価値ヲ認ムル必要ナカルベシ

若シ記事ノ都合上止ムヲ得ズ仮ニ呼称ヲ必要トスル場合ハ『朝鮮生レ、朝鮮人』等ノ通常ノ言葉ヲ用ヒ或ヒハ内地人ト同ジク朝鮮何々道何々郡何々面何々ト本籍地ヲ記スルヲ可トス

特ニ半島同胞等ノ言葉ヲ用ユル必要ナカラン

尚因ミニ『鮮人』ノ文字ハ絶対ニ不可ナリ　　以上」

朝鮮総督府の場合も、大阪府協和会の場合も、いずれも朝鮮人に民族意識をもたせず、実質的な差別を隠蔽し、その支配と抑圧を合理化するための手段について種々論じているにすぎないのであった。

こうした討論を踏まえた結論として、次の四項目が決定された。

一、新聞、雑誌記事中内地人、朝鮮人の呼称を撤廃する。
一、出身地を表わす場合府県道町村面を以て表現す。
一、新聞、雑誌記事中内鮮人の差別的取扱いを絶滅す。
一、新聞、雑誌記事中支那人の侮辱的取扱いの根絶を期す。

この結論は新聞紙上にも紹介され、またパンフレットとして発行され広く配布されたのは一九三九

年一月である。

こうした経過のなかで戦時下には「鮮人」といった言葉は新聞報道からは消えていくのであるが、「半島人」「朝鮮人」という呼称は必ずしもすべて使われなくなったわけではなく、相変らず使用されていた。それは前掲の『大阪朝日新聞』の報道にもあるとおりである。政府の労務動員計画の発表では「朝鮮人」と記し、報道されているのである。また、中央協和会の創立大会における挨拶文でも統一されていなかった。南朝鮮総督や、協和会理事長関屋貞三郎は「内地在住半島人」と挨拶文の中で述べているが、小磯拓務大臣は「半島同胞」という言葉や、「内地在住朝鮮人」という言葉を併せて使用している。この挨拶文は協和会の雑誌に掲載されているが、用語の統一はまったくおこなわれていないようである。むしろ、用語の統一はできなかったし、また統一されうるものでなかったと考えるべきであろう。これは「内鮮一体」といわれながら、実際には「朝鮮人」や「半島人」として区別しなければならない状況が存在したことの証明であるといえよう。それはむしろ、ファシズム体制下に朝鮮と朝鮮人の存在を浮かびあがらせる結果となっていたとはいえないであろうか。「半島人」という言葉は、日本人社会へ朝鮮人を統合することが至上命令であったファシズム体制下に作られたものであった。それは、とりもなおさず新しい差別語として登場したことを意味していたのである。

以上、新聞、雑誌における「半島人」という呼称の問題について論じたのであるが、日本人大衆は日常的には大正、昭和初期とかわらず「鮮人」と呼び続けていたものと考えられる。また、一九四五年八月一五日の日本の敗戦以後は、占領下にあって「第三国人」などと呼ばれたこともあり、朝鮮、在日朝鮮人に対する呼称は、その時代を直接反映するものとなっており、それは、とりもなおさず朝鮮人に対する日本人の思想状況を映しだす鏡ともなっているのである。

〔注〕
（1）内海愛子「鮮人という言葉」『朝鮮研究』一三五号。「『北鮮』『南鮮』という言葉」『朝鮮研究』一五〇号（特集・差別語をめぐって）など。
（2）「『少年サンデー』掲載　梶原一騎作『おとこ道』に対する抗議」『朝鮮研究』一九七〇年二月号、ほか。
（3）『横浜貿易新報』一九二〇年一一月一〇日付。
（4）『神奈川県史資料編11』。
（5）この時期の「朝鮮人」「鮮人」「内地人」という言葉（呼称）の使われかた、意味について興味深い投書がある。それは一九二八年一二月二〇日付の『東京朝日新聞』「鉄箒覧」における「京城住人容」である。投稿者の主張は、「要は（朝鮮人が）内地人と呼ばれぬことに隔心を感じ」ており、朝鮮人が日本人を内地人と呼ばずに日本人と呼ぶことを問題としている。一方、「鮮人と呼んで平気でいる頭の改造が大事なのである」として日本人の側をも問題としている。そして彼は「朝鮮人」と呼ぶことを提唱しているのである。
（6）パンフレット『朝鮮同胞呼称並新聞雑誌記事取扱座談会』一九三九年一月。
（7）大谷繁次郎は、戦時下朝鮮人統制組織、協和会の指導的人物の一人である。
（8）『協和事業彙報』第一巻一号、一九三九年六月二八日中央協和会創立大会での挨拶文から。
（9）「半島人」という言葉のかわりに登場した敗戦後の「第三国人」という言葉は現在でも使用されている。その著しい例は、各地で編集刊行されている地域史の戦後部分に多くみられる。このことについては、藤野一「地域史に描かれた在日朝鮮人」『在日朝鮮人史研究』第八号を参照されたい。

4 日本政府の朝鮮人渡航管理

日本の敗戦時には在日朝鮮人は二百三、四〇万人にもなっていた(1)。

この在日朝鮮人の存在については従来、次のような説明によって理解されてきた。それは、朝鮮における日本の収奪の強化によって朝鮮農民の生活が破壊され、日本や、中国に渡航せざるを得なくなったこと、さらに一九三九年以降は強制連行によって日本に渡航してきた人々であると説明されてきた。

たしかにそうした事実が存在したことは確かであるが、在日朝鮮人の渡航を日本人側から理解する場合、はなはだ不十分であるといわねばならない。

その理由は朝鮮人は以下に見るごとく〝自由〟に海峡を越えて来たのではなく、多くの人々は一貫して低賃金労働者を求める日本資本によって渡航を認められたものが許可されて来たのである。すなわち、渡航証明を入手できた者だけが、強制動員労働者を含めて日本政府の許可を得たものが渡航できたのである。一時期をのぞき、日本政府の許可があったものが日本政府の責任で渡航できたのである。

(1)朝鮮人渡航政策の変遷

在日朝鮮人の渡航状況を官側資料によってまとめると表1のとおりになる。この表でわかるとおり日韓併合の翌一九一一年から一五年まではそれほど増加しているわけではなく、労働者の大量渡航はみとめられない。

ところが一九一六年以降の増加率は著しく高くなっている。とくに一九一七年は一万人を超えているのである。この在日朝鮮人の急増はどうしてもたらされたのか、それは、朝鮮農村における窮乏と土地収奪などの植民地支配を背景としながらも、この時点における主な要因はむしろ、日本国内資本

表1　朝鮮人の日本渡航・帰還・在日朝鮮人人口

年度	渡航	帰還	在日人口
1911年			2,527
12			3,171
13			3,635
14			3,524
15			3,917
16			5,624
17	14,012	3,927	14,502
18	17,910	9,305	22,411
19	20,968	12,739	26,605
20	27,492	27,497	30,189
21	38,118	25,536	38,651
22	70,462	46,326	59,722
23	97,397	89,745	80,415
24	122,215	75,430	118,152
25	131,273	112,471	129,870
26	91,092	83,709	143,798
27	138,016	93,991	165,286
28	166,286	117,522	238,102
29	153,570	98,275	275,206
30	127,776	141,860	298,091
35	112,141	105,946	625,678
40	385,822	256,037	1,190,444
44	403,737	249,888	1,936,843

＊本表は内務省作成の資料をもとにしているが、実質的には40～50万人ほど多く居住していたと推定される。

の低賃金労働者に対する要求がその動機となっていた。これは朝鮮人労働者募集の実情を報じた次のような新聞記事によっても証明できる。

「鮮人労働者需用

内地各種工場に於て使用する鮮人労働者の需用は昨今益々増加の趨勢を呈し、警務総監部又は各道警察部に対し之が募集許可の申請をなしたるものは本年一月以降六月迄に総数二十一件にして募集人員男工四千二百二十人女工二千三百七十人合計六千五百九十人に達せるが右の内既に募集輸送を了せるもの男女工約三千人に上れり(2)」

としている。また、「朝鮮労働者の内地移入」として「近時内地産業界の勃興に伴い内地労働者の不足を補うべく多くの企業家は朝鮮人たる労働者を歓迎し、非常の勢いを以て移入されつつある」ことから企業家としてその「手続の要領」や「願書」の書きかた、雇用契約書作成の内容、「募集許可心得」まで解説した新聞記事が紹介されている。(3) こうした朝鮮人労働者の移入については鉄道院が運賃割引制を実施して、朝鮮人労働者の雇用をはかろうとしている。(4) こうして「下関警察署の調査に依れば同地を通過する鮮人労働者は一ヶ月五百名を超ゆるという。その行先は近くは小倉、広島、大阪、遠くは北海道に及ぶ」ほどであった。(5)

こうした朝鮮人労働者に対する資本の側の要求は第一次世界大戦を背景とした好景気による労働力不足にあったとされているが、それは、あくまでも、朝鮮人労働者が日本人労働者より低賃金で働くことが、前提とされていたのである。まさに「今日に於ては日鮮労働者間には少なくとも三分の賃金の差がある。が能率は決して三分の差がある訳ではない。結局、朝鮮人労働者は多少内地人に比して能率の低い点があるが賃金のやすい割には役に立つというのが鮮人労働者の雇主が異口同音に言う評価である」(6)と述べているとおりである。このように朝鮮人労働者の渡航の動機は日本資本の側の強力な要求にもとづいており、これが朝鮮人労働者渡航の基本的な要因であったといえよう。

この資本の側からの要求を背景にした限りでは、〝自由〟に日本に渡航してきていた朝鮮人も朝鮮国内の社会変動によって規制されることとなる。

一九一九年四月、朝鮮総督府警務総監令第三号をもって朝鮮人の日本渡航を規制した。これは一九一九年三月以降、全朝鮮で闘われた三・一独立闘争に対応してとられた措置であり、この内容は、朝鮮人が朝鮮を離れる際に、朝鮮人は旅行証明書を持たねばならぬという「朝鮮人ノ旅行取締ニ関スル件」という通牒で、出発地の警察の発行する証明書を朝鮮最終の出発地の警察に提示することを義務づけたものであった。以後、朝鮮人の日本渡航は自由であったことはない。

以下に編年的に渡航証明制度についてみると次のようになる。

警務総監令第三号は、一九二二年一二月廃止されるが、関東大震災後に治安維持という名のもとに一年もたたない一九二三年九月復活し、翌一九二四年廃止されるが、軍の大演習を前にした一九二五年一〇月から新しい渡航制限が始まる。この間、一時的な渡航証明制度は廃止され自由になったかのごとくに見えるが、廃止そのものは名目的であり、この制度は、「法規上施行する朝鮮人内地渡航は自由になったが、事実において渡航証明制度は、継続され、現今なお渡航に要する手続は相当厳重におこなわれ、殆ど渡航が不可能な状態にまで立至っていた」[7]とされているように実質的に旅行証明制度は維持されていく。

しかし、一方では日本の土地収奪による朝鮮農民の離村化の進行は早くなり、一九一九年以後、特に一九二五年以降は規模が大きくなる。[8]職業をもとめる渡航者は増大した。この状況の中で単なる旅行証明制度では渡航をおさえることができず、総督府は一九二五年一〇月から釜山において警察官一〇名による渡航阻止体制をひいた。この釜山における監視許認可体制は多少の変遷を経ながら一九四五年まで維持される。

この管理は相当厳しく実施され、渡航を阻止されたものは一九二五年一〇月から一九二七年一二月に至るわずか二七ヶ月間に八万三四七七人に達している。[9]また、初期強制動員下においてもこの体制は維持され、募集という名の連行についても、労働者は所轄警察派出所の身元調査をうけ査証をもらい、さらに乗船の直前に釜山水上署の査証を受けなければ渡航は認められなかった。[10]一九二五年以後は朝鮮人に全面的な日本渡航の自由はなかったのである。このような厳しい管制下におかれながら、渡航者と居住朝鮮人は増大しつづける。一面矛盾するかに見える厳しい渡航制限下の渡航は、日本の側に労働者導入の意図があり、その要求を充足するために渡航を認めたためにほかならなかった。日本国内に労働者を導入する場合、一定の基準が必要であった。この基準とされたのは一九二五年八月の内務大臣の朝鮮総督府に対する朝鮮人渡航者に関する要望、すなわち「㈠就職口確実ならざるもの　㈡準備金百円未満のもの　㈢国語に通ぜざるもの」は渡航を認めないでほしいというもので、これをうけた総督府は、第一項の「就職口確実ならざるもの」について渡航を阻止しているのである。[11]

内務大臣の要求は、日本国内資本にとって最も都合の良い労働者供給源を確保するという意味からいって必要な条件であったということができ、それ以外の者については国内の失業者を増大させ、ひいては治安上好ましくない状況を生むとの判断から渡航を阻止したといえる。特に総督府は大企業の労働者確保要求には積極的に渡航をみとめている。ごく初期についてみると、北海道の大手炭鉱の労働者募集希望については、一九一七年より許可を与え、一九二三年に一時中断するが一九二四年には北海道直送を条件に集団的募集活動を許し釜山での阻止活動が始まった後も継続されている。[12] 渡航阻止を担当した慶尚南道警察部自身も、一方では八万余人の渡航を阻止しながら一九二七年二三〇〇名の労働者を三菱系の高島鉱業所等に就業せしめているのである。[13] この資本にとって必要な労働力の導入、治安をみだすと思われる者の渡航阻止政策が意味するところは、渡航朝鮮人労働者の個人的事由、その離村の動機のいかんをとわず、日本国内資本＝国家の必要性に応じて渡航を認められていたとみるべきではなかろうか。

こうした渡航政策からいえば、在日朝鮮人の渡航と在住は日本政府の責任でおこなわれ、その結果としての在日朝鮮人の存在は日本政府が責任をもたねばならないといえよう。

なお、以上のような渡航規制は官庁資料によれば「労働ニ従事スル者ニ対シテノミ実施セラレルモノ」であり、労働者以外の一般渡航者は自由に往来できるものであるとしている。だが渡航者の渡航目的のほとんどが労働を目的とする者であり、それ以外は学生で、学生も在学証明書等身分証明がなければ渡航ができなかった。また、単なる観光目的の渡航などはなかったであろうし、釜山等の取締官は労働を目的とするか一般渡航者であるかの区別はできず、何らかの身元証明がなければ渡航できなかったのであり、朝鮮人渡航者には、法律解釈上の架空の渡航の自由があったにすぎない。「内鮮一体」をスローガンにしながらも渡航証明制度で朝鮮人を管理していたが、朝鮮における農村の疲弊は世界恐慌と日本の収奪の強化でさらに強まり、離農しなければならない人々が増加した。しかし、厳しい渡航制限のために多くが日本に渡航できなかった。これらの人々はさまざまな形で日本渡航を試みた。それを官憲資料では「密航」「不正渡航」と呼び、さまざまな方法で取締りをおこなっている。

(2)「密航」・取締り——朝鮮人選別導入体制

「密航」は日本国家の定めた渡航制度以外の方法で渡航して来た人々をさすものであり、この言葉の存在と取締りの実態からいって朝鮮人の渡航が自由でなかったことの証明の一例といえるのである。以下にその証しとしていくつかの統計を紹介したい。

「密航」の取締りは一九二五年の釜山における渡航制限以後始まったといってもよいであろう。これから紹介する官側資料における数字は、ごく限られた取締りによるもので、「不幸」にして捕った人々であり、いわゆる密航者全体からすれば氷山の一角にすぎなかったと思われる。[14] 実数との差は大きく、信頼性は少ないと思われるが一九二五年渡航制限実施から一九三一年三月末までの密航発覚者数五五六件三八三九人であったとされており、[15] これ以後は内務省警保局の報告によれば、

一九三二年　一二七七人　一九三四年　二二九七人　一九三八年　四三五七人

一九三九年　七四〇〇人　　一九四〇年　五八八五人

となっている。[16] この取締りは何を目的としていたのであろうか。官庁資料はいみじくも、

「蓋し不正手段に依り渡来する朝鮮人に対し特に厳重なる取締を加へつつある所以のものは、只に朝鮮人労働者の漫然渡航を可及的に阻止するに止まらず、海外不逞朝鮮人が之等の手段に依り内地に潜入することを防止せんとするものなり」

と取締りの理由を明らかにしている。[17] この方針は戦時体制が強化される中でさらに厳しく実施された。しかも、一方では朝鮮の農村から働いている人々を強制動員していながら日本の管理体制に従わない人々には全国で厳しい取締りを実施した。鳥取県のような在日朝鮮人の少ない地域でも以下のような警備が実施されていた。

「海港及沿岸警備

本年一月中旬ヨリ下旬ニ亘リ、県下朝鮮人ノ一斉検索ヲ実施シタルニ、思想上容疑ノ者ヲ発見セザルモ、検索戸数四百四戸ニ対シ、男三十四名、女十四名計四十八名ノ新発見者アリ。又内不正渡航者三名、正規渡航ヲ証明スベキモノヲ所持セザルモノ八十二名ニ上リ、不正渡航者ハ状況ニ依リ論旨送還ノ方法ヲ採リ、証明書ナキモノハ、夫々本籍地へ照会中ナルガ、不正渡航者相当多

キ回答ニ接シツツアリ。尚朝鮮人労働者ニシテ、本県沿岸ニ密渡航上陸ヲ企ツルモノ続出スルノ傾向ニアリ。其ノ発見シタルモノ

昭和　七年　三件　二十七名
昭和　八年　五件　十三名
〃　九年　六件　七名
〃　十年　三件　四名
〃　十一年　十一件　十六名
〃　十二年四月迄　五件　八名

ニシテ、海港及沿岸警備ノ重大性ニ鑑ミ、境港・賀露港ヲ初メ沿岸警備ニ関シテハ、益々注意警戒ノ要アル状況ニアリ(18)」。

この密航取締りの目的は資本にとって有用な労働力の導入を認めつつも、日本の法制に従わなかった者に対する処罰という意味と、労働市場に混乱をもたらす「思想分子」等を監視するという意思を兼ねそなえた、朝鮮人労働者選別導入体制を確保するための有力な手段であったといえよう。

(3)日本にとって不都合な労働者の強制送還

さきにふれた「不正渡航」「密航者」の処遇はどうなったのであろうか。その多くは「帰鮮」させられている。「帰鮮」といえば郷里に帰るような印象を与えるが、実質的には帰郷を拒否できず、「強

制送還」と変わるところがなかった。このような処遇を考えると朝鮮人にとって渡航の自由は存在しなかったことは明らかであったが、帰国の自由も存在しなかったのではないかという疑問がわく。事実、帰国の自由すらないような体制下に朝鮮人はおかれていたのである。

朝鮮人が帰国する場合、次のような三つの形態に分類できよう。第一に、年末年始、冠婚葬祭等のため一時帰国する場合、第二に官憲によって直接強制送還される場合、第三に渡航はしたものの就労できなかった者、病気になったもの等の社会的要因による間接強制送還に分けることができよう。まず一時帰国する場合についてふれる。

「一時帰鮮証明」　日本にいた朝鮮人の多くは、年末年始、郷里との連絡、等により帰国し、再渡航する人々も多かった。これらの人々を管理する必要から一九二九年八月「一時帰鮮証明書」を発行することとした。この証明の発給数は、

一九三九年	八万二五八六	一九四〇年	一一万二三五
一九四一年	二万四七四三	一九四二年	九万一四六二

とされておりその数は多かった。反面この証明のない者は厳しい取締りの対象となったと思われる。この制度は、大企業の場合、あるいは特定工場で働いていた人々等は容易に証明が入手できたと思われるが、小規模工場、土木工事等で労働をしている人々、失業者等はこの証明が入手できず、再渡航が認められないこともあったと思われる。

ここにも大企業の労働者確保要求には忠実な管理が示され、不就労者等の再渡航は認めまいとする官の選別導入の姿をうかがい知ることができるのである。

直接強制送還

日本政府の定めた手続をふまなかった者については「不正渡航者」とされたことは前にふれたが、これらの人々に対する処遇は表2のようなものとなった。その多くが強制的に送還されているのである。

表2　不正渡航密航朝鮮人調査（1939年中）

発見人員計	7,400
渡航目的	
労働	7,079
其他	321
渡航方法	
密航ブローカーに依る発動機船	5,432
証明書不正使用	897
船舶潜入	174
脱船	295
内地人偽装	126
其他	476
処置	
送還	6,895
目的地に向わしむ	166
其他	339

＊『社会運動の状況』1939年版から。

強制送還は具体的には厳しく実施されていたと思われ、一九三八年一一月朝鮮総督府が内務省に提示した渡航取締りの要望中の一項に「密航者（不正渡航者以下同じ）ト雖発見当時相当ノ年月ヲ経過シ業務ニ就業（就労）シアル者ニ対シテハ朝鮮送還ヲ差控ヘラレタキコト尚之ガ取扱ニ付テモ一般犯罪人ト同一視シ苛酷ニ亘ルガ如キコト無キ様取計ラレタキコト」としているように、実際には警察等で「苛酷」に責められていたと思われる。

このようにして送還された人は一九三〇年か

ら一九四二年までのあいだに不正渡航者として摘発された人が三万八二八一人に達し、このうち三万三五三五人が強制的に送還されている。前掲のような総督府の要望があった後も送還の率は高く、ほとんどの人々が強制送還されたのである。

民族主義者、社会主義者に対しては、より厳しく朝鮮送還の方法が採用された。在日朝鮮人社会の力量の増大とともに、労働運動等の活動が活発になり、その支持層も在日朝鮮人社会の中で大きくなった。治安維持法の対象となった人々も多くなり、これらの人々に対してとられた処置は、朝鮮に対する強制送還であった。

前掲一九三八年の朝鮮総督府の内務省に対する要望の一項に「内地在留中ノ所謂不良朝鮮人ノ朝鮮送還ヲ差控ヘ内地在留者ハ内地当局ニ於テ之ガ教化指導ニ努メラルルコト」としている。このように植民地領有国本国における治安維持のために朝鮮人に対してとられた処置が植民地への強制送還であった。

総督府の要望にもかかわらず日本国内の戦時体制化の進行にともなって強制送還は多くなる。一九四二年強制動員労働者を含む、在住朝鮮人労働者に対し協和会手帳（協和会会員証で所持が義務づけられていた）の無所持者全国一斉調査が、「治安を確保」すべく実施されるが、この結果、調査対象人員六四万三四一六人中六万八四六八人の協和会手帳の不所持者が発見され、このうち強制動員者の中で職場を逃走したもの六〇九八人中から五二六名、発見された不正渡航者の八〇二六人のうちから一〇〇七名、その他、四万五六八一人のうちから一八八名の計一七二一名の人々が強制送還されている。[19] 強制動員者のみについてみても、一九四三年一二月末現在で「不良送還者」数は六八七〇人に達している。[20]

このことについて、朝鮮人強制動員者・金大植氏は次のように証言している。[21]

「四五年、もう、いよいよ戦局が追いつめられるときですね、四五年の五月にソウルから三百八十人、ソウル隊が来たが、これがインテリ徴用隊だったです。この人らが、労働時間を短くしろ、賃金を引き上げて現金で支給しろ、食糧の量と質を上げろとこの三つの要求して実力行使に入ることを決めたんです。これが前の晩に密告したもんがおって、指導しておった白井義雄、日本名が……この人らが憲兵に挙げられてしもうた事件があったです。(中略)白井義雄もくに送還になったというとりますが送り返されたのか知れんことですよ……」。

このように朝鮮人が人間として最低の要求をしても危険とみなされ、みせしめのため暴行され、それは殺害にいたる場合もあった。さらに彼らは強制送還された。幸いに殺されず強制送還されたとしても非国民とされた。

(4)社会的強制送還

不正渡航者、社会主義者などではなくて「送還」された人々がいた。個人的な希望と異り帰国せざるを得ないような社会的状況においこまれた人々である。一九二八年におこなわれた『内地出稼鮮人労働者状態調査』[22]によれば、調査可能であった慶尚南道在住者のみの帰国者は一五三四名で、その帰

表３　在日朝鮮人帰国理由

窮乏困難ノ事実	渡航先	出稼年月数	所持金渡航時	所持金帰還時	本籍　氏名	年齢
渡航先ニ於テ就職口ヲ求諸処流浪シタルモ適当ノ職業口ナク終ニ旅費欠乏困却ノ上本籍地ヨリ二十円ヲ取寄セ九月十六日朝漸ク帰還セリ	山口 島根 大阪	一ヶ月	60円	8円	河東郡花開面　河泳基	二七年
労働中負傷シ労働不能トナリシ為困窮、郷里ヨリ旅費二十円送附ヲ受ケ九月十七日帰還ス	愛知	一ヶ月	20	0	居昌郡加西面　金亥植	二五年
友人勧誘ニ依リ渡航シタルモ間モナク病気ニ罹リ漸ク其日ヲ過シ九月十日帰国ス	福岡	二ヶ月	45	0	咸陽郡安義面　李判金	二二年
就職口ナク流浪中東京某警察署ニ於テ勾留五日ニ処セラレタルコトアリ病気ノ為メ九月二十日辛シテ帰国ス	東京	十ヶ月	20	0	昌原郡鎮田面　権快一	十九年

国理由は失業四・五パーセント、疾病一五・二パーセント、家事都合四〇・三パーセント、漫然二一・一パーセント、一時帰国三二・一パーセント、其他五・八パーセントとなっている。この資料は調査対象の少なさ、対象の選択等に問題があるが、失業者と病気になったものを合せて二一パーセント近くになり、帰国者の五名に一名の割で帰国せざるをえなかった人々であるといえよう。この事例は表３のとおりである。

渡航者が一度病気になったり、失業等生活が維持できなくなった時、日本国内には全く名目的な救護施設が存在したのみで、帰国者の多くは朝鮮人の援助によって帰国せざるを得なかった。ここではわずかの実例をあげるにとどめねばならないが、日本で金持ちになり帰国した人などは例外で、多くは渡航時持参した金を使いはたし帰国したと思われる。

また、先にふれた強制動員労働者中に送還されたものについては、作業中に負傷したもの、病気になったものも含まれていると思われる。いずれにせよ、日本社会の中で生存の権利を奪われ帰国せざるを得なかった人々が多くおり、このような帰国者について、社会的強制送還と規定しても問題とはならないであろう。

ごくわずかの例を示したにすぎないが、帰国者の圧倒的多数の人々はこのような社会的強制送還者であったといいうるのではなかろうか。このように渡航と同様に帰国についても自由なものでなく、一定の管理下におかれたといえよう。

以上、朝鮮人の渡航・帰国について日本政府の管理政策を中心に、ごくおおまかに検討してみた。ここで示された事実は、朝鮮人に日本渡航の自由など全く存在せず、むしろ日本政府の労働者導入政策の枠の中で渡航してきたといえるのではなかろうか。そして政府の渡航体制以外に渡航した人々は不正渡航者として取締りの対称となり、かつまた強制送還などの手段で政府にとって不都合なものは朝鮮へ送還した。現在、日本人の多くは、朝鮮人の渡航についてあたかも朝鮮人の自由な希望、自由意志によるものであったかのごとく考えているが、これは全くの誤りであるといえよう。労働者導入という観点にたてば、日本資本にとって必要な労働者分の導入であり、それ以外は認めなかったのである。このようなことは、日本人が、日本人と在日朝鮮人の諸権利を守る際に前提として意識していなければならぬ事実の一つであろうと考えられる。

最後に参考資料として、渡航管理・政策関係年表を掲げておきたい。

朝鮮人渡航政策関係年表

年月	内容
一八九九・八	勅令三五二号により外国人労働者渡航禁止
一九一〇・八	韓国併合・朝鮮人の渡航自由となる
一九一七	総督府・北海道大手炭鉱労働者募集を認む
一九一九・四	総督府警務総監令三号「朝鮮人の旅行取締に関する件」をもって渡航制限（三・一運動起る）
一九二二・一二	総督府令一五三号（警務総監令三号を廃止）
一九二三・五	内務省閣警第三号「朝鮮人募集出願制限に関する通牒」
一九二三・九	総督府警務総監令三号復活（九・一関東大震災）
一九二四・六	総督府警務総監令三号廃止
一九二五・八	内務大臣、朝鮮総督府に対し渡航制限要望
一九二五・一〇	総督府・釜山において朝鮮人渡航阻止始む
一九二七・七	総督府、各道知事に一層の渡航阻止、及び渡航者に戸籍謄本裏書証明発給に関する通牒
一九二八・四	内務省、地方長官に対し渡航朝鮮人採用制限に関する通牒
一九二九・八	渡航朝鮮人労働者の証明に関する通牒（一時帰鮮証明制度）
一九二九・一二	内務省・拓務省・総督府協議し、地元渡航阻止決定（朝鮮各道警察、駐在所で渡航諭止）
一九三二・一〇	渡航朝鮮人全てに警察の発行する証明書が必要となる
一九三二	三項目の取締強化（桜田門不敬事件、陸軍特別大演習警戒のため）
一九三四・八	渡航朝鮮人学生身分証明書に写真を貼ること義務づけらる
一九三四・一〇	渡航制限についての閣議決定「朝鮮人内地移住対策」
一九三六・五	渡航朝鮮人（官吏、新聞記者、著名人）に一年間有効の身分証明書発行
一九三七・一二	釜山渡航保護所設置（各方面に労働者斡旋）
一九三八・七	内務・厚生省・総督府協議、朝鮮人渡航取締について決定

一九三九・七	朝鮮人強制連行政策決定
一九三九・九	朝鮮総督府、朝鮮人労務者募集並ニ渡航取扱い要綱決定
一九四二・二	強制連行体制の強化
一九四四・六	この頃より帰国者増大
一九四四・八	徴用渡航始まる
一九四四・一二	渡航証明、帰国時証明の名目的廃止

〔注〕

(1) 敗戦時、一九四四年一二月末における在日朝鮮人数は官側統計では強制動員労働者を含めて一九三万六八四三人とされている。森田芳夫『在日朝鮮人処遇の推移と現状』による。しかし、ここには逃亡した強制動員労働者や、渡航証明を持たない渡航者(当局はこれを不正渡航者とよんでいる)は含まれていない。したがって朴慶植『在日朝鮮人運動史』の二三六万人とされている数字をとる。他の統計資料を検討しても在日朝鮮人数の確定はできないが、二〇〇万人をこえていたことは確実である。

(2)『満洲日日新聞』一九一七年七月七日付『新聞記事資料集成、労働編第一巻』。以下『集成』とする。

(3)『河北新報』一九一七年九月一日付『集成』。

(4)『福岡日日新聞』一九一七年八月一二日付『集成』。

(5)『大阪毎日新聞』一九一七年八月一四日付『集成』。

(6)『大阪毎日新聞』一九一七年八月一六日付『集成』。

(7) 東京府『在京朝鮮人労働者の現状』一九三六年。

(8) 朴慶植『日本帝国主義と朝鮮支配・下』三〇頁によれば離村人口は一九二五〜三〇年には約二〇万人

本書に収録した論文は以前に私どもの同人誌『海峡』（社会評論社刊）や『在日朝鮮人史研究』（同研究会刊）に執筆したものに大幅に手を加えたものである。したがっていちいち初出を紹介しないが、本論中の第三章（本増補版では第五章）地方協和会の設立過程、第四章（同第六章）中央協和会の設立、第六章（同第八章）皇民化政策の展開、第八章（同第一〇章）の協和会体制の崩壊は全くの新稿である。補章の四論文についてはその一部に手を加えたのみであるので以下に初出をあげておく。

・「日本人の朝鮮人対応——幸田タマと八幡製鉄所労働者」『まけい』六号、一九八五年
・「柳原吉兵衛と在日朝鮮人——協和会を中心に」（改題）『在日朝鮮人史研究』三号、一九七八年
・「『半島同胞』・『半島人』という言葉について」『まけい』五号、一九八四年
・「朝鮮人の日本への渡航と帰国」（改題）『海峡』三号、一九七五年

以上、この一〇年の間に執筆した拙文が中心であるが、こうした作業をなし得たのは所属する研究会である「海峡」や「在日朝鮮人史研究会」のメンバーが研究会のなかで教示し、研究をはげましてくれたからである。また、日本近現代史の研究者からもご指導をいただいた。記して心より感謝する。

末筆になったが、協和会の役割について関心をもたれ出版をすすめて下さり、一年余にわたってはげましていただいた社会評論社の松田健二氏と校正等のわずらわしい事務を担当された福島啓子氏にお礼を申し上げる。

一九八六年七月

増補版へのあとがき

日本の植民地支配の傷跡は朝鮮民衆の中に、在日朝鮮人の中に今も生き続けている。これを日本人が認識し、考える際に最も重要なことは植民地支配・在日朝鮮人抑圧史の実態を知ることが近道であると思う。植民地支配と在日朝鮮人抑圧は車の両輪のように存在し、日本人は切り離して考えることはできないと思い、ここ二〇年くらいは朝鮮の植民地支配の歴史を学んでいる。特に日本に来て労働者として暮らした人々は農民であり、朝鮮農民生活に焦点をあてて学んできた。

この間、在日朝鮮人・韓国人、日本人、韓国の友人たち、多くの人々から教えを受けた。これを『戦時下朝鮮の農民生活誌』(一九九八年)、『植民地支配下の朝鮮農民――江原道の事例から』(二〇二〇年)、在日朝鮮人として日本の支配と闘いつづけた『金天海』の伝記(二〇一四年)などとして同じ社会評論社から刊行できた。

出版事情が悪いなかを引き受けていただいた松田健二、新孝一氏に感謝する。とくに本書のように増訂しているとはいえ、再版を刊行してくれたのである。感謝申し上げる。

二〇二三年三月一九日

樋口雄一

著者紹介

樋口雄一（ひぐち・ゆういち）

1940年生まれ

元・高麗博物館館長　中央大学政策文化総合研究所客員研究員

著書『戦時下朝鮮の農民生活誌』『金天海—在日朝鮮人社会運動家の生涯』『植民地支配下の朝鮮農民』（社会評論社）、『日本の朝鮮・韓国人』『日本の植民地支配と朝鮮農民』（同成社）、『戦時下朝鮮民衆と徴兵』（総和社）ほか

共著『朝鮮人戦時労働動員』『東アジア近現代通史5』（岩波書店）、『東アジアの知識人4』（有志舎）、『「韓国併合」100年と日本の歴史学』（青木書店）ほか

資料集『協和会関係資料集1～5』『戦時下朝鮮民衆の生活1～4』『戦時下朝鮮人労務動員基礎資料集1～5』（緑陰書房）ほか

［増補改訂版］**協和会**　戦時下朝鮮人統制組織の研究

2023年6月15日初版第1刷発行

著　者／樋口雄一
装　丁／中野多恵子
発行者／松田健二
発行所／株式会社　社会評論社
〒113-0033　東京都文京区本郷2-3-10　お茶の水ビル
電話　03（3814）3861　FAX　03（3818）2808
印刷製本／倉敷印刷株式会社
感想・ご意見お寄せ下さい　book@shahyo.com